한국공항공사

필기전형 모의고사

[직업기초능력평가]

제 1 회	영 역	의사소통, 수리, 문제해결, 정보, 기술, 공항소방상식
	문항수	50문항
	시 간	60분
	비 고	객관식 4지선다형

SEOWONGAK

(주)서원각

1. 다음 밑줄 친 단어의 맞춤법이 틀린 것은?

① <u>곳간</u>에서 인심이 난다는 말이 있다.

② 흔들리는 <u>찻간</u>에 앉아 잠시 졸았다.

③ 그릇의 <u>갯수</u>를 세어서 이 종이에 적어라.

④ 괄호 안에 들어갈 알맞은 <u>숫자</u>를 쓰시오.

2. 다음 서식을 보고 빈칸에 들어갈 알맞은 단어를 고른 것은?

납품(장착) 확인서

1. 제　품　명 : 슈퍼터빈(연료과급기)
2. 회　사　명 : 서원각
3. 사업자등록번호 : 123-45-67890
4. 주　　　소 : 경기도 고양시 일산서구 가좌동 846
5. 대　표　자 : 정 확 한
6. 공 급 받 는 자 : ㈜소정 코리아
7. 납품(계약)단가 : 일금 이십육만원정(₩ 260,000)
8. 납품(계약)금액 : 일금 이백육십만원정(₩ 2,600,000)
9. 장착차량 현황

차종	연식	차량번호	사용연료	규격(size)	수량	비고
스타렉스			경유	72mm	4	
카니발			경유		2	
투싼			경유	56mm	2	
아무진			경유		1	
이스타나			경유		1	
합계					10	₩2,600,000

　귀사 제품 슈퍼터빈을 테스트한 결과 연료절감 및 매연저감에 효과가 있으므로 당사 차량에 대해 (　　　) 장착하였음을 확인합니다.

　　　납　품　처 : ㈜소정 코리아
　　　사업자등록번호 : 987-65-43210
　　　상　　호 : ㈜소정 코리아
　　　주　　소 : 서울시 강서구 가양동 357-9
　　　대　표　자 : 장 착 해

① 일절　　　　　　　② 일체

③ 전혀　　　　　　　④ 반품

3. 다음의 공모전에 응모하기 위해 〈보기〉와 같이 개요를 작성하였다. 개요의 수정 방안으로 적절하지 않은 것은?

그린 IT 운동의 필요성과 실천 방안을 알리는 원고 공모

　그린 IT 운동이란, 정보 통신 분야에서 에너지와 자원을 효율적으로 사용하여 환경오염을 줄이려는 사회적 운동입니다.

〈보기〉

제목 : 그린 IT 운동의 확산을 위하여

Ⅰ. 그린 IT 운동의 개념 …………………………… ㉠

Ⅱ. 그린 IT 운동의 실천 방안
　1. 기술 및 기기 개발 차원
　　(1) 획기적인 정보 통신 기술 개발 …………… ㉡
　　(2) 폐기물을 재활용한 정보 통신 기기 개발
　2. 기기 이용 차원
　　(1) 에너지 효율이 높은 기기 이용
　　(2) 빈번한 기기 교체 자제
　　(3) 성과에 대한 포상제도 마련 …………… ㉢
　3. 인식적 차원
　　(1) 사회적 인식 확산을 위한 대책 마련
　　(2) 경쟁력 강화를 위한 생산성 향상 ………… ㉣

Ⅲ. 그린 IT 운동 정착을 위한 당국의 정책 개발 촉구

① ㉠은 공모의 취지를 고려해, '그린 IT 운동의 개념과 필요성'으로 고친다.

② ㉡은 구체적이지 않으므로, '에너지 효율을 높이는 정보 통신 기술 개발'로 바꾼다.

③ ㉢은 상위 항목에 어울리지 않으므로, 'Ⅱ-3'의 하위 항목으로 옮긴다.

④ ㉣은 글의 주제에서 벗어나므로, '기업과 소비자의 의식 전환'으로 바꾼다.

4. 다음 글의 내용과 일치하지 않는 것은?

> Sam : OK. Let's get down to business. First, I'd like to welcome everybody to today's meeting. Peter send his apologies for his absence from today's meeting. He is on a business trip. The objective of our meeting today is to brainstorming ideas for more effective sales techniques. That is our target this afternoon. I have a few ideas I'd like to share first, and then we will go around the table and hear other ideas from each person here today. We'll try to keep to ten minutes for the discussion of each idea. That way the meeting won't run too long. And I asked Linda to take minutes for the meeting. So, as background I'd just like to take you through the standard sales techniques in our department.

① Peter는 출장 때문에 모임에 참석하지 못했다.
② 브레인스토밍 방식은 회의를 길게 하지 않을 것이다.
③ 각각의 아이디어에 대해 15분의 시간을 지키도록 노력할 것이다.
④ 모임은 더 효율적인 판매기법에 관한 아이디어를 브레인스토밍 하기 위해 모였다.

5. 다음은 어느 시민사회단체의 발기 선언문이다. 이 단체에 대해 판단한 내용으로 적절하지 않은 것은?

> 우리 사회의 경제적 불의는 더 이상 방치할 수 없는 상태에 이르렀다. 도시 빈민가와 농촌에 잔존하고 있는 빈곤은 최소한의 인간적 삶조차 원천적으로 박탈하고 있으며, 경제력을 4사치와 향락은 근면과 저축의욕을 감퇴시키고 손쉬운 투기와 불로소득은 기업들의 창의력과 투자의욕을 감소시킴으로써 경제 성장의 토대가 와해되고 있다. 부익부빈익빈의 극심한 양극화는 국민 간의 균열을 심화시킴으로써 사회 안정 기반이 동요되고 있으며 공공연한 비윤리적 축적은 공동체의 기본 규범인 윤리 전반을 문란케 하여 우리와 우리 자손들의 소중한 삶의 터전인 이 땅을 약육강식의 살벌한 세상으로 만들고 있다.
>
> 부동산 투기, 정경유착, 불로소득과 탈세를 공인하는 차명 계좌의 허용, 극심한 소득차, 불공정한 노사관계, 농촌과 중소기업의 피폐 및 이 모든 것들의 결과인 부와 소득의 불공정한 분배, 그리고 재벌로의 경제적 집중, 사치와 향락, 환경오염 등 이 사회에 범람하고 있는 경제적 불의를 척결하고 경제정의를 실천함은 이 시대 우리 사회의 역사적 과제이다.
>
> 이의 실천이 없는 경제 성장도 산업 평화도 민주복지 사회의 건설도 한갓 꿈에 불과하다. 이 중에서도 부동산 문제의 해결은 가장 시급한 우리의 당면 과제이다. 인위적으로 생산될 수 없는 귀중한 국토는 모든 국민들의 복지 증진을 위하여 생산과 생활에만 사용되어야 함에도 불구하고 소수의 재산 증식 수단으로 악용되고 있다. 토지 소유의 극심한 편중과 투기화, 그로 인한 지가의 폭등은 국민생활의 근거인 주택의 원활한 공급을 극도로 곤란하게 하고 있을 뿐만 아니라 물가 폭등 및 노사 분규의 격화, 거대한 투기 소득의 발생 등을 초래함으로써 현재 이 사회가 당면하고 있는 대부분의 경제적 사회적 불안과 부정의의 가장 중요한 원인으로 작용하고 있다.
>
> 정부 정책에 대한 국민들의 자유로운 선택권이 보장되며 경제적으로 시장 경제의 효율성과 역동성을 살리면서 깨끗하고 유능한 정부의 적절한 개입으로 분배의 편중, 독과점 및 공해 등 시장 경제의 결함을 해결하는 민주복지사회를 실현하여야 한다. 그리고 이것이 자유와 평등, 정의와 평화의 공동체로서 우리가 지향할 목표이다.

① 이 단체는 극빈층을 포함한 사회적 취약계층의 객관적인 생활수준은 향상되었지만 불공정한 분배, 비윤리적 부의 축적 그리고 사치와 향락 분위기 만연으로 상대적 빈곤은 심각해지고 있다고 인식한다.
② 이 단체는 정책 결정 과정이 소수의 특정 집단에 좌우되고 있다고 보고 있으므로, 정책 결정 과정에 국민 다수의 참여 보장을 주장할 가능성이 크다.
③ 이 단체는 윤리 정립과 불의 척결 등의 요소도 경제 성장에 기여할 수 있다고 본다.
④ 이 단체는 '기업의 비사업용 토지소유 제한을 완화하는 정책'에 비판적일 것이다.

6. 다음은 근로장려금 신청자격 요건에 대한 정부제출안과 국회통과안의 내용이다. 이에 근거하여 옳은 내용은?

요건	정부제출안	국회통과안
총소득	부부의 연간 총소득이 1,700만 원 미만일 것(총소득은 근로소득과 사업소득 등 다른 소득을 합산한 소득)	좌동
부양 자녀	다음 항목을 모두 갖춘 자녀를 2인 이상 부양할 것 (1) 거주자의 자녀이거나 동거하는 입양자일 것 (2) 18세 미만일 것(단, 중증장애인은 연령제한을 받지 않음) (3) 연간 소득금액의 합계액이 100만 원 이하일 것	다음 항목을 모두 갖춘 자녀를 1인 이상 부양할 것 (1)~(3) 좌동
주택	세대원 전원이 무주택자일 것	세대원 전원이 무주택자이거나 기준시가 5천만 원 이하의 주택을 한 채 소유할 것
재산	세대원 전원이 소유하고 있는 재산 합계액이 1억 원 미만일 것	좌동
신청 제외자	(1) 3개월 이상 국민기초생활보장급여 수급자 (2) 외국인(단, 내국인과 혼인한 외국인은 신청 가능)	좌동

① 정부제출안보다 국회통과안에 의할 때 근로장려금 신청자격을 갖춘 대상자의 수가 더 줄어들 것이다.
② 두 안의 총소득요건과 부양자녀요건을 충족하고, 소유 재산이 주택(5천만 원), 토지(3천만 원), 자동차(2천만 원)인 A는 정부제출안에 따르면 근로장려금을 신청할 수 없지만 국회통과안에 따르면 신청할 수 있다.
③ 소득이 없는 20세 중증장애인 자녀 한 명만을 부양하는 B가 국회통과안에서의 다른 요건들을 모두 충족하고 있다면 B는 국회통과안에 의해 근로장려금을 신청할 수 있다.
④ 총소득, 부양자녀, 주택, 재산 요건을 모두 갖춘 한국인과 혼인한 외국인은 정부제출안에 따르면 근로장려금을 신청할 수 없지만 국회통과안에 따르면 신청할 수 있다.

7. 한국○○㈜의 대표이사 비서인 甲은 거래처 대표이사가 새로 취임하여 축하장 초안을 작성하고 있다. 다음 축하장에서 밑줄 친 부분의 맞춤법이 바르지 않은 것끼리 묶인 것은?

> 귀사의 무궁한 번영과 발전을 기원합니다.
> 이번에 대표이사로 새로 취임하심을 진심으로 기쁘게 생각하며 ⓐ축하드립니다. 이는 탁월한 식견과 그동안의 부단한 노력에 따른 결과라 생각합니다. 앞으로도 저희 한국○○㈜와 ⓑ원할한 협력 관계를 ⓒ공고이 해 나가게 되기를 기대하며, 우선 서면으로 축하 인사를 대신합니다.
> ⓓ아무쪼록 건강하시기 바랍니다.

① ⓐ, ⓑ
② ⓐ, ⓒ
③ ⓑ, ⓒ
④ ⓑ, ⓓ

8. 다음은 수입예산에 관한 자료이다. 잡이익이 이자수익의 2배일 때, ㉠은 ㉡의 몇 배에 해당하는가? (단, 소수 첫 번째 자리에서 반올림한다.)

〈수입예산〉

(단위 : 백만 원)

구분		예산
총 합계		(㉠)
영업 수익	합계	2,005,492
	운수수익	1,695,468
	광고료 등 부대사업수익	196,825
	기타사용료 등 기타영업수익	88,606
	대행사업수익	24,593
영업 외 수익	합계	
	이자수익	(㉡)
	임대관리수익	2,269
	불용품매각수익	2,017
	잡이익	7,206

① 555배
② 557배
③ 559배
④ 561배

9. 3개월의 인턴기간 동안 업무평가 점수가 가장 높았던 甲, 乙, 丙, 丁 네 명의 인턴에게 성과급을 지급했다. 제시된 조건에 따라 성과급은 甲 인턴부터 丁 인턴까지 차례로 지급되었다고 할 때, 네 인턴에게 지급된 성과급 총액은 얼마인가?

- 甲 인턴은 성과급 총액의 1/3보다 20만 원 더 받았다.
- 乙 인턴은 甲 인턴이 받고 남은 성과급의 1/2보다 10만 원을 더 받았다.
- 丙 인턴은 乙 인턴이 받고 남은 성과급의 1/3보다 60만 원을 더 받았다.
- 丁 인턴은 丙 인턴이 받고 남은 성과급의 1/2보다 70만 원을 더 받았다.

① 860만 원

② 900만 원

③ 940만 원

④ 960만 원

10. 다음 〈그림〉은 연도별 연어의 포획량과 회귀율을 나타낸 것이다. 이에 대한 설명 중 옳지 않은 것은?

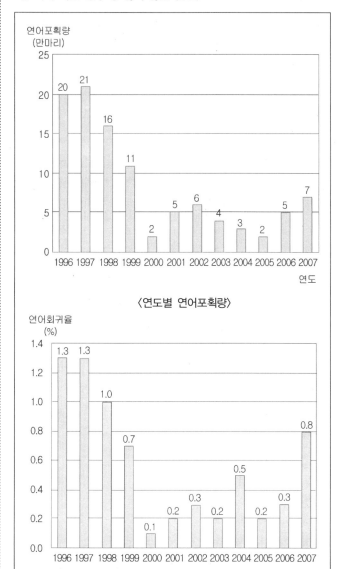

〈연도별 연어포획량〉

〈연도별 연어회귀율〉

$$※ 연어회귀율(\%) = \frac{당해년도 \ 포획량}{3년전 \ 방류량} \times 100$$

① 1999년도와 2000년도의 연어방류량은 동일하다.

② 연어포획량이 가장 많은 해와 가장 적은 해의 차이는 20만 마리를 넘지 않는다.

③ 연어회귀율은 증감을 거듭하고 있다.

④ 2004년도 연어방류량은 1,500만 마리가 넘는다.

11. 다음은 X공기업의 팀별 성과급 지급 기준이다. Y팀의 성과평가 결과가 〈보기〉와 같다면 3/4 분기에 지급되는 성과급은?

- 성과급 지급은 성과평가 결과와 연계함
- 성과평가는 유용성, 안전성, 서비스 만족도의 총합으로 평가함. 단, 유용성, 안전성, 서비스 만족도의 가중치를 각각 0.4, 0.4, 0.2로 부여함
- 성과평가 결과를 활용한 성과급 지급 기준

성과평가 점수	성과평가 등급	분기별 성과급 지급액	비고
9.0 이상	A	100만 원	성과평가 등급이 A이면 직전 분기 차감액의 50%를 가산하여 지급
8.0 이상 9.0 미만	B	90만 원(10만 원 차감)	
7.0 이상 8.0 미만	C	80만 원(20만 원 차감)	
7.0 미만	D	40만 원(60만 원 차감)	

〈보기〉				
구분	1/4 분기	2/4 분기	3/4 분기	4/4 분기
유용성	8	8	10	8
안전성	8	6	8	8
서비스 만족도	6	8	10	8

① 130만 원 ② 120만 원

③ 110만 원 ④ 100만 원

12. 다음은 프로야구 선수 Y의 타격기록이다. 이에 대한 설명으로 옳은 것을 고르면?

연도	소속 구단	타율	출전 경기수	타수	안타수	홈런수	타점	4사구수	장타율
1993	A	0.341	106	381	130	23	90	69	0.598
1994	A	0.300	123	427	128	19	87	63	0.487
1995	A	0.313	125	438	137	20	84	83	0.532
1996	A	0.346	126	436	151	28	87	88	0.624
1997	A	0.328	126	442	145	30	98	110	0.627
1998	A	0.342	126	456	156	27	89	92	0.590
1999	B	0.323	131	496	160	21	105	87	0.567
2000	C	0.313	117	432	135	15	92	78	0.495
2001	C	0.355	124	439	156	14	92	81	0.510
2002	A	0.276	132	391	108	14	50	44	0.453
2003	A	0.329	133	490	161	33	92	55	0.614
2004	A	0.315	133	479	151	28	103	102	0.553
2005	A	0.261	124	394	103	13	50	67	0.404
2006	A	0.303	126	413	125	13	81	112	0.477
2007	A	0.337	123	442	149	22	72	98	0.563

① 1997~2002년 중 Y선수의 장타율이 높을수록 4사구도 많았다.

② 1997~2007년 중 Y선수의 타율이 0.310 이하인 해는 4번 있었다.

③ 전체 기간 중 Y선수는 타율이 가장 높은 해에 B구단에 속해 있었다.

④ 2000년 이전까지 볼 때, Y선수는 출전 경기수가 가장 많은 해에 가장 많은 홈런을 기록했다.

13. 다음은 2015~2017년도의 지방자치단체 재정력지수에 대한 자료이다. 매년 지방자치단체의 기준재정수입액이 기준재정수요액에 미치지 않는 경우, 중앙정부는 그 부족분만큼의 지방교부세를 당해년도에 지급한다고 할 때, 3년간 지방교부세를 지원받은 적이 없는 지방자치단체는 모두 몇 곳인가? (단, 재정력지수 = $\dfrac{\text{기준재정수입액}}{\text{기준재정수요액}}$)

연도 지방 자치단체	2005	2006	2007	평균
서울	1.106	1.088	1.010	1.068
부산	0.942	0.922	0.878	0.914
대구	0.896	0.860	0.810	0.855
인천	1.105	0.984	1.011	1.033
광주	0.772	0.737	0.681	0.730
대전	0.874	0.873	0.867	0.871
울산	0.843	0.837	0.832	0.837
경기	1.004	1.065	1.032	1.034
강원	0.417	0.407	0.458	0.427
충북	0.462	0.446	0.492	0.467
충남	0.581	0.693	0.675	0.650
전북	0.379	0.391	0.408	0.393
전남	0.319	0.330	0.320	0.323
경북	0.424	0.440	0.433	0.432
경남	0.653	0.642	0.664	0.653

① 0곳
② 1곳
③ 2곳
④ 3곳

14. 다음은 ○○그룹의 1997년도와 2008년도 7개 계열사의 영업이익률이다. 자료 분석 결과로 옳은 것은?

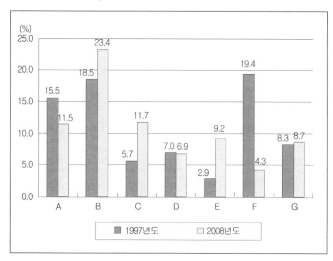

① B계열사의 2008년 영업이익률은 나머지 계열사의 영업이익률의 합보다 많다.

② 1997년도에 가장 높은 영업이익률을 낸 계열사는 2008년에도 가장 높은 영업이익률을 냈다.

③ 2008년 G계열사의 영업이익률은 1997년 E계열사의 영업이익률의 2배가 넘는다.

④ 7개 계열사 모두 1997년 대비 2008년의 영업이익률이 증가하였다.

15. 다음은 SWOT에 대한 설명이다. 다음 중 시장의 위협을 회피하기 위해 강점을 사용하는 전략의 예로 적절한 것은?

〈SWOT 분석〉

SWOT분석이란 기업의 환경 분석을 통해 마케팅 전략을 수립하는 기법이다. 조직 내부 환경으로는 조직이 우위를 점할 수 있는 강점(Strength), 조직의 효과적인 성과를 방해하는 자원·기술·능력면에서의 약점(Weakness), 조직 외부 환경으로는 조직 활동에 이점을 주는 기회(Opportunity), 조직 활동에 불이익을 미치는 위협(Threat)으로 구분된다.

		내부환경요인	
		강점 (Strength)	약점 (Weakness)
외부환경요인	기회 (Opportunity)	SO	WO
	위협 (Threat)	ST	WT

① 세계적인 유통라인을 내세워 개발도상국으로 사업을 확장한다.

② 저가 정책으로 마진이 적지만 인구 밀도에 비해 대형마트가 부족한 도시에 진출한다.

③ 부품의 10년 보증 정책을 통해 대기업의 시장 독점을 이겨낸다.

④ 고가의 연구비를 타사와 제휴를 통해 부족한 정부 지원을 극복한다.

▌16~17▐ 다음은 김치냉장고 매뉴얼 일부이다. 물음에 답하시오.

〈김치에 대한 잦은 질문〉

구분	확인 사항
김치가 얼었어요.	• 김치 종류, 염도에 따라 저장하는 온도가 다르므로 김치의 종류를 확인하여 주세요. • 저염김치나 물김치류는 얼기 쉬우므로 '김치 저장-약냉'으로 보관하세요.
김치가 너무 빨리 시어요.	• 저장 온도가 너무 높지 않은지 확인하세요. 저염김치의 경우는 낮은 온도에서는 얼 수 있으므로 빨리 시어지더라도 '김치저장-약냉'으로 보관하세요. • 김치를 담글 때 양념을 너무 많이 넣으면 빨리 시어질 수 있습니다.
김치가 변색되었어요.	• 김치를 담글 때 물빼기가 덜 되었거나 숙성되며 양념이 어우러지지 않아 발생할 수 있습니다. • 탈색된 김치는 효모 등에 의한 것이므로 걷어내고, 김치 국물에 잠기도록 하여 저장하세요.
김치 표면에 하얀 것이 생겼어요.	• 김치 표면이 공기와 접촉하면서 생길 수 있으므로 보관 시 공기가 닿지 않도록 우거지를 덮고 소금을 뿌리거나 위생비닐로 덮어주세요. • 김치를 젖은 손으로 꺼내지는 않으시나요? 외부 수분이 닿을 경우에도 효모가 생길 수 있으니 마른 손 혹은 위생장갑을 사용해 주시고, 남은 김치는 꾹꾹 눌러 국물에 잠기도록 해주세요. • 효모가 생긴 상태에서 그대로 방치하면 더 번질 수 있으며, 김치를 무르게 할 수 있으므로 생긴 부분은 바로 제거해 주세요. • 김치냉장고에서도 시간이 경과하면 발생할 수 있습니다.
김치가 물러졌어요.	• 물빼기가 덜 된 배추를 사용할 경우 혹은 덜 절여진 상태에서 공기에 노출되거나 너무 오래절일 경우 발생할 수 있습니다. 저염 김치의 경우에서 빈번하게 발생하므로 적당히 간을 하는 것이 좋습니다. 또한 설탕을 많이 사용할 경우에도 물러질 수 있습니다. • 무김치의 경우는 무를 너무 오래 절이면 무에서 많은 양의 수분이 빠져나오게 되어 물러질 수 있습니다. 절임 시간은 1시간을 넘지 않도록 하세요. • 김치 국물에 잠긴 상태에서 저장하는 것이 중요합니다. 특히 저염 김치의 경우는 주의해주세요.

김치에서 이상한 냄새가 나요.	• 초기에 마늘, 젓갈 등의 양념에 의해 발생할 수 있으나 숙성되면서 점차 사라질 수 있습니다. 마늘, 양파, 파를 많이 넣으면 노린내나 군덕내가 날 수 있으니 적당히 넣어 주세요. • 발효가 시작되지 않은 상태에서 김치냉장고에 바로 저장할 경우 발생할 수 있습니다. • 김치가 공기와 많이 접촉했거나 시어지면서 생기는 효모가 원인이 될 수 있습니다. • 김치를 담근 후 공기와의 접촉을 막고, 김치를 약간 맛들인 상태에서 저장하면 예방할 수 있습니다.
김치에서 쓴맛이 나요.	• 김치가 숙성되기 전에 나타날 수 있는 현상으로, 숙성되면 줄거나 사라질 수 있습니다. • 품질이 좋지 않은 소금이나 마그네슘 함량이 높은 소금으로 배추를 절였을 경우에도 쓴맛이 날 수 있습니다. • 열무김치의 경우, 절인 후 씻으면 쓴맛이 날 수 있으므로 주의하세요.
배추에 양념이 잘 배지 않아요.	• 김치를 담근 직후 바로 낮은 온도에 보관하면 양념이 잘 배지 못하므로 적당한 숙성을 거쳐 보관해 주세요.

16. 다음 상황에 적절한 확인 사항으로 보기 어려운 것은?

> 나영씨는 주말에 김치냉장고에서 김치를 꺼내고는 이상한 냄새에 얼굴을 찌푸렸다. 담근지 세 달 정도 지났는데도 잘 익은 김치냄새가 아닌 꿉꿉한 냄새가 나서 어떻게 처리해야 할지 고민이다.

① 초기에 마늘, 양파, 파를 많이 넣었는지 확인한다.
② 발효가 시작되지 않은 상태에서 김치냉장고에 바로 넣었는지 확인한다.
③ 김치가 공기와 많이 접촉했는지 확인한다.
④ 김치를 젖은 손으로 꺼냈는지 확인한다.

17. 위 매뉴얼을 참고하여 확인할 수 없는 사례는?

① 쓴 맛이 나는 김치
② 양념이 잘 배지 않는 배추
③ 김치의 나트륨 문제
④ 물러진 김치

18. 6명이 원탁에 앉아 식사를 하고 있다. ㈎의 오른쪽으로 한 사람 걸러 ㈏가 앉아 있고, ㈐의 맞은편에 ㈺가 앉아 있다. ㈺의 오른쪽 한 사람 걸러 ㈑가 앉아 있다면 ㈎의 맞은편에 앉아 있는 사람은?

① ㈏   ② ㈐
③ ㈑   ④ ㈺

19. A, B, C, D, E, F가 달리기 경주를 하여 보기와 같은 결과를 얻었다. 1등부터 6등까지 순서대로 나열한 것은?

> ㉠ A는 D보다 먼저 결승점에 도착하였다.
> ㉡ E는 B보다 더 늦게 도착하였다.
> ㉢ D는 C보다 먼저 결승점에 도착하였다.
> ㉣ B는 A보다 더 늦게 도착하였다.
> ㉤ E가 F보다 더 앞서 도착하였다.
> ㉥ C보다 먼저 결승점에 들어온 사람은 두 명이다.

① A − D − C − B − E − F
② A − D − C − E − B − F
③ F − E − B − C − D − A
④ B − F − C − E − D − A

20. A, B, C, D, E 5명의 입사성적을 비교하여 높은 순서로 순번을 매겼더니 다음과 같은 사항을 알게 되었다. 입사성적이 두 번째로 높은 사람은?

> • 순번 상 E의 앞에는 2명 이상의 사람이 있고 C보다는 앞이었다.
> • D의 순번 바로 앞에는 B가 있다.
> • A의 순번 뒤에는 2명이 있다.

① A   ② B
③ C   ④ D

21. 甲그룹은 A~G의 7개 지사를 가지고 있다. 아래에 제시된 조건에 따라, A에서 가장 멀리 떨어진 지사는? (단, 모든 지사는 동일 평면상에 있으며, 지사의 크기는 고려하지 않는다)

- E, F, G는 순서대로 정남북 방향으로 일직선상에 위치하며, B는 C로부터 정동쪽으로 250km 떨어져 있다.
- C는 A로부터 정남쪽으로 150km 떨어져 있다.
- D는 B의 정북쪽에 있으며, B와 D 간의 거리는 A와 C 간의 거리보다 짧다.
- E와 F 간의 거리는 C와 D의 직선거리와 같다.
- G는 D로부터 정동쪽으로 350km 거리에 위치해 있으며, A의 정동쪽에 위치한 지사는 F가 유일하다.

① B
② D
③ E
④ F

22. 다음에서 설명하고 있는 개념의 특징으로 적절한 것은?

이것은 개인용 컴퓨터나 멀티미디어 작업이 가능한 기타 멀티미디어 기기를 이용하여 각종 정보를 여러 가지 효율적인 형태로 상대방에게 전달하는 것이다. 마이크로소프트사의 파워포인트와 같은 전용 프로그램도 있지만 대부분의 문서 작성 프로그램은 이 기능을 가지고 있다.

① 각종 발표 시 사용하는 자료 문서로, 청중을 설득시키는 데 그 목적이 있다.
② 문서를 작성, 편집, 저장 및 인쇄할 때 사용하는 소프트웨어를 말한다.
③ 'MS워드'와 '아래아한글(이하 한글)'이 대표적인 프로세서로 꼽힌다.
④ 계산, 차트 작성 등을 할 수 있어서 급여 계산표, 성적 관리표 등에 이용하고 있다.

23. 다음 빈칸에 들어갈 개념으로 적절한 것은?

- (㉠)은/는 객관적 실제의 반영이며, 그것을 전달할 수 있도록 기호화한 것이다.
- (㉡)은/는 (㉠)을/를 특정한 목적과 문제해결에 도움이 되도록 가공한 것이다.
- (㉢)은/는 (㉡)을/를 집적하고 체계화하여 장래의 일반적인 사항에 대비해 보편성을 갖도록 한 것이다.

	㉠	㉡	㉢
①	자료	정보	지식
②	자료	지식	정보
③	지식	자료	지식
④	지식	정보	자료

24. 다음에서 설명하고 있는 운영체제의 특징으로 옳지 않은 것은?

마이크로소프트에서 개발한 컴퓨터 운영체제다. 키보드로 문자를 일일이 입력해 작업을 수행하는 명령어 인터페이스 대신, 마우스로 아이콘 및 메뉴 등을 클릭해 명령하는 그래픽 사용자 인터페이스를 지원해 멀티태스킹(다중 작업) 능력과 사용자 편의성이 탁월하다.

① OLE(개체 연결 및 포함) 기능을 지원한다.
② 단일 사용자의 다중작업이 가능하다.
③ 사용자가 원하는 대로 특정 기능을 추가할 수 있다.
④ 용도에 따라 크게 개인용, 기업용, 임베디드용으로 나뉜다.

▌25~26 ▌ 다음은 선택정렬에 관한 설명과 예시이다. 이를 보고 물음에 답하시오.

선택정렬(Selection sort)는 주어진 데이터 중 최솟값을 찾고 최솟값을 정렬되지 않은 데이터 중 맨 앞에 위치한 값과 교환한다. 교환은 두 개의 숫자가 서로 자리를 맞바꾸는 것을 말한다. 정렬된 데이터를 제외한 나머지 데이터를 같은 방법으로 교환하여 반복하면 정렬이 완료된다.

〈예시〉

68, 11, 3, 82, 7을 정렬하려고 한다.
- 1회전 (최솟값 3을 찾아 맨 앞에 위치한 68과 교환)

68	11	3	82	7

3	11	68	82	7

- 2회전 (정렬이 된 3을 제외한 데이터 중 최솟값 7을 찾아 11과 교환)

3	11	68	82	7

3	7	68	82	11

- 3회전 (정렬이 된 3, 7을 제외한 데이터 중 최솟값 11을 찾아 68과 교환)

3	7	68	82	11

3	7	11	82	68

- 4회전 (정렬이 된 3, 7, 11을 제외한 데이터 중 최솟값 68을 찾아 82와 교환)

3	7	11	82	68

3	7	11	68	82

25. 다음 수를 선택정렬을 이용하여 오름차순으로 정렬하려고 한다. 2회전의 결과는?

5, 3, 8, 1, 2

① 1, 2, 8, 5, 3　　　　② 1, 2, 5, 3, 8

③ 1, 2, 3, 5, 8　　　　④ 1, 2, 3, 8, 5

26. 다음 수를 선택정렬을 이용하여 오름차순으로 정렬하려고 한다. 3회전의 결과는?

55, 11, 66, 77, 22

① 11, 22, 66, 55, 77

② 11, 55, 66, 77, 22

③ 11, 22, 66, 77, 55

④ 11, 22, 55, 77, 66

27. 다음 시트처럼 한 셀에 두 줄 이상 입력하려는 경우 줄을 바꿀 때 사용하는 키는?

① 〈Shift〉 + 〈Ctrl〉 + 〈Enter〉

② 〈Alt〉 + 〈Enter〉

③ 〈Alt〉 + 〈Shift〉 + 〈Enter〉

④ 〈Shift〉 + 〈Enter〉

28. 다음 워크시트에서 과일의 금액 합계를 나타내는 '=SUM(B2:B7)' 수식에서 '=SUM(B2B7)'와 같이 범위 참조의 콜론(:)이 빠졌을 경우 나타나는 오류 메시지는?

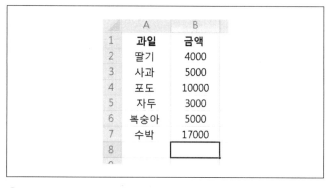

① #NAME?　　　　② #REF!

③ #VALUE!　　　　④ #DIV/0

29. 다음에 나타난 A시가 이용한 기술선택 방법은?

> A시는 5년 전부터 다른 지방자치단체와 기업체 등의 우수 시책과 사례를 분석, 시정에 접목해 시민의 행정 욕구를 충족해 왔다.
>
> 그동안의 우수 시책들은 그동안 시정의 생산성을 향상하고, 공무원의 경쟁력을 높이는 등 지역사회를 발전하게 하는 밑거름이 되었다.
>
> 이에 A시는 올해도 부서별 3명 정도로 짜인 19개 팀을 상·하반기 1회씩 당일 또는 1박2일 일정으로 다른 지방자치단체 등에 보내 참신하고 우수한 시책을 반영하기로 하였다.
>
> A시는 활동 결과보고서를 내부 전산시스템을 통해 공유하고, 새로운 행정환경 변화에 능동적으로 대처할 방침이다.

① 매뉴얼
② 벤치마킹
③ E-learning
④ 체크리스트

30. 다음에 나타난 산업재해의 원인으로 적절한 것은?

> 지난 15일 A지역의 아파트 신축 공사현장에서 작업하던 노동자가 갑자기 쓰러져 사망한 것으로 전해졌다. 열사병 등 온열질환으로 인한 사망자가 속출하는 가운데 올해 벌써 5명의 노동자가 작업 중 열사병으로 사망했다. 자체 조사 결과 폭염이 한 달 가량 지속되었지만 건설업체가 공사기한을 맞추기 위해 근로자를 무리하게 폭염 속 현장으로 내모는 과정에서 일어난 사고로 밝혀졌다.

① 안전 지식의 불충분
② 기계 장치의 설계 불량
③ 무리한 작업 지시
④ 안전 관리 조직의 결함

31. 다음과 같은 문서 작성 시 주의해야 할 점으로 옳지 않은 것은?

> 〈○○ SOUND〉
>
> ■ 제품 특징
>
> • 안정적인 블루투스 V4.0 칩셋 탑재로 안정적인 사용이 가능합니다.
> • 고성능 유닛과 Real Sound 시스템을 통해 강력한 중저음을 보여줍니다.
> • FM라디오가 탑재되어 라디어 감상이 가능합니다.
> • 시간 기능이 탑재되어 탁상시계로 활용할 수 있습니다.
> • USB전원과 리튬전지 사용이 가능하여 효율적인 전원 사용이 가능합니다.
> • 무선 리모콘이 함께 제공되어 편리하게 제품을 조작할 수 있습니다.
> • Micro SD카드 사용 시 Repeat/Random 모드가 지원됩니다.
>
> ■ 제품 사양
>
> • Output Power : 5W
> • Bluetooth spec : v4.0＋EDR
> • Audio input : Bluetooth, Micro SD, Stick, FM Radio, Aux
> • Power : Chargin DC 5V / Battery-3.7V Lithium Battery (2,000mAh)
> • Frequency Response : 100Hz−18KHz.
> • Operating Range : about 12 meters
> • Playback Time : about 10 hours
> • Charging Time : about 5 hours
> • Size : 132(W)×95(D)×86(H)mm
> • Weight : 0.5kg
>
> ■ 기본 사용 방법
>
> 1. 처음 사용 시 Micro USB 케이블을 PC의 USB 포트 또는 USB 아답터에 연결하여 5시간 충전합니다.
> 2. 전원버튼을 길게 누르면 전원이 ON되며 FM 모드로 설정됩니다.
>   (입력모드 선택 버튼을 눌러 원하는 입력 방식을 설정할 수 있습니다.)
> 3. 볼륨 버튼을 조정하여 적당한 음량으로 조절합니다.
> 4. 다시 전원버튼을 길게 누르면 전원이 OFF 됩니다.

① 상품의 특징 등을 상세하게 기술해야 한다.
② 사용자의 심리적 배려가 있어야 한다.
③ 유통사가 알기 쉬운 문장으로 쓰여야 한다.
④ 상품명과 규격을 정확히 기재해야 한다.

▌32~33 ▌ 다음은 명령어에 따른 도형의 변화에 관한 설명이다. 물음에 답하시오.

〈명령어〉

명령어	도형의 변화
□	1번과 2번을 180도 회전시킨다.
■	1번과 3번을 180도 회전시킨다.
◇	2번과 3번을 180도 회전시킨다.
◆	2번과 4번을 180도 회전시킨다.
○	1번과 3번의 작동상태를 다른 상태로 바꾼다. (숫자 → 숫자)
●	2번과 4번의 작동상태를 다른 상태로 바꾼다. (숫자 → 숫자)

32. 도형이 다음과 같이 변하려면, 어떤 명령어를 입력해야 하는가?

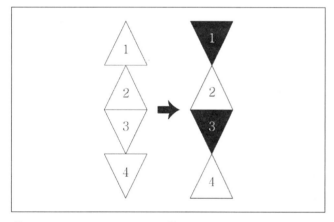

① □◆○　　　　② ■◇●

③ ○◇◆　　　　④ ◆◇■

33. 다음 상태에서 명령어 ◆■●○을 입력한 경우의 결과로 적절한 것은?

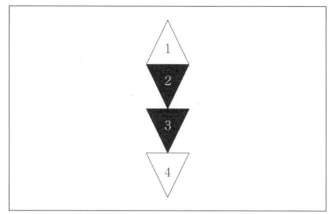

① 　　　②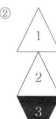

③ 　　　④

12

34. 다음은 ISBN 코드와 13자리 번호체계를 설명하는 자료이다. 다음 내용을 참고로 할 때, 빈칸 'A'에 들어갈 마지막 '체크기호'의 숫자는 무엇인가?

국가번호   서명식별번호

ISBN 978 – 3 – 16 – 148410 – 0

접두부 발행자번호   체크기호

〈체크기호 계산법〉

- 1단계 – ISBN 처음 12자리 숫자에 가중치 1과 3을 번갈아 가며 곱한다.
- 2단계 – 각 가중치를 곱한 값들의 합을 계산한다.
- 3단계 – 가중치의 합을 10으로 나눈다.
- 4단계 – 3단계의 나머지 값을 10에서 뺀 값이 체크기호가 된다. 단 나머지가 0인 경우의 체크기호는 0이다.

ISBN 938 – 15 – 93347 – 12 – A

---

① 5   ② 6

③ 7   ④ 8

35. 다음은 K사의 드론 사용 설명서이다. 아래 부품별 기능표를 참고할 때, 360도 회전비행을 하기 위하여 조작해야 할 버튼이 순서대로 알맞게 연결된 것은 어느 것인가?

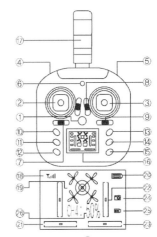

① 전원 스위치	⑯ LCD 창
② 상승/하강/회전 조작레버	⑰ 스마트폰 거치대
③ 이동방향 조작 레버	⑱ 신호 표시
④ 스피드 조절 버튼(3단)	⑲ 기체 상태 표시
⑤ 360도 회전비행 버튼	⑳ 조종기 배터리 잔량 표시
⑥ 전원 지시등	㉑ 좌우회전 미세조종 상태
⑦ 좌우회전 미세조종	㉒ 전후진 미세조종 상태
⑧ 전후진 미세조종	㉓ 좌우이동 미세조종 상태
⑨ 좌우이동 미세조종	㉔ 카메라 상태
⑩ 헤드리스모드 버튼	㉕ 비디오 상태
⑪ 원키 착륙 버튼	㉖ 스피드 상태
⑫ 원키 이륙 버튼	
⑬ 원키 리턴 버튼	
⑭ 사진 촬영 버튼	
⑮ 동영상 촬영 버튼	

360도 회전비행

팬토머는 360도 회전비행이 가능합니다. 드론이 앞/뒤/좌/우 방향으로 회전하므로 첫 회전 비행시 각별히 주의하세요.

(1) 넓고 단단하지 않은 바닥 위에서 비행하세요.
(2) 조종기의 '360도 회전비행' 버튼을 누른 후, 오른쪽 이동방향 조작 레버를 앞/뒤/좌/우 한 방향으로만 움직이세요.
(3) 360도 회전비행을 위해서는 충분한 연습이 필요합니다.

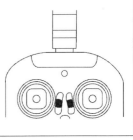

① ⑤번 버튼 – ⑤번 버튼
② ②번 버튼 – ⑤번 버튼
③ ⑤번 버튼 – ②번 버튼
④ ⑤번 버튼 – ③번 버튼

36. 다음에 설명하고 있는 사람이나 기관은?

> 항공기나 항공사의 재산이 관련된 비상사태 기간 동안 항공사의 책임을 나타내기 위하여 항공사가 지정한 대표

① 항공기 운영자
② 항공사 조정자
③ 공항관리자
④ 현장지휘자

37. 좋은 공항비상계획의 수립을 위해 고려해야 할 사항으로 잘못된 것은?

① 비상사태 이전의 사전계획
② 비상사태 동안의 운영
③ 비상사태 동안의 증거서류 제출
④ 비상사태 후의 지원

38. 공항비상계획에 따라 항공기 운영자 또는 대표자가 항공기 사고를 알려야 하는 기관에 해당하지 않는 것은?

① 보건 및 복지후생기관
② 세관
③ 우체국
④ 언론기관

39. 완전 비상사태 시 항공교통관제기관은 공항 구조 및 소방대가 예정된 활주로에 맞는 미리 계산한 대기장소에서 준비하도록 통지하고 가능한 한 많은 세부사항을 제공해야 한다. 이때 항공교통관제기관이 공항 구조 및 소방대에 제공해야 하는 세부사항이 아닌 것은?

① 항공기 기종
② 기내 연료
③ 출발 시간
④ 예정 활주로

40. 이동지휘소 관련 설명으로 틀린 것은?

① 이동지휘소는 비상운영센터를 포함하여 비상사태에 관련된 모든 기관과 통신을 할 수 있도록 필요한 장비와 인원을 갖춰야 하며 통신 및 전자장비는 매년 점검하여야 한다.
② 여러 개의 라디오 주파수와 전화기를 사용하는 지휘소에서 여러 다른 기관들이 같이 일하기 때문에 생기는 혼란과 오전달을 제거하기 위하여 각 참여자가 헤드폰을 끼거나 소음흡수 칸막이를 사용하여 볼륨의 소음을 제거하는 것이 필수적이다.
③ 지도, 차트, 기타 관련 장비와 정보는 이동지휘소에서 즉시 활용할 수 있어야 한다.
④ 이동지휘소 위치는 가지각색의 깃발, 색깔 있는 교통삼각봉, 풍선 또는 회전하는 전등과 같은 눈에 띄는 표시를 준비하여 쉽게 인지할 수 있어야 한다.

41. 부상자의 분류는 부상자를 분류하여 지정된 병원으로 수송하는 데 도움이 되는 부상인식표 사용을 포함하는데, 부상인식표에서 부상자의 의료 우선등급을 나타내는 숫자와 기호의 연결이 바른 것은?

① Ⅰ등급 – 노란색 인식표
② Ⅱ등급 – 거북이 기호
③ Ⅲ등급 – 검정색 인식표
④ Ⅳ등급 – 토끼 기호

42. 다음은 분류지역에 대한 설명이다. 빈칸에 들어갈 내용으로 적절한 것은?

> 분류지역은 화재나 연기에 노출을 피하기 위해 사고지점에서 맞바람이 부는 쪽으로 최소 ( ) 정도 떨어져 있어야 한다. 필요하다면 하나 이상의 분류지역이 설치될 수 있다.

① 80m
② 90m
③ 100m
④ 110m

43. 항공기 사고 현장에서 사망자 처리에 대한 설명으로 옳지 않은 것은?

① 사망자 주변지역은 완전한 보안이 유지되어야 한다.

② 시체의 잔해를 나르는 들것을 운반하는 사람들은 1회용 비닐장갑과 가죽장갑을 사용해야 한다.

③ 시체공시소는 친척들이나 일반들이 접근하는 지역과 가까워야 한다.

④ 잔해의 신체나 신체일부를 옮겨야할 필요가 있으면 잔해 안에 있는 신체나 신체일부의 위치를 나타내는 사진을 찍도록 한다.

44. 도상훈련에 대한 설명으로 옳지 않은 것은?

① 도상훈련은 전체훈련 시 발생되는 비용이나 서비스의 중단 없이 비상대응자원의 완성과 성능을 시험하는 것이다.

② 도상훈련은 전체훈련에 앞서 실시하는 상호조정 훈련으로 열리거나, 절차, 정책, 전화번호, 무전기 주파수와 주요 인물의 교체를 재확인하기 위하여 열릴 수 있다.

③ 도상훈련은 회의실, 공항을 나타내는 큰 지도, 참가하는 기관의 선임 대표자들만을 필요로 하는 가장 단순한 형태의 훈련방법이다.

④ 도상훈련을 통해서는 통신 주파수혼란, 장비부족, 전문용어 및 관할지역의 혼란 등과 같은 운영상 문제점들은 발견하지 못한다.

45. 공항에서의 비상의료업무에 대한 설명으로 옳지 않은 것은?

① 구조 및 소방요원은 심하게 부상당한 사람을 안정시킬 수 있는 능력이 있어야 한다.

② 가능한 많은 공항 구조 및 소방요원들은 적절한 의료 기관에서 교육시키는 CPR(인공호흡)훈련을 받아야 한다.

③ 소생 앰뷸런스는 Ⅱ등급(차후 치료) 환자를 위한 좋은 구호소로 사용될 수 있다.

④ 공항당국은 공항을 사용하는 가장 큰 항공기의 여객 및 승무원의 인원을 처리할 수 있는 충분한 의료품을 공항 및 그 주변에서 사용 가능토록 준비하여야 한다.

46. 공항에서 행해지는 운항 및 그 외 활동과 조화된 공항비상계획 수립권자는?

① 공항운영자　　　　② 항공기 운영자
③ 국무총리　　　　　④ 국토교통부장관

47. 공항운영자가 해당 공항에서 대비하여야 할 비상사태의 유형이 아닌 것은?

① 공항 밖에서의 항공기 사고

② 비행 중인 항공기의 고장

③ 항공기에 대한 합법적 행위

④ 국제항공운송에 의한 전염병 확산 등 공중보건비상

48. 공항운영자는 주소화제 및 보조소화제를 준비하여야 하는데 이 경우 주소화제는 수 분 이상 사용할 수 있는 반영구적인 것이고 보조소화제는 보통 순간적인 화재진압을 위해서 사용된다. 다음 중 주소화제로 볼 수 없는 것은?

① 최소성능등급 A(단백포말)를 충족시킬 수 있는 포말

② 최소성능등급 B(수성막형성포말 또는 불소단백포말)를 충족시킬 수 있는 포말

③ 최소 성능등급 C를 충족하는 포말

④ 건조화학분말

49. 비상접근도로가 충족하여야 하는 요건에 대한 설명으로 틀린 것은?

① 해당 공항 사용차량 중 최대 중량의 차량에 견딜 수 있어야 하고 어떠한 기상조건에서도 사용할 수 있어야 한다.

② 활주로로부터 100m 이내에 있는 도로는 침식되지 않도록 표면 덧씌우기가 실시되고 그 파편이 활주로까지 이동되는 것을 방지하여야 한다.

③ 비상접근도로상에 장애물이 있는 경우에는 대형차량이 상방의 장애물로부터 영향을 받지 않도록 충분한 수직 이격거리를 유지하여야 한다.

④ 도로의 표면이 주위지역을 판별할 수 없는 경우 또는 눈으로 덮여 도로의 위치가 불분명하게 될 우려가 있는 지역에 있어서는 가장자리 표시물을 약 10m 간격으로 설치하여야 한다.

50. 공항운영자는 모든 구조·소방직원의 임무수행에 적합하도록 훈련하여야 한다. 다음 중 훈련 과정에 포함하여야 하는 내용을 모두 고르면 몇 개인가?

> ㉠ 공항 관숙
> ㉡ 구조·소방직원의 안전
> ㉢ 소화작용제 유형
> ㉣ 화재진압절차
> ㉤ 보호복 및 보호장비 사용
> ㉥ 사상자 분류
> ㉦ 항공기 사고조사를 위한 증거 보존

① 4개   ② 5개

③ 6개   ④ 7개

한국공항공사

필기전형 모의고사

[직업기초능력평가]

제 2 회	영 역	의사소통, 수리, 문제해결, 정보, 기술, 공항소방상식
	문항수	50문항
	시 간	60분
	비 고	객관식 4지선다형

SEOWONGAK
(주)서원각

1. 다음 중 ㉠에 들어갈 단어로 적절한 것은?

수원 화성(華城)은 조선의 22대 임금 정조가 강력한 왕도 정치를 실현하고 수도 남쪽의 국방요새로 활용하기 위하여 축성한 것이었다. 규장각 문신 정약용은 동서양의 기술서를 참고하여 성화주략(1793년)을 만들었고, 이것은 화성 축성의 지침서가 되었다. 화성은 재상을 지낸 영중추부사 채제공의 ㉠_____하에 조심태의 지휘로 1794년 1월에 착공에 들어가 1796년 9월에 완공되었다. 축성과정에서 거중기, 녹로 등 새로운 장비를 특수하게 고안하여 장대한 석재 등을 옮기며 쌓는 데 이용하였다. 축성 후 1801년에 발간된 화성성역의궤에는 축성계획, 제도, 법식뿐 아니라 동원된 인력의 인적사항, 재료의 출처 및 용도, 예산 및 임금계산, 시공기계, 재료가공법, 공사일지 등이 상세히 기록되어 있어 건축 기록으로서 역사적 가치가 큰 것으로 평가되고 있다.

화성은 서쪽으로는 팔달산을 끼고 동쪽으로는 낮은 구릉의 평지를 따라 쌓은 평산성인데, 종래의 중화문명권에서는 찾아볼 수 없는 형태였다. 성벽은 서쪽의 팔달산 정상에서 길게 이어져 내려와 산세를 살려가며 쌓았는데 크게 타원을 그리면서 도시 중심부를 감싸는 형태를 띠고 있다. 화성의 둘레는 5,744m, 면적은 130ha로 동쪽 지형은 평지를 이루고 서쪽은 팔달산에 걸쳐 있다. 화성의 성곽은 문루 4개, 수문 2개, 공심돈 3개, 장대 2개, 노대 2개, 포(鋪)루 5개, 포(砲)루 5개, 각루 4개, 암문 5개, 봉돈 1개, 적대 4개, 치성 9개, 은구 2개의 시설물로 이루어져 있었으나, 이 중 수해와 전쟁으로 7개 시설물(수문 1개, 공심돈 1개, 암문 1개, 적대 2개, 은구 2개)이 소멸되었다. 화성은 축성 당시의 성곽이 거의 원형대로 보존되어 있다. 북수문을 통해 흐르던 수원천이 현재에도 그대로 흐르고 있고, 팔달문과 장안문, 화성행궁과 창룡문을 잇는 가로망이 현재에도 성안 도시의 주요 골격을 유지하고 있다. 창룡문·장안문·화서문·팔달문 등 4대문을 비롯한 각종 방어시설들을 돌과 벽돌을 섞어서 쌓은 점은 화성만의 특징이라 하겠다.

① 총괄(總括)　　　　② 활주(滑走)

③ 판서(板書)　　　　④ 감한(憾恨)

2. 다음 중 ㉠~㉣의 한자 표기로 적절하지 않은 것은?

특허출원 관련 수수료는 다음 각 호와 같다.
1. 특허출원료
   가. 출원서를 서면으로 제출하는 경우 : 매건 5만 8천 원
       (단, 출원서의 첨부서류 중 명세서, ㉠도면 및 요약서의 합이 20면을 초과하는 경우 초과하는 1면마다 1천 원을 가산한다)
   나. 출원서를 전자문서로 ㉡제출하는 경우 : 매건 3만 8천 원
2. 출원인변경신고료
   가. 상속에 의한 경우 : 매건 6천 5백 원
   나. 법인의 ㉢분할·합병에 의한 경우 : 매건 6천 5백 원
   다. 기업구조조정 촉진법 제15조 제1항의 규정에 따른 약정을 체결한 기업이 경영정상화계획의 이행을 위하여 행하는 영업양도의 경우 : 매건 6천 5백 원
   라. 가목 내지 다목 외의 사유에 의한 경우 : 매건 1만 3천 원
특허권 관련 수수료는 다음 각 호와 같다.
1. 특허권의 실시권 설정 또는 그 보존등록료
   가. 전용실시권 : 매건 7만 2천 원
   나. 통상실시권 : 매건 4만 3천 원
2. 특허권의 이전등록료
   가. 상속에 의한 경우 : 매건 1만 4천 원
   나. 법인의 분할·합병에 의한 경우 : 매건 1만 4천 원
   다. 기업구조조정 촉진법에 따른 약정을 ㉣체결한 기업이 경영정상화계획의 이행을 위하여 행하는 영업양도의 경우 : 매건 1만 4천 원
   라. 가목 내지 다목 외의 사유에 의한 경우 : 매건 5만 3천 원
3. 등록사항의 경정·변경(행정구역 또는 지번의 변경으로 인한 경우 및 등록명의인의 표시변경 또는 경정으로 인한 경우는 제외한다)·취소·말소 또는 회복등록료 : 매건 5천 원

① 圖案　　　　　　② 提出

③ 分割　　　　　　④ 締結

3. 다음 글과 어울리는 사자성어로 적절한 것은?

> 어지러운 시기, 20대 중반 한 청년은 사법고시에 도전했다. 젊은이의 도전은 1차 시험 합격의 기쁨도 잠시, 안타깝게도 이 시기에 그는 동생을 잃었고, 아버지는 마음의 상처로 몸을 제대로 가누지 못했다. 그는 그대로 고시와 출세라는 상념에 빠져 잠을 이루지 못했다.
>
> 반복된 3번의 낙방으로 청년의 자신감은 바닥을 치고 있었고 건강에도 이상이 와 시골로 내려오게 되었다. 아버지는 눈과 귀가 어두워 몸이 불편했지만 한마디 불평 없이 뒷바라지하며 아들의 성공을 의심치 않았다.
>
> 그렇게 젊음의 패기로 도전했던 4번째 시험에 마침내 합격했다. 마을은 일주일 내도록 잔치를 벌였다. 살면서 그 순간만큼 행복을 느낀 적은 없었던 것 같다.

① 유비무환
② 토사구팽
③ 맥수지탄
④ 와신상담

4. 다음 제시된 내용을 토대로 관광회사 직원들이 추론한 내용으로 가장 적합한 것은?

> 세계여행관광협의회(WTTC)에 따르면 지난해인 2016년 전 세계 국내총생산(GDP) 총합에서 관광산업이 차지한 직접 비중은 2.7%이다. 여기에 고용, 투자 등 간접적 요인까지 더한 전체 비중은 9.1%로, 금액으로 따지면 6조 3,461억 달러에 이른다. 직접 비중만 놓고 비교해도 관광산업의 규모는 자동차 산업의 2배이고 교육이나 통신 산업과 비슷한 수준이다. 아시아를 제외한 전 대륙에서는 화학 제조업보다도 관광산업의 규모가 큰 것으로 나타났다.
>
> 서비스 산업의 특성상 고용을 잣대로 삼으면 그 차이는 더욱 더 벌어진다. 지난해 전세계 관광산업 종사자는 9,800만 명으로 자동차 산업의 6배, 화학 제조업의 5배, 광업의 4배, 통신 산업의 2배로 나타났다. 간접 고용까지 따지면 2억 5,500만 명이 관광과 관련된 일을 하고 있어, 전 세계적으로 근로자 12명 가운데 1명이 관광과 연계된 직업을 갖고 있는 셈이다. 이러한 수치는 향후 2~3년간은 계속 유지될 것으로 보인다. 실제 백만 달러를 투입할 경우, 관광산업에서는 50명분의 일자리가 추가로 창출되어 교육 부문에 이어 두 번째로 높은 고용 창출효과가 있는 것으로 조사되었다.
>
> 유엔세계관광기구(UNWTO)의 장기 전망에 따르면 관광산업의 성장은 특히 한국이 포함된 동북아시아에서 두드러질 것으로 예상된다. UNWTO는 2010년부터 2030년 사이 이 지역으로 여행하는 관광객이 연평균 9.7% 성장하여 2030년 5억 6,500만명이 동북아시아를 찾을 것으로 전망했다. 전 세계 시장에서 차지하는 비율도 현 22%에서 2030년에는 30%로 증가할 것으로 예측했다.
>
> 그런데 지난해 한국의 관광산업 비중(간접 분야 포함 전체 비중)은 5.2%로 세계 평균보다 훨씬 낮다. 관련 고용자수(간접 고용 포함)도 50만 3,000여 명으로 전체의 2%에 불과하다. 뒤집어 생각하면 그만큼 성장의 여력이 크다고 할 수 있다.

① 상민 : 2016년 전 세계 국내총생산(GDP) 총합에서 관광산업이 차지한 직접 비중을 금액으로 따지면 2조 달러가 넘는다.
② 대현 : 2015년 전 세계 통신 산업의 종사자는 자동차 산업의 종사자의 약 3배 정도이다.
③ 동근 : 2017년 전 세계 근로자 수는 20억 명을 넘지 못한다.
④ 수진 : 한국의 관광산업 수준이 간접 고용을 포함하는 고용 수준에서 현재의 세계 평균 수준 비율과 비슷해지려면 3백억 달러 이상을 관광 산업에 투자해야 한다.

5. 다음은 ○○문화회관 전시기획팀의 주간회의록이다. 자료에 대한 내용으로 옳은 것은?

주 간 회 의 록					
회의 일시	2018. 7. 2(월)	부서	전시기획팀	작성자	사원 甲
참석자	戊 팀장, 丁 대리, 丙 사원, 乙 사원				
회의 안건	1. 개인 주간 스케줄 및 업무 점검 2. 2018년 하반기 전시 일정 조정				

	내용	비고
회의 내용	1. 개인 주간 스케줄 및 업무 점검 • 戊 팀장 : 하반기 전시 참여 기관 미팅, 외부 전시장 섭외 • 丁 대리 : 하반기 전시 브로슈어 작업, 브로슈어 인쇄 업체 선정 • 丙 사원 : 홈페이지 전시 일정 업데이트 • 乙 사원 : 2018년 상반기 전시 만족도 조사 2. 2018년 하반기 전시 일정 조정 • 하반기 전시 기간 : 9~11월, 총 3개월 • 전시 참여 기관 : A~I 총 9팀 -관내 전시장 6팀, 외부 전시장 3팀 • 전시 일정 : 관내 2팀, 외부 1팀으로 3회 진행	• 7월 7일 AM 10:00 외부 전시장 사전답사 (戊 팀장, 丁 대리) • 회의 종료 후, 전시 참여 기관에 일정 안내 (7월 4일까지 변경 요청 없을 시 그대로 확정)

장소\기간	관내 전시장	외부 전시장
9월	A, B	C
10월	D, E	F
11월	G, H	I

	내용	작업자	진행일정
결정 사항	브로슈어 표지 이미지 샘플조사	丙 사원	2018. 7. 2~7. 3
	상반기 전시 만족도 설문조사	乙 사원	2018. 7. 2~7. 5

특이 사항	다음 회의 일정 : 7월 9일 • 2018년 상반기 전시 만족도 확인 • 브로슈어 표지 결정, 내지 1차 시안 논의

① 이번 주 금요일 외부 전시장 사전 답사에는 戊 팀장과 丁 대리만 참석한다.

② 丙 사원은 이번 주에 홈페이지 전시 일정 업데이트만 하면 된다.

③ 7월 4일까지 전시 참여 기관에서 별도의 연락이 없었다면, H팀의 전시는 2018년 11월 관내 전시장에 볼 수 있다.

④ 2018년 하반기 전시는 ○○문화회관 관내 전시장에서만 열릴 예정이다.

┃6~7┃ (가)는 카드 뉴스, (나)는 신문 기사이다. 물음에 답하시오.

(가)

여기서 '교통약자'란 고령자 뿐만 아니라 장애인, 임산부, 영유아 동반자 등을 말합니다.

교통약자석의 설치 근거는 '교통약자의 이동편의 증진법' 입니다.

그러나 이에 대한 인식부족으로 교통약자석이 제 기능을 못하고 있습니다.

교통약자에 대한 배려와 평등권 보상이라는 의의를 지닌 교통약자석에 대해 올바른 인식이 필요한 때입니다.

(나)

- 교통약자석, 본래의 기능 다하고 있나? -
좌석에 대한 올바른 인식 필요

요즘 대중교통 교통약자석이 논란이 되고 있다. 실제로 서울 지하철 교통약자석 관련 민원이 2014년 117건에서 2016년 400건 이상으로 대폭 상승했다. 다음은 교통약자석과 관련된 인터뷰 내용이다.

"저는 출근 전 아이를 시댁에 맡길 때 지하철을 이용해요. 가끔 교통약자석에 앉곤 하는데, 그 자리가 어르신들을 위한 자리 같아 마음이 불편해요. 자리다툼이 있었다는 뉴스를 본 후 앉는 것이 더 망설여져요." (회사원 김○○ 씨 (여, 32세))

'교통약자의 이동편의 증진법'에 따라 설치된 교통약자석은 장애인, 고령자, 임산부, 영유아를 동반한 사람, 어린이 등 일상생활에서 이동에 불편을 느끼는 사람이라면 누구나 이용할 수 있다. 그러나 위 인터뷰에서처럼 시민들이 교통약자석에 대해 제대로 알지 못해 교통약자석이 본래의 기능을 다하고 있지 못하는 실정이다. 교통약자석이 제 기능을 다하기 위해서는 이에 대한 시민들의 올바른 인식이 필요하다.

- 2017. 10. 24. ○○신문, □□□기자

6. (가)에 대한 이해로 적절하지 않은 것은?

① 의문을 드러내고 그에 답하는 방식을 통해 교통약자석에 대한 잘못된 통념을 환기하고 있다.

② 교통약자석과 관련된 법을 제시하여 글의 정확성과 신뢰성을 높이고 있다.

③ 용어에 대한 설명을 통해 '교통약자'의 의미를 이해하도록 돕고 있다.

④ 교통약자석에 대한 인식 부족으로 인해 발생하는 문제점들을 원인에 따라 분류하고 있다.

7. (가)와 (나)를 비교한 내용으로 적절한 것은?

① (가)와 (나)는 모두 다양한 통계 정보를 활용하여 주제를 뒷받침하고 있다.

② (가)는 (나)와 달리 글과 함께 그림들을 비중 있게 제시하여 의미 전달을 용이하게 하고 있다.

③ (가)는 (나)와 달리 제목을 표제와 부제의 방식으로 제시하여 뉴스에 담긴 의미를 강조하고 있다.

④ (나)는 (가)와 달리 비유적이고 함축적인 표현들을 주로 사용하여 주제 전달의 효과를 높이고 있다.

8. 다음은 2017년도 에어컨 매출액 상위 10개 업체와 매출액 증가에 관한 자료이다. 이를 참고하여 2018년도 에어컨 매출액 중 세 번째로 높은 업체는?

〈2017년도 에어컨 매출액 상위 10개 업체〉

(단위 : 십억 원)

업체명	매출액
A	1,139
B	1,097
C	285
D	196
E	154
F	149
G	138
H	40
I	30
J	27

〈2018년도 전년 대비 에어컨 매출액 증가율〉

(단위 : %)

업체명	전년 대비 매출액 증가율
A	15
B	19
C	10
D	80
E	25
F	90
G	46
H	61
I	37
J	58

① B ② D
③ F ④ H

9. 다음은 일자별 교통사고에 관한 자료이다. 이를 참고로 보고서를 작성할 때, 알 수 없는 정보는?

〈일자별 하루 평균 전체교통사고 현황〉

(단위 : 건, 명)

구분	1일	2일	3일	4일
사고	822.0	505.3	448.0	450.0
부상자	1,178.0	865.0	1,013.3	822.0
사망자	17.3	15.3	10.0	8.3

〈보고서〉

㉠ 1~3일의 교통사고 건당 입원자 수

㉡ 평소 주말 평균 부상자 수

㉢ 1~2일 평균 교통사고 증가량

㉣ 4일간 교통사고 부상자 증감의 흐름

① ㉠㉡

② ㉢㉣

③ ㉠㉡㉢

④ ㉡㉢㉣

10. 다음은 동석이의 7월 보수 지급 명세서이다. 이에 대한 설명으로 옳지 않은 것은?

〈보수 지급 명세서〉

(단위 : 원)

실수령액 : ( )			
보수		공제	
보수항목	보수액	공제항목	공제액
봉급	( )	소득세	150,000
중요직무급	130,000	지방소득세	15,000
시간외수당	320,000	일반기여금	184,000
정액급식비	120,000	건강보험료	123,000
직급보조비	200,000	장기요양보험료	9,800
보수총액	( )	공제총액	( )

① 소득세는 지방소득세의 8배 이상이다.

② 소득세가 공제총액에서 차지하는 비율은 30% 이상이다.

③ 봉급이 193만 원 이라면 보수총액은 공제총액의 6배 이상이다.

④ 시간외수당은 정액급식비와 15만 원 이상 차이난다.

11. 다음은 서원이가 매일하는 운동에 관한 기록지이다. 1회당 정문에서 후문을 왕복하여 달리는 운동을 할 때, <u>정문에서 후문까지의 거리 ㉠</u>과 <u>후문에서 정문으로 돌아오는데 걸린 시간 ㉡</u>은? (단, 매회 달리는 속도는 일정하다고 가정한다.)

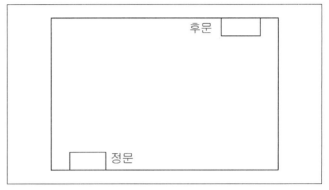

회차	속도		시간
1회	정문→후문	20m/초	5분
	후문→정문		
⋮	⋮		
5회			70분

※ 총 5회 반복

※ 마지막 바퀴는 10분을 쉬고 출발

	㉠	㉡
①	6,000m	7분
②	5,000m	8분
③	4,000m	9분
④	3,000m	10분

12. 다음은 H국의 연도별 청소기 매출에 관한 자료이다. 다음의 조건에 따를 때, 2002년과 2010년의 청소기 매출액의 차이는?

〈조건〉

㉠ 2006년 대비 2010년의 청소기 매출액 증가율은 62.5%

㉡ 2002년 대비 2004년의 청소기 매출액 감소율은 10%

① 190억 원

② 200억 원

③ 210억 원

④ 220억 원

13. 다음은 C지역의 알코올 질환 환자 동향에 관한 자료이다. 이를 참고하여 글로 정리할 때, 다음 빈칸에 들어갈 적절한 것을 구하면?

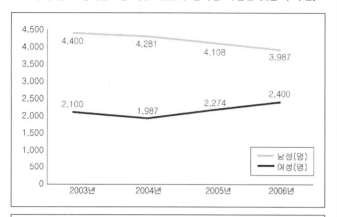

C지역의 음주 관련 범죄가 날로 심해지자 시 차원에서 알코올 질환 환자를 대상으로 프로그램을 실시했다. 프로그램 시행 첫 해인 2003년의 알코올 질환 환자는 남성이 여성보다 ㉠___ 명 더 많았다. 2004년의 알코올 질환 환자 수는 전년 대비 남성과 여성 모두 100명 이상 ㉡___하였다. 2005년의 알코올 질환 환자 수는 남성은 전년 대비 173명이 감소하였지만, 여성은 전년 대비 287명이 ㉢___하였다. 2003년부터 2006년까지 4년간 알코올 질환 환자 동향을 평가하면, 2003년 대비 2006년의 남성 알코올 질환 환자는 413명 감소하였지만, 여성 알코올 질환 환자는 ㉣___명 증가하였다. 따라서 이 프로그램은 남성에게는 매년 효과가 있었지만 여성에게는 두 번째 해를 제외하면 효과가 없었다고 볼 수 있다.

	㉠	㉡	㉢	㉣
①	2,200	감소	증가	200
②	2,300	감소	증가	300
③	2,400	감소	감소	400
④	2,500	증가	감소	500

14. 다음은 연도별 ICT산업 생산규모 관한 자료이다. 다음 상황을 참고하여 ㈜에 들어갈 값으로 적절한 것은?

(단위 : 천억 원)

구분	연도	2005	2006	2007	2008
정보통신방송서비스	통신서비스	37.4	38.7	40.4	42.7
	방송서비스	8.2	9.0	9.7	9.3
	융합서비스	3.5	(가)	4.9	6.0
	소계	49.1	(나)	55.0	58.0
정보통신방송기기	통신기기	43.4	43.3	47.4	61.2
	정보기기	14.5	(다)	(바)	9.8
	음향기기	14.2	15.3	13.6	(사)
	소계	72.1	(라)	71.1	85.3
합계		121.2	(마)	126.1	143.3

〈상황〉
㉠ 2006년 융합서비스의 생산규모는 전년대비 1.2배가 증가하였다.
㉡ 2007년 정보기기의 생산규모는 전년대비 3천억 원이 감소하였다.

① 121.4　　　　② 122.8
③ 123.6　　　　④ 124.9

15. 다음 다섯 사람 중 오직 한 사람만이 거짓말을 하고 있다. 거짓말을 하고 있는 사람은 누구인가?

- A : B는 거짓말을 하고 있지 않다.
- B : C의 말이 참이면 D의 말도 참이다.
- C : E는 거짓말을 하고 있다.
- D : B의 말이 거짓이면 C의 말은 참이다.
- E : A의 말이 참이면 D의 말은 거짓이다.

① B　　　　② C
③ D　　　　④ E

16. 다음 글의 내용이 참일 때 최종 선정되는 단체는 어디인가?

> 문화체육관광부는 우수 문화예술 단체 A, B, C, D, E 중 한 곳을 선정하여 지원하려 한다. 문화체육관광부의 금번 선정 방침은 다음 두 가지이다. 첫째, 어떤 형태로든 지원을 받고 있는 단체는 최종 후보가 될 수 없다. 둘째, 최종 선정 시 올림픽 관련 단체를 엔터테인먼트 사업(드라마, 영화, 게임) 단체보다 우선한다.
>
> A 단체는 자유무역협정을 체결한 필리핀에 드라마 콘텐츠를 수출하고 있지만 올림픽과 관련한 사업은 하지 않는다. B 단체는 올림픽의 개막식 행사를, C 단체는 올림픽의 폐막식 행사를 각각 주관하는 단체이다. E 단체는 오랫동안 한국 음식문화를 세계에 보급해 온 단체이다. A와 C 단체 중 적어도 한 단체가 최종 후보가 되지 못한다면, 대신 B와 E 중 적어도 한 단체는 최종 후보가 된다. 반면 게임 개발로 각광을 받는 단체인 D가 최종 후보가 된다면, 한국과 자유무역협정을 체결한 국가와 교역을 하는 단체는 모두 최종 후보가 될 수 없다.
>
> 후보 단체들 중 가장 적은 부가가치를 창출한 단체는 최종 후보가 될 수 없고, 최종 선정은 최종 후보가 된 단체 중에서만 이루어진다.
>
> 문화체육관광부의 조사 결과, 올림픽의 개막식 행사를 주관하는 모든 단체는 이미 보건복지부로부터 지원을 받고 있다. 그리고 위 문화예술 단체 가운데 한국 음식문화 보급과 관련된 단체의 부가가치 창출이 가장 저조하였다.

① A   ② B

③ C   ④ D

17. 토요일 오후 한 금은방에서 목걸이를 도난당했다. 용의자로 유력한 네 사람이 다음과 같은 진술을 했다고 할 때, 거짓말을 하고 있는 사람은? (단, 거짓말은 한 명만 하고 있다.)

> • 조정 : 나는 범인이 아니다.
> • 근석 : 명기는 범인이다.
> • 명기 : 근석이는 범인이다.
> • 용준 : 명기는 범인이다.

① 조정   ② 명기

③ 근석   ④ 용준

18. 영호, 준희, 담비, 사연이는 모두 배드민턴, 골프, 낚시, 자전거 동호회 4개 중 2개에 가입하고 있다. 3명은 배드민턴 동호회에 가입하여 활동 중이고, 2명은 골프 동호회에서, 2명은 낚시 동호회에서 활동 중이다. 준희는 자전거 동호회에, 담비는 낚시 동호회에, 사연이는 배드민턴과 골프 동호회에 가입한 것을 알았을 때, 다음 중 항상 옳지 않은 것은?

① 영호와 준희가 배드민턴 동호회에 가입되어 있다면 담비는 배드민턴 동호회에 가입하지 않았다.

② 담비가 골프 동호회에 가입되어 있다면 배드민턴 동호회에 가입하지 않았다.

③ 준희가 낚시 동호회에 가입되어 있다면 영호도 낚시 동호회에 가입되어 있다.

④ 사연이는 낚시 동호회에 가입하지 않았다.

19. 현경이네 가족은 주말을 맞아 집안 청소를 하기로 하였다. 현경이네 가족은 현경, 현수, 현우, 현아, 현성, 현진이다. 다음 조건에 따라 청소 당번을 정하기로 할 때, 청소 당번이 아닌 사람으로 짝지어진 것은?

> 〈조건〉
> ㉠ 현경이 당번이 되지 않는다면, 현아가 당번이 되어야 한다.
> ㉡ 현경이 당번이 된다면, 현우도 당번이 되어야 한다.
> ㉢ 현우와 현성이 당번이 되면, 현아는 당번이 되어서는 안 된다.
> ㉣ 현아나 현성이 당번이 된다면, 현진도 당번이 되어야 한다.
> ㉤ 현수가 당번이 되지 않는다면, 현우와 현성이 당번이 되어야 한다.
> ㉥ 현수는 당번이 되지 않는다.

① 현수, 현아

② 현경, 현수

③ 현우, 현아, 현진

④ 현수, 현우, 현진, 현성

20. 다음 조건을 통해 추론을 할 때, 서로 대화가 가능한 사람끼리 짝지어진 것은?

- 갑, 을, 병, 정은 사용가능한 언어만으로 대화를 할 수 있다.
- 갑, 을, 병, 정은 모두 2개 국어를 사용한다.
- 갑은 영어와 한국어를 사용한다.
- 을은 한국어와 프랑스를 사용한다.
- 병은 독일어와 영어를 사용한다.
- 정은 프랑스어와 중국어를 사용한다.
- 무는 태국어와 한국어를 사용한다.

① 갑, 정 ② 을, 병
③ 병, 무 ④ 무, 갑

21. 다음은 1년간 판매율이 가장 높았던 제품 4종에 대한 소비자 평가 점수이다. 이 자료를 참고할 때, 제시된 네 명의 구매자에게 선택받지 못한 제품은?

〈제품에 대한 소비자 평가 점수〉

(단위 : 점)

평가기준 \ 제품명	B	D	K	M
원료	10	8	5	8
가격	4	9	10	7
인지도	8	7	9	10
디자인	5	10	9	7

〈구매 기준〉

㉠ 제인 : 나는 제품을 고를 때, 가격과 원료를 꼼꼼히 확인하겠어.

㉡ 데이먼 : 고민 없이 소비자 평가 총점이 높은 제품을 구매하겠어.

㉢ 밀러 : 내 기준에서 제품의 인지도와 디자인이 중요하다고 봐.

㉣ 휴즈 : 화장품은 원료, 가격, 인지도 모두가 중요한 요소라고 생각해.

① B ② D
③ K ④ M

22. 아래 워크시트에서 부서명[E2:E4]을 번호[A2:A11] 순서대로 반복하여 발령부서[C2:C11]에 배정하고자 한다. 다음 중 [C2] 셀에 입력할 수식으로 옳은 것은?

	A	B	C	D	E
1	번호	이름	발령부서		부서명
2	1	황현아	기획팀		기획팀
3	2	김지민	재무팀		재무팀
4	3	정미주	총무팀		총무팀
5	4	오민아	기획팀		
6	5	김혜린	재무팀		
7	6	김윤중	총무팀		
8	7	박유미	기획팀		
9	8	김영주	재무팀		
10	9	한상미	총무팀		
11	10	서은정	기획팀		

① = INDEX($E$2:$E$4, MOD(A2, 3))

② = INDEX($E$2:$E$4, MOD(A2, 3) + 1)

③ = INDEX($E$2:$E$4, MOD(A2 − 1, 3) + 1)

④ = INDEX($E$2:$E$4, MOD(A2 − 1, 3))

23. 아래 워크시트에서 매출액[B3:B9]을 이용하여 매출 구간별 빈도수를 [F3:F6] 영역에 계산하고자 한다. 다음 중 이를 위한 배열 수식으로 옳은 것은?

	A	B	C	D	E	F
1						
2		매출액		매출구간		빈도수
3		75		0	50	1
4		93		51	100	2
5		130		101	200	3
6		32		201	300	1
7		123				
8		257				
9		169				

① { = PERCENTILE(B3:B9, E3:E6)}

② { = PERCENTILE(E3:E6, B3:B9)}

③ { = FREQUENCY(B3:B9, E3:E6)}

④ { = FREQUENCY(E3:E6, B3:B9)}

24. 다음 중 아래 워크시트의 [A1] 셀에 사용자 지정 표시 형식 '#,###.'을 적용했을 때 표시되는 값은?

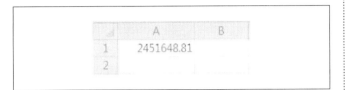

⊿	A	B
1	2451648.81	
2		

① 2,451

② 2,452

③ 2

④ 2.4

25. 다음 중 아래 워크시트에서 수식 ' = SUM($B$2:C2)'이 입력된 [D2]셀을 [D4] 셀에 복사하여 붙여 넣었을 때의 결과 값은?

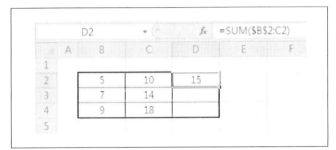

	D2	▼	f_x	=SUM($B$2:C2)	
⊿	A	B	C	D	E	F
1						
2		5	10	15		
3		7	14			
4		9	18			
5						

① 15

② 27

③ 42

④ 63

26. 다음 [조건]에 따라 작성한 [함수식]에 대한 설명으로 옳은 것을 〈보기〉에서 고른 것은?

[조건]

• 품목과 수량에 대한 위치는 행과 열로 표현한다.

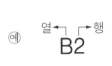

예 | 열←┌→행 **B2**

행＼열	A	B
1	품목	수량
2	설탕	5
3	식초	6
4	소금	7

[함수 정의]

• IF(조건식, ㉠, ㉡) : 조건식이 참이면 ㉠ 내용을 출력하고, 거짓이면 ㉡ 내용을 출력한다.

• MIN(B2, B3, B4) : B2, B3, B4 중 가장 작은 값을 반환한다.

[함수식]

= IF(MIN(B2, B3, B4) > 3, "이상 없음", "부족")

〈보기〉

㉠ 반복문이 사용되고 있다.

㉡ 조건문이 사용되고 있다.

㉢ 출력되는 결과는 '부족'이다.

㉣ 식초의 수량(B3) 6을 1로 수정할 때 출력되는 결과는 달라진다.

① ㉠, ㉡

② ㉠, ㉢

③ ㉡, ㉢

④ ㉡, ㉣

▌27~28▐ 다음 자료는 J회사 창고에 있는 가전제품 코드 목록이다. 다음을 보고 물음에 답하시오.

SE-11-KOR-3A-1512	CH-08-CHA-2C-1308	SE-07-KOR-2C-1503
CO-14-IND-2A-1511	JE-28-KOR-1C-1508	TE-11-IND-2A-1411
CH-19-IND-1C-1301	SE-01-KOR-3B-1411	CH-26-KOR-1C-1307
NA-17-PHI-2B-1405	AI-12-PHI-1A-1502	NA-16-IND-1B-1311
JE-24-PHI-2C-1401	TE-02-PHI-2C-1503	SE-08-KOR-2B-1507
CO-14-PHI-3C-1508	CO-31-PHI-1A-1501	AI-22-IND-2A-1503
TE-17-CHA-1B-1501	JE-17-KOR-1C-1506	JE-18-IND-1C-1504
NA-05-CHA-3A-1411	SE-18-KOR-1A-1503	CO-20-KOR-1C-1502
AI-07-KOR-2A-1501	TE-12-IND-1A-1511	AI-19-IND-1A-1503
SE-17-KOR-1B-1502	CO-09-CHA-3C-1504	CH-28-KOR-1C-1308
TE-18-IND-1C-1510	JE-19-PHI-2B-1407	SE-16-KOR-2C-1505
CO-19-CHA-3A-1509	NA-06-KOR-2A-1401	AI-10-KOR-1A-1509

〈코드 부여 방식〉
[제품 종류]-[모델 번호]-[생산 국가]-[공장과 라인]-[제조연월]

〈예시〉
TE-13-CHA-2C-1501
2015년 1월에 중국 2공장 C라인에서 생산된 텔레비전 13번 모델

제품 종류 코드	제품 종류	생산 국가 코드	생산 국가
SE	세탁기	CHA	중국
TE	텔레비전	KOR	한국
CO	컴퓨터	IND	인도네시아
NA	냉장고	PHI	필리핀
AI	에어컨		
JE	전자레인지		
GA	가습기		
CH	청소기		

27. 위의 코드 부여 방식을 참고할 때 옳지 않은 내용은?

① 창고에 있는 기기 중 세탁기는 모두 한국에서 제조된 것들이다.

② 창고에 있는 기기 중 컴퓨터는 모두 2015년에 제조된 것들이다.

③ 창고에 있는 기기 중 청소기는 있지만 가습기는 없다.

④ 창고에 있는 기기 중 2013년에 제조된 것은 청소기 뿐이다.

28. J회사에 다니는 Y씨는 가전제품 코드 목록을 파일로 불러와 검색을 하고자 한다. 검색의 결과로 옳지 않은 것은?

① 창고에 있는 세탁기가 몇 개인지 알기 위해 'SE'를 검색한 결과 7개임을 알았다.

② 창고에 있는 기기 중 인도네시아에서 제조된 제품이 몇 개인지 알기 위해 'IND'를 검색한 결과 10개임을 알았다.

③ 모델 번호가 19번인 제품을 알기 위해 '19'를 검색한 결과 4개임을 알았다.

④ 1공장 A라인에서 제조된 제품을 알기 위해 '1A'를 검색한 결과 6개임을 알았다.

29. 다음은 장식품 제작 공정을 나타낸 것이다. 이에 대한 설명으로 옳은 것만을 〈보기〉에서 있는 대로 고른 것은? (단, 주어진 조건 이외의 것은 고려하지 않는다)

〈조건〉
• A~E의 모든 공정 활동을 거쳐 제품이 생산되며, 제품 생산은 A 공정부터 시작된다.
• 각 공정은 공정 활동별 한 명의 작업자가 수행하며, 공정 간 부품의 이동 시간은 고려하지 않는다.

〈작업순서〉

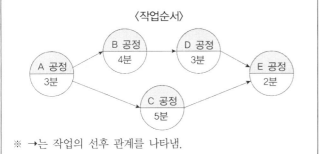

※ →는 작업의 선후 관계를 나타냄.

〈보기〉
㉠ 첫 번째 완제품은 생산 시작 12분 후에 완성된다.
㉡ 제품은 최초 생산 후 매 3분마다 한 개씩 생산될 수 있다.
㉢ C 공정의 소요 시간이 2분 지연되어도 첫 번째 완제품을 생산하는 총소요시간은 변화가 없다.

① ㉠　　　　　　　　② ㉡
③ ㉠, ㉢　　　　　　④ ㉡, ㉢

30. 다음은 정보 통신 기술과 융합된 첨단 기술의 사례이다. ㈎, ㈏에 융합된 기술로 가장 적절한 것은?

㈎ 여러 명의 의료진이 증강 현실 기기를 통해 3차원으로 구현된 환자의 상태를 살펴보면서 원격으로 동시에 진료할 수 있는 바이오 기술이 개발되었다.
㈏ 스마트폰용 증강 현실 게임은 위치 기반 서비스를 활용하여 가상의 동물을 얻거나 경기를 할 수 있는 애플리케이션으로 많은 인기를 얻고 있다.

	㈎	㈏
①	환경 기술	문화 기술
②	환경 기술	나노 기술
③	문화 기술	환경 기술
④	생명 공학 기술	문화 기술

31. 다음은 어떤 수를 구하는 과정이다. 이에 대한 설명으로 옳은 것을 〈보기〉에서 고른 것은?(단, 처음에 입력하는 A와 B는 자연수이다.)

• 1단계 : A에 10, B에 5를 입력한다.
• 2단계 : A를 B로 나눈 나머지 값을 A에 저장한다.
• 3단계 : A와 B를 교환한다.
• 4단계 : B가 0이면 6단계로 진행한다.
• 5단계 : B가 0이 아니면 2단계로 진행한다.
• 6단계 : A에 저장된 수를 출력하고 프로그램을 종료한다.

〈보기〉
㉠ 출력되는 수는 1이다.
㉡ 5단계는 한 번도 실행되지 않는다.
㉢ 최대공약수를 구하는 알고리즘이다.
㉣ A에 B보다 작은 수를 입력하면 무한 반복된다.

① ㉠, ㉡　　　　　　② ㉠, ㉢
③ ㉡, ㉢　　　　　　④ ㉡, ㉣

32. 다음은 프린터의 에러표시과 이에 대한 조치사항을 설명한 것이다. 에러표시에 따른 조치로 적절하지 못한 것은?

에러표시	원인 및 증상	조치
Code 02	용지 걸림	프린터를 끈 후, 용지나 이물질을 제거하고 프린터의 전원을 다시 켜십시오.
	용지가 급지되지 않거나 한 번에 두 장 이상의 용지가 급지됨	용지를 다시 급지하고 ◎버튼을 누르십시오.
	조절레버 오류	급지된 용지에 알맞은 위치와 두께로 조절레버를 조정하십시오.
Code 03	잉크 잔량이 하단선에 도달	새 잉크 카트리지로 교체하십시오.
	잉크 잔량 부족	잉크 잔량이 하단선에 도달할 때까지 계속 사용할 것을 권장합니다.
	잉크카트리지가 인식되지 않음	• 잉크 카트리지의 보호 테이프가 제거되었는지 확인하십시오. • 잉크 카트리지를 아래로 단단히 눌러 딸깍 소리가 나는 것을 확인하십시오.
	지원하지 않는 잉크 카트리지가 설치됨	프린터와 카트리지 간의 호환 여부를 확인하십시오.
	잉크패드의 수명이 다 되어감	잉크패드를 고객지원센터에서 교체하십시오. ※ 잉크패드는 사용자가 직접 교체할 수 없습니다.
Code 04	메모리 오류	• 메모리에 저장된 데이터를 삭제하십시오. • 해상도 설정을 낮추십시오. • 스캔한 이미지의 파일 형식을 변경하십시오.

① Code 02 : 프린터를 끈 후 용지가 제대로 급지되었는지 확인하였다.
② Code 03 : 잉크 카트리지 잔량이 부족하지만 그대로 사용하였다.
③ Code 03 : 잉크패드 수명이 다 되었으므로 고객지원센터에서 정품으로 구매하여 교체하였다.
④ Code 04 : 스캔한 이미지를 낮은 메모리방식의 파일로 변경하였다.

33. 다음은 새로운 맛의 치킨을 개발하는 과정이다. 단계 1~5를 프로그래밍 절차에 비유했을 경우, 이에 대한 설명으로 옳은 것을 모두 고른 것은?

> 단계 1 : 소비자가 어떤 맛의 치킨을 선호하는지 온라인으로 설문 조사한 결과 ○○ 소스 맛을 가장 좋아한다는 것을 알게 되었다.
> 단계 2 : ○○ 소스 맛 치킨을 만드는 과정을 이해하기 쉽도록 약속된 기호로 작성하였다.
> 단계 3 : 단계 2의 결과에 따라 ○○ 소스를 개발하여 새로운 맛의 치킨을 완성하였다.
> 단계 4 : 새롭게 만든 치킨을 손님들에게 무료로 시식할 수 있도록 제공하였다.
> 단계 5 : 시식 결과 손님들의 반응이 좋아 새로운 메뉴로 결정하였다.

> ㉠ 단계 1은 '문제 분석' 단계이다.
> ㉡ 단계 2는 '코딩 · 입력' 단계이다.
> ㉢ 단계 4는 '논리적 오류'를 발견할 수 있는 단계이다.
> ㉣ 단계 5는 '프로그램 모의 실행' 단계이다.

① ㉠, ㉡
② ㉠, ㉢
③ ㉡, ㉢
④ ㉡, ㉣

34. 다음 사례에서 나타난 기술경영자의 능력으로 가장 적절한 것은?

> 동영상 업로드 시 거쳐야 하는 긴 영상 포맷 변환 시간을 획기적으로 줄일 수는 없을까?
> 영상 스트리밍 사이트에 동영상을 업로드하면 '영상 처리 중입니다' 문구가 나온다. 이는 올린 영상을 트랜스코딩(영상 재압축) 하는 것인데 시간은 보통 영상 재생 길이와 맞먹는다. 즉, 한 시간짜리 동영상을 업로드하려면 한 시간을 영상 포맷하느라 소비해야 하는 것이다. A기업은 이러한 문제점을 해결하고자 동영상 업로드 시 포맷 변환을 생략하고 바로 재생할 수 있는 '노 컷 어댑티브 스트리밍(No Cut Adaptive Streaming)' 기술을 개발했다. 이 기술을 처음 제안한 A기업의 기술최고책임자(CTO) T는 "영상 길이에 맞춰 기다려야 했던 포맷 변환 과정을 건너뛴 것"이라며 "기존 영상 스트리밍 사이트가 갖고 있던 단점을 보완한 기술"이라고 설명했다. 화질을 유동적으로 변환시켜 끊김없이 재생하는 어댑티브 스트리밍 기술은 대부분의 영상 스트리밍 사이트에 적용되고 있다. mp4나 flv 같은 동영상 포맷을 업로드 할 경우 어댑티브 스트리밍 포맷에 맞춰 변환시켜 줘야 한다. 바로 이 에어브로드 기술은 자체 개발한 알고리즘으로 변환 과정을 생략한 것이다.

① 기술을 기업의 전반적인 전략 목표에 통합시키는 능력
② 새로운 기술을 습득하고 기존의 기술에서 탈피하는 능력
③ 새로운 제품개발 시간을 단축할 수 있는 능력
④ 기술 전문 인력을 운용할 수 있는 능력

35. 다음은 매뉴얼의 종류 중 어느 것에 속하는가?

> 1. 지키지 않았을 경우 사용자가 부상을 당하거나 재산상의 손해를 입을 수 있습니다.
> • 전자 제품을 사용하는 곳에서는 제품을 주의하여 사용하세요. 대부분의 전자 제품은 전자파 신호를 사용하며 제품의 전자파로 인해 다른 전자 제품에 문제를 일으킬 수 있습니다.
> • 심한 매연이나 증기를 피하세요. 제품 외관이 훼손되거나 고장 날 수 있습니다.
> • 폭발 위험지역에서는 제품의 전원을 끄세요.
> – 폭발 위험지역 안에서는 배터리를 분리하지 말고 제품의 전원을 끄세요.
> – 폭발 위험지역 안의 규정, 지시사항, 신호를 지키세요.
> – 주유 중에는 제품 사용을 삼가세요.
> 2. 올바른 보관과 사용방법
> • 물기나 습기가 없는 건조한 곳에 두세요.
> – 습기 또는 액체 성분은 부품과 회로에 손상을 줄 수 있습니다.
> – 물에 젖은 경우 전원을 켜지 말고(켜져 있다면 끄고, 꺼지지 않는다면 그대로 두고, 배터리가 분리될 경우 배터리를 분리하고) 마른 수건으로 물기를 제거한 후 서비스 센터에 가져가세요.
> – 제품 또는 배터리가 물이나 액체 등에 젖거나 잠기면 제품 내부에 부착된 침수 라벨의 색상이 바뀝니다. 이러한 원인으로 발생한 고장은 무상 수리를 받을 수 없으므로 주의하세요.
> • 제품을 경사진 곳에 두거나 보관하지 마세요. 떨어질 경우 충격으로 인해 파손될 수 있으며 고장의 원인이 됩니다.
> • 제품을 동전, 열쇠, 목걸이 등의 금속 제품과 함께 보관하지 마세요.
> – 제품이 변형되거나 고장날 수 있습니다.
> – 배터리 충전 단자에 금속이 닿을 경우 화재의 위험이 있습니다.
> • 걷거나 이동 중에 제품을 사용할 때 주의하세요. 장애물 등에 부딪혀 다치거나 사고가 날 수 있습니다.
> • 제품을 뒷주머니에 넣거나 허리 등에 차지 마세요. 제품이 파손되거나 넘어졌을 때 다칠 수 있습니다.

① 제품매뉴얼 　　　　② 고객매뉴얼
③ 업무매뉴얼 　　　　④ 기술매뉴얼

36. 다음은 공항과 관련된 지역에 대한 설명이다. 잘못 설명한 것은?

① 에어사이드(Air side) : 지형과 건물 또는 통제되는 접근지역에 가까운 비행장의 이동지역
② 치료지역(Care area) : 부상자에게 첫 번째 의료치료를 제공하는 장소
③ 비상운영센터(Emergency operations centre) : 공항비상사태발생시 대응조치를 지원하고 조정 등의 업무를 수행하기 위해 지정된 공항 내 장소
④ 의료수송지역(Medical transportation area) : 사고현장에서 의사가 심각한 부상자에게 치료를 제공할 의료장비를 제공할 수 있도록 장착된 특수한 차량

37. 다음 설명에 해당하는 역할을 하는 비상계획 관련 기관은?

> 항공기를 포함한 비상사태 발생 시 구조 및 소방기관과 연락을 취하고 비상사태의 유형과 항공기 기종, 탑재연료 및 사고위치와 같은 기타 세부사항에 관한 정보를 제공하도록 요구된다.

① 항공교통관제기관 　　　　② 경찰 및 보안기관
③ 공항당국 　　　　④ 항공기 운영자

38. 공항외부에서의 항공기 사고에 대한 초기 통보를 실시하는 기관이 아닌 것은?

① 지방경찰 　　　　② 소방대
③ 경보 및 출동센터 　　　　④ 항공교통관제기관

39. 위험물을 포함한 사고에서 위험물이 방사능물질인 경우로 의심이 가는 경우 취해야 할 절차에 대한 설명으로 옳지 않은 것은?

① 가장 가까운 핵에너지 시설, 방사능시설이 있는 병원, 군대 또는 민방위대는 방사능팀을 현장으로 급파시키도록 한다.
② 방사능 물질과 접촉한 사람은 방사능팀이 검사할 때까지 격리시킨다.
③ 의심 가는 물질의 확인을 위해 공인요원의 검사 및 공개 전에 처리할 수 있다.
④ 모든 병원에게 방사능 물질이 포함되어 있음을 알려서 병원에 방사능 해독실을 설치할 수 있도록 한다.

40. 항공기 사고 시 훈련된 구조요원들에 의해 즉각적인 의료 활동이 제공되지 않는다면 많은 생명을 잃을 수 있고 부상자들은 더욱 악화될 수 있다. 부상자를 구분하는 4단계 중 '경미한 치료'에 해당하는 단계는?

① Ⅰ등급
② Ⅱ등급
③ Ⅲ등급
④ Ⅳ등급

41. Ⅰ등급(즉시 치료) 부상에 포함되는 부상형태가 아닌 것은?

① 대형 출혈
② 복합골절
③ 30% 미만의 화상
④ 척추 부상

42. 경미한 치료지역을 표시하기 위한 깃발의 색깔로 적절한 것은?

① 붉은색
② 노란색
③ 녹색
④ 흰색

43. 항공기 사고 현장에서 사망자 처리를 책임지고 있는 법의학 요원이 착용하는 안전모와 조끼의 색상은?

① 붉은색
② 파란색
③ 흰색
④ 어두운 갈색

44. 부분훈련에 대한 설명으로 옳지 않은 것은?

① 부분훈련은 새로운 요원을 교육시키고, 새로운 장비나 기술을 평가하고, 정기적인 훈련을 수행하기 위하여 일부 참가기관이 요구된다.
② 부분훈련은 한정된 범위 때문에 경제적이고 높은 수준의 수행능력을 유지하기 위하여 가능한 자주 반복될 수 있다.
③ 부분훈련은 구조 및 소방서비스 또는 의료기관 같은 하나의 기관만 포함되거나 필요에 따라서는 몇 개 기관으로 구성된 하나의 통합팀을 포함할 수 있다.
④ 부분훈련은 전체훈련 기간 중에 발견된 오류 등을 교정할 수 있도록 하기 위하여 전체 훈련이 열리는 매년도마다 최소 한 번씩 개최하여야 한다.

45. 다음 그림은 짧은 백보드(Short backboard)이다. A~D의 수치로 알맞지 않은 것은?

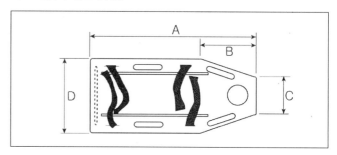

① A − 0.90m
② B − 0.30m
③ C − 0.20m
④ D − 0.41m

46. 공항비상계획 수립 시에는 비상상황 발생 시 비상상황에 참여하는 기관 및 업체들에게 신속하게 최적의 대응을 할 수 있도록 하기 위하여 인적요소를 고려하여야 한다. 다음 중 고려해야 할 인적요소가 아닌 것은?

① 유관기관 및 부서 간 유기적 협조에 관한 사항
② 근무시간 및 보수에 관한 사항
③ 현장 활동 시 주변 환경요인 고려에 관한 사항
④ 구조·소방 시 조별협동에 관한 사항 등

47. 공항 내부 격자지도에 포함되어야 하는 내용이 아닌 것은?

① 주변 지역
② 급수전의 위치
③ 공항 접근도로
④ 공항 경계

48. 공항운영자는 해당 공항의 구조소방등급에 상응하는 구조장비를 구조·소방차량에 탑재해야 한다. 다음 중 구조소방등급과 구조·소방차량에 탑재하여야 할 최소 구조장비의 수량이 바르게 연결되지 않은 것은?

① 1~2등급 : 금속지렛대(1.65m) 1개
② 3~5등급 : 방화 담요 1개
③ 6~7등급 : 들것 2개
④ 8~10등급 : 의료 응급 키트 3개

49. 구조 및 소방직원에 대한 설명으로 옳지 않은 것은?

① 공항운영자는 해당 공항에 운항중인 항공기 기종을 고려하여 인명구조 및 화재진압 등에 관한 교육훈련 및 경험 등 자격을 갖춘 구조·소방직원을 확보하여야 한다.

② 구조·소방차량 탑승인원은 차량의 성능에 따라 적정한 인원이 탑승하여야 한다.

③ 구조 및 소방직원을 배치하는 경우에는 최근 18월 이내에 구조·소방관련 업무경험을 지닌 자 또는 최근 12월 이내에 구조·소방에 관한 교육훈련을 이수한 자로 편조하여야 한다.

④ 공항운영자는 구조·소방업무의 직무분석을 통해 구조·소방에 필요한 최소 인원수를 결정하고 직원의 수준과 인원수를 공항운영규정에 수록하여야 한다.

50. 공항운영자는 항공기의 화재 또는 사고 등 발생 시 항공기와 탑승객의 안전을 위하여 해당 공항에서 취항하는 모든 운송용항공기 종류에 따른 위험지역(Critical area)을 설정하여야 한다. 항공기 전장이 13m이고 폭이 5m인 경우의 이론적 위험지역은?

① 115㎡ ② 198㎡

③ 247㎡ ④ 273㎡

한국공항공사

필기전형 모의고사

[직업기초능력평가]

영 역	의사소통, 수리, 문제해결, 정보, 기술, 공항소방상식
문항수	50문항
시 간	60분
비 고	객관식 4지선다형

제 3 회

SEOWONGAK
(주)서원각

1. 다음 밑줄 친 단어의 의미와 동일하게 쓰인 것을 고르시오.

김동연 경제부총리 겸 기획재정부 장관은 26일 최근 노동이슈 관련 "다음 주부터 시행되는 노동시간 단축 관련 올해 말까지 계도기간을 설정해 단속보다는 제도 정착에 초점을 두고 추진할 것"이라고 밝혔다.

김동연 부총리는 이날 정부서울청사에서 노동현안 관련 경제현안간담회를 주재하고 "7월부터 노동시간 단축제도가 시행되는 모든 기업에 대해 시정조치 기간을 최장 6개월로 <u>늘리고</u>, 고소·고발 등 법적인 문제의 처리 과정에서도 사업주의 단축 노력이 충분히 참작될 수 있도록 하겠다."라며 이같이 말했다.

김 부총리는 "노동시간 단축 시행 실태를 면밀히 조사해 탄력 근로단위기간 확대 등 제도개선 방안도 조속히 마련하겠다."라며 "불가피한 경우 특별 연장근로를 인가받아 활용할 수 있도록 구체적인 방안을 강구할 것"이라고 밝혔다.

① 우리는 10년 만에 넓은 평수로 <u>늘려</u> 이사했다.
② 그 집은 알뜰한 며느리가 들어오더니 금세 재산을 <u>늘려</u> 부자가 되었다.
③ 적군은 세력을 <u>늘린</u> 후 다시 침범하였다.
④ 대학은 학생들의 건의를 받아들여 쉬는 시간을 <u>늘리는</u> 방안을 추진 중이다.

2. 아래의 글을 읽고 ⓐ의 내용을 뒷받침할 수 있는 경우로 보기 가장 어려운 것을 고르면?

범죄 사건을 다루는 언론 보도의 대부분은 수사기관으로부터 얻은 정보에 근거하고 있고, 공소제기 전인 수사 단계에 집중되어 있다. 따라서 언론의 범죄 관련 보도는 범죄사실이 인정되는지 여부를 백지상태에서 판단하여야 할 법관이나 배심원들에게 유죄의 예단을 심어줄 우려가 있다. 이는 헌법상 적법절차 보장에 근거하여 공정한 형사재판을 받을 피고인의 권리를 침해할 위험이 있어 이를 제한할 필요성이 제기된다. 실제로 피의자의 자백이나 전과, 거짓말탐지기 검사 결과 등에 관한 언론 보도는 유죄판단에 큰 영향을 미친다는 실증적 연구도 있다. 하지만 보도 제한은 헌법에 보장된 표현의 자유에 대한 침해가 된다는 반론도 만만치 않다. 미국 연방대법원은 어빈 사건 판결에서 지나치게 편향적이고 피의자를 유죄로 취급하는 언론 보도가 예단을 형성시켜 실제로 재판에 영향을 주었다는 사실이 입증되면, 법관이나 배심원이 피고인을 유죄라고 확신하더라도 그 유죄판결을 파기하여야 한다고 했다. 이

판결은 이른바 '현실적 예단'의 법리를 형성시켰다. 이후 리도 사건 판결에 와서는, 일반적으로 보도의 내용이나 행태 등에서 예단을 유발할 수 있다고 인정이 되면, 개개의 배심원이 실제로 예단을 가졌는지의 입증 여부를 따지지 않고, 적법 절차의 위반을 들어 유죄판결을 파기할 수 있다는 '일반적 예단'의 법리로 나아갔다.

셰퍼드 사건 판결에서는 유죄 판결을 파기하면서, '침해 예방'이라는 관점을 제시하였다. 즉, 배심원 선정 절차에서 상세한 질문을 통하여 예단을 가진 후보자를 배제하고, 배심원이나 증인을 격리하며, 재판을 연기하거나, 관할을 변경하는 등의 수단을 언급하였다. 그런데 법원이 보도기관에 내린 '공판 전 보도금지명령'에 대하여 기자협회가 연방대법원에 상고한 네브래스카 기자협회 사건 판결에서는 침해의 위험이 명백하지 않은데도 가장 강력한 사전 예방 수단을 쓰는 것은 위헌이라고 판단하였다.

이러한 판결들을 거치면서 미국에서는 언론의 자유와 공정한 형사절차를 조화시키면서 범죄 보도를 제한할 수 있는 방법을 모색하였다. 그리하여 셰퍼드 사건에서 제시된 수단과 함께 형사 재판의 비공개, 형사소송 관계인의 언론에 대한 정보제공금지 등이 시행되었다. 하지만 ⓐ <u>예단 방지 수단들의 실효성을 의심하는</u> 견해가 있고, 여전히 표현의 자유와 알 권리에 대한 제한의 우려도 있어, 이 수단들은 매우 제한적으로 시행되고 있다. 그런데 언론 보도의 자유와 공정한 재판이 꼭 상충된다고만 볼 것은 아니며, 피고인 측의 표현의 자유를 존중하는 것이 공정한 재판에 도움이 된다는 입장에서 네브래스카 기자협회 사건 판결의 의미를 새기는 견해도 있다. 이 견해는 수사기관으로부터 얻은 정보에 근거한 범죄 보도로 인하여 피고인을 유죄로 추정하는 구조에 대항하기 위하여 변호인이 적극적으로 피고인 측의 주장을 보도기관에 전하여, 보도가 일방적으로 편향되는 것을 방지할 필요가 있다고 한다. 일반적으로 변호인이 피고인을 위하여 사건에 대해 발언하는 것은 범죄 보도의 경우보다 적법절차를 침해할 위험성이 크지 않은데도 제한을 받는 것은 적절하지 않다고 보며, 반면에 수사기관으로부터 얻은 정보를 기반으로 하는 언론 보도는 예단 형성의 위험성이 큰데도 헌법상 보호를 두텁게 받는다고 비판한다. 미국과 우리나라의 헌법상 변호인의 조력을 받을 권리는 변호인의 실질적 조력을 받을 권리를 의미한다. 실질적 조력에는 법정 밖의 적극적 변호 활동도 포함된다. 따라서 형사절차에서 피고인 측에게 유리한 정보를 언론에 제공할 기회나 반론권을 제약하지 말고, 언론이 검사 측 못지않게 피고인 측에게도 대등한 보도를 할 수 있도록 해야 한다.

① 법원이 재판을 장기간 연기했지만 재판 재개에 임박하여 다시 언론 보도가 이어진 경우

② 검사가 피의자의 진술거부권 행사 사실을 공개하려고 하였으나 법원이 검사에게 그 사실에 대한 공개 금지명령을 내린 경우

③ 변호사가 배심원 후보자에게 해당 사건에 대한 보도를 접했는지에 대해 질문했으나 후보자가 정직하게 답변하지 않은 경우

④ 법원이 관할 변경 조치를 취하였으나 이미 전국적으로 보도가 된 경우

3. 다음의 기사를 읽고 문맥 상 괄호 안에 들어갈 말로 가장 적절한 것을 고르면?

> 지하철 9호선 2·3단계를 운영하는 서울 메트로 9호선 운영㈜ 노조가 공영화를 요구하며 오는 27일 파업에 돌입한다.
>
> 서울 메트로 9호선 운영㈜ 노조인 서울 메트로 9호선 지부는 지난 8일 서울 중구 민주노총에서 기자회견을 열고 "오늘 오전 5시부로 2018년 임·단투 승리와 노동권, 시민 안전, 공영화 쟁취를 위한 쟁의행위에 들어갔다."라며 "오는 27일 오전 5시를 기해 파업을 시작할 것"이라고 밝혔다.
>
> 서울 메트로 9호선 운영㈜에 따르면 지난 6월 22일 이후 노사는 총 6차례에 걸친 임금교섭을 통해 협상을 지속했지만 주요 쟁점사항인 연봉제 폐지 호봉제 도입, 2017년 총액 대비 24.8%(연간 1인 당 약 1,000만 원)의 임금인상 요구로 합의점을 찾지 못했다. 노조는 최근 사측과 진행하던 교섭이 결렬된 뒤 조합원 100명이 쟁의행위 찬반 투표를 한 결과 투표율 92%에 94.6%의 찬성률을 기록했다고 설명했다. 하지만 서울 메트로 9호선 지부는 필수 유지업무 인력을 투입할 계획이다. 김시문 서울 메트로 9호선 지부장은 "필수 유지업무 인력은 남기고 (   )에 들어간다."라며 "하지만 준법 투쟁의 수위는 계속해서 올라갈 것"이라고 말했다. 한편 서울 메트로 9호선 운영㈜는 27일 이러한 상황 하에서도 열차는 100% 정상 운행할 것이라고 밝혔다. 지하철은 필수 공익사업장으로 구분돼 이 같은 기간에도 최소한의 인원을 유지해 업무가 중단되지 않기 때문이다.

① 복귀(復歸)

② 개업(開業)

③ 고문(拷問)

④ 파업(罷業)

4. 다음의 사례는 FABE 화법을 활용한 대화 내용이다. 이를 읽고 밑줄 친 부분에 대한 내용으로 가장 옳은 것으로 추정되는 항목을 고르면?

> 〈개인 보험가입에 있어서의 재무 설계 시 이점〉
>
> 상담원 : 저희 보험사의 재무 설계는 고객님의 자산 흐름을 상당히 효과적으로 만들어 줍니다.
>
> 상담원 : 그로 인해 고객님께서는 언제든지 원하는 때에 원하는 일을 이룰 수 있습니다.
>
> 상담원 : <u>그 중에서도 가장 소득이 적고 많은 비용이 들어가는 은퇴시기에 고객님은 편안하게 여행을 즐기시고, 또한 언제든지 친구들을 부담 없이 만나 행복한 시간을 보낼 수 있습니다.</u>
>
> 상담원 : 저희 보험사에서 재무 설계는 우선 예산을 조정해 드리고 있으며, 선택과 집중을 통해 고객님의 생애에 있어 가장 중요한 부분들을 먼저 준비할 수 있도록 도와드리기 때문입니다.

① 해당 이익이 고객에게 반영될 시에 발생 가능한 상황을 공감시키는 과정이라고 할 수 있다.

② 해당 상품 및 서비스의 설명이 완료되어 마무리하는 부분이라 할 수 있다.

③ 제시하는 상품의 특징을 언급하는 부분이라 할 수 있다.

④ 이득이 발생할 수 있음을 예시하는 것이라 할 수 있다.

저금리가 유지되고 있는 사회에서는 저축에 대한 사람들의 인식이 상당히 회의적이다. 저축은 미래의 소비를 위해 현재의 소비를 억제하는 것을 의미하는데, 이때 그 대가로 주어지는 것이 이자이다. 하지만 저금리 상황에서는 현재의 소비를 포기하는 대가로 보상받는 비용인 이자가 적기 때문에 사람들은 저축을 신뢰하지 못하게 되는 것이다. 화폐의 효용성과 합리적인 손익을 따져 본다면 저금리 시대의 저축률은 줄어드는 것이 당연하다. 물가 상승에 비해 금리가 낮을 때에는 시간이 경과할수록 화폐의 가치가 떨어지게 되어 저축으로부터 얻을 수 있는 실질적인 수익이 낮아지거나 오히려 손해를 입을 수 있기 때문이다.

그런데 한국은행이 발표한 최근 자료를 보면, 금리가 낮은 수준에 머물고 있을 때에도 저축률이 상승하였음을 알 수 있다. 2012년에 3.4%였던 가계 저축률이 2014년에는 6.1%로 상승한 것이다. 왜 그럴까? 사람들이 저축을 하는 데에는 단기적인 금전상의 이익 이외에 또 다른 요인이 작용하기 때문이다. 살아가다 보면 예기치 않은 소득 감소나 질병 등으로 인해 갑자기 돈이 필요한 상황이 생길 수 있다. 이자율이 낮다고 해서 돈이 필요한 상황에 대비할 필요가 없어지는 것은 아니다. 이런 점에서 볼 때 금리가 낮음에도 불구하고 사람들이 저축을 하는 것은 장래에 닥칠 위험을 대비하기 위한 적극적인 의지의 반영인 것이다.

저금리 상황 속에서 저축을 하지 않는 것이 당장은 경제적인 이득을 얻는 것처럼 보일 수 있다. 하지만 이는 미래에 쓸 수 있는 경제 자원을 줄어들게 만들고 개인의 경제적 상황을 오히려 악화시킬 수도 있다. 또한 고령화가 급격하게 진행되는 추세 속에서 노후 생활을 위한 소득 보장의 안전성을 저해하는 등 사회 전반의 불안감을 높일 수도 있다. 따라서 눈앞에 보이는 이익에만 치우쳐서 저축이 가지는 효용 가치를 단기적인 측면으로 한정해서 바라보아서는 안 된다.

우리의 의사 결정은 대개 미래가 불확실한 상황에서 이루어지며 우리가 직면하는 불확실성은 확률적으로도 파악하기 힘든 것이 대부분이다. 따라서 저축의 효용성은 단기적 이익보다 미래의 불확실성에 대비하기 위한 거시적 관점에서 그 중요성을 생각해야 한다.

5. 윗글에 대한 평가로 가장 적절한 것은?

① 핵심 개념을 소개한 후 관련 이론을 제시하고 있다.

② 주장을 여러 항목으로 나누어 순차적으로 제시하고 있다.

③ 전문 기관의 자료를 활용하여 논의의 근거로 삼고 있다.

④ 다양한 계층의 시각으로 균형 있는 정보를 제공하고 있다.

6. 윗글의 글쓴이가 다음에 대해 보일 수 있는 반응으로 적절하지 않은 것은?

> 요즘 저축 이자율은 떨어지고 물가 상승률은 증가하고 있다. 그래서 A는 저축을 하지 않고 있다. 하지만 B는 A에게 저축을 하는 것이 좋겠다고 조언한다.

① A가 저축을 하지 않는 이유는 화폐 가치의 하락을 우려하고 있기 때문이군.

② A가 저축을 하지 않는 이유는 당장의 경제적인 이익을 중요하게 생각하기 때문이군.

③ B가 저축을 해야 한다고 조언하는 이유는 단기적인 금전상의 이익이 아닌 또 다른 요인을 고려하기 때문이군.

④ B가 저축을 해야 한다고 조언하는 이유는 현재 소비를 포기한 대가로 받는 이자를 더 중요하게 생각하기 때문이군.

7. 甲의 견해에 근거할 때 정치적으로 가장 불안정할 것으로 예상되는 정치체제의 유형은?

> 민주주의 정치체제 분류는 선거제도와 정부의 권력구조(의원내각제 혹은 대통령제)를 결합시키는 방식에 따라 크게 A, B, C, D, E 다섯 가지 유형으로 나눌 수 있다. A형은 의원들이 비례대표제에 의해 선출되는 의원내각제의 형태다. 비례대표제는 총 득표수에 비례해서 의석수를 배분하는 방식이다. B형은 단순다수대표제 방식으로 의원들을 선출하는 의원내각제의 형태다. 단순다수대표제는 지역구에서 1인의 의원을 선출하는 방식이다. C형은 의회 의원들을 단순다수대표 선거제도에 의해 선출하는 대통령제 형태다. D형의 경우 의원들은 비례대표제 방식을 통해 선출하며 권력구조는 대통령제를 선택하고 있는 형태다. 마지막으로 E형은 일종의 혼합형으로 권력구조에서는 상당한 권한을 가진 선출직 대통령과 의회에 기반을 갖는 수상이 동시에 존재하는 형태다. 의회 의원은 단순다수대표제에 의해 선출된다.
>
> 한편 甲은 "한 국가의 정당체제는 선거제도에 의해 영향을 받는다. 민주주의 국가들에 대한 비교 연구 결과에 의하면 비례대표제를 의회 선거제도로 운용하고 있는 국가들의 정당체제는 대정당과 더불어 군소정당이 존립하는 다당제 형태가 일반적이다. 전국을 다수의 지역구로 나누고 그 지역구별로 1인을 선출하는 단순다수대표제의 경우 군소정당 후보자들에게 불리하며, 따라서 두 개의 지배적인 정당이 출현하는 양당제의 형태가 자리 잡게 된다. 또한 정치적 안정 여부는 정당체제가 어떤 권력 구조와 결합하는가에 따라 결정된다. 의원내각제는 양당제와 다당제 모두와 조화되어 정치적 안정을 도모할 수 있는 반면 혼합형과 대통령제의 경우 정당체제가 양당제일 경우에만 정치적으로 안정되는 현상을 보인다."라고 주장하였다.

① A형　　　　　　　② B형

③ C형　　　　　　　④ D형

8. 다음의 도표를 보고 분석한 내용으로 가장 옳지 않은 것을 고르면?

• 차종별 주행거리

구분	2016년		2017년		증감률 (%)
	주행거리 (천대·km)	구성비 (%)	주행거리 (천대·km)	구성비 (%)	
승용차	328,812	72.2	338,753	71.3	3.0
버스	12,407	2.7	12,264	2.6	-1.2
화물차	114,596	25.1	123,657	26.1	7.9
계	455,815	100.0	474,674	100.0	4.1

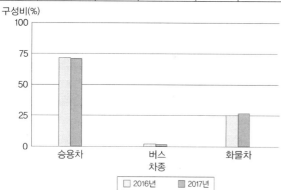

• 차종별 평균 일교통량

구분	2016년		2017년		증감률 (%)
	교통량 (대/일)	구성비 (%)	교통량 (대/일)	구성비 (%)	
승용차	10,476	72.2	10,648	71.3	1.6
버스	395	2.7	386	2.6	-2.3
화물차	3,652	25.1	3,887	26.1	6.4
계	14,525	100.0	14,921	100.0	2.7

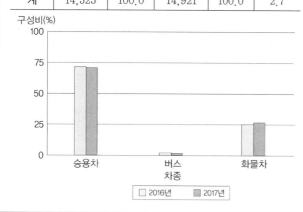

① 차종별 평균 일교통량에서 버스는 2016년에 비해 2017년에 와서는 -2.3 정도 감소하였음을 알 수 있다.

② 차종별 주행거리에서 화물차는 2016년에 비해 2017년에 7.9% 정도 감소하였음을 알 수 있다.

③ 차종별 평균 일교통량에서 화물차는 2016년에 비해 2017년에는 6.4% 정도 증가하였음을 알 수 있다.

④ 차종별 주행거리에서 버스의 주행거리는 2016년에 비해 2017년에는 -1.2% 정도 감소하였다.

9. 다음 그림은 교통량 흐름에 관한 내용의 일부를 발췌한 것이다. 이에 대한 분석결과로써 가장 옳지 않은 항목을 고르면? (단, 교통수단은 승용차, 버스, 화물차로 한정한다.)

• 고속국도

구분	주행거리 (천대·km)	구성비 (%)
승용차	153,946	68.5
버스	6,675	3.0
화물차	63,934	28.5
계	224,555	100.0

• 일반국도

구분	주행거리 (천대·km)	구성비 (%)
승용차	123,341	75.7
버스	3,202	2.0
화물차	36,239	22.3
계	162,782	100.0

• 지방도 계

구분	주행거리 (천대·km)	구성비 (%)
승용차	61,466	70.4
버스	2,387	2.7
화물차	23,484	26.9
계	87,337	100.0

• 국가지원지방도

구분	주행거리 (천대·km)	구성비 (%)
승용차	18,164	70.1
버스	684	2.6
화물차	7,064	27.3
계	25,912	100.0

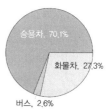

• 지방도

구분	주행거리 (천대·km)	구성비 (%)
승용차	43,302	70.5
버스	1,703	2.8
화물차	16,420	26.7
계	61,425	100.0

① 고속국도에서 승용차는 주행거리 및 구성비 등이 다 교통수단에 비해 압도적으로 높음을 알 수 있다.

② 일반국도의 경우 주행거리는 버스가 3,202km로 가장 낮다.

③ 지방도로의 주행거리에서 보면 가장 높은 수단과 가장 낮은 수단과의 주행거리 차이는 47,752km이다.

④ 국가지원지방도로에서 구성비가 가장 높은 수단과 가장 낮은 수단과의 차이는 67.5%p이다.

10. 유리는 자신이 운영하는 커피숍에서 커피 1잔에 원가의 3할 정도의 이익을 덧붙여서 판매를 하고 있다. 오전의 경우에는 타임할인을 적용해 450원을 할인해 판매하는데 이때 원가의 15% 정도의 이익이 발생한다고 한다. 만약 커피 70잔을 오전에 판매하였을 시에 이익금을 계산하면?

① 27,352원 　　　　　② 28,435원

③ 30,091원 　　　　　④ 31,500원

11. 어느 상점에서 갑 상품의 가격은 을 상품의 3배라고 한다. 갑 상품의 가격을 20%정도 할인을 하며, 을 상품의 가격을 갑 상품이 할인된 금액만큼 높여서 팔았더니 갑 상품의 가격이 을 상품보다 12,000원 정도 비싸게 되었다. 그렇다면 지금 소비자들에게 판매되고 있는 갑 상품의 가격은?

① 19,000원 　　　　　② 21,000원

③ 28,000원 　　　　　④ 36,000원

12. 다음은 ○○기관의 연도말 부채잔액 및 연간 차입 규모에 대한 자료이다. 자료 분석 결과로 옳지 않은 것은?

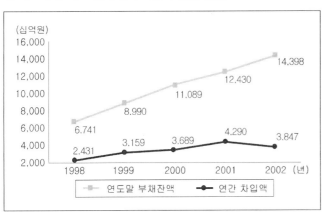

① ○○기관의 연도말 부채잔액은 점점 늘어나고 있다.

② 1999~2002년 중 전년대비 연도말 부채잔액이 가장 크게 늘어난 해는 1999년이다.

③ 전체 기간 중 연간 차입액 변화 추이로 볼 때, 2002년은 주목할 만한 변화이다.

④ 2002년 전년대비 늘어난 연도말 부채잔액은 전년대비 줄어든 연간 차입액의 5배가 넘는다.

▮13~14▮ 기술보증기금 ○○지점에서 근무하는 박 차장은 보증서를 발급하면서 고객의 보증료를 산출하고 있다. 보증료 산출에 관한 주요 규정이 다음과 같을 때, 물음에 답하시오.

■ 보증료 계산 : 보증금액 × 보증료율 × 보증기간/365
　－계산은 십원단위로 하고 10원 미만 단수는 버림

■ 기준보증료율 기술사업평가등급에 따라 다음과 같이 적용한다.

등급	적용요율	등급	적용요율	등급	적용요율
AAA	0.8%	BBB	1.4%	CCC	1.7%
AA	1.0%	BB	1.5%	CC	1.8%
A	1.2%	B	1.6%	C	2.2%

■ 아래에 해당되는 경우 기준보증료율에서 해당 감면율을 감면할 수 있다.

가산사유	가산요율
1. 벤처 · 이노비즈기업	−0.2%p
2. 장애인기업	−0.3%p
3. 국가유공자기업	−0.3%p
4. 지방기술유망기업	−0.3%p
5. 지역주력산업 영위기업	−0.1%p

※ 감면은 항목은 중복해서 적용할 수 없으며, 감면율이 가장 큰 항목을 우선 적용한다.

※ 사고기업(사고유보기업 포함)에 대해서는 보증료율의 감면을 적용하지 아니한다.

■ 아래에 해당되는 경우 산출된 보증료율에 해당 가산율을 가산한다.

가산사유	가산요율
1. 고액보증기업	
가. 보증금액이 15억 원 초과 30억 원 이하 기업	+0.1%p
나. 보증금액이 30억 원 초과 기업	+0.2%p
2. 장기이용기업	
가. 보증이용기간이 5년 초과 10년 이하 기업	+0.1%p
나. 보증이용기간이 10년 초과 15년 이하 기업	+0.2%p
다. 보증이용기간이 15년 초과 기업	+0.3%p

※ 가산사유가 중복되는 경우에는 사유별 가산율을 모두 적용한다.

※ 경영개선지원기업으로 확정된 기업에 대해서는 가산요율을 적용하지 않는다.

■ 감면사유와 가산사유에 모두 해당되는 경우 감면사유를 먼저 적용한 후 가산사유를 적용한다.

13. ㈜서원의 회계과장인 이 과장은 보증서 발급에 앞서 보증료가 얼마나 산출되었는지 박 차장에게 다음과 같이 이메일로 문의하였다. 문의에 따라 보증료를 계산한다면 ㈜서원의 보증료는 얼마인가?

> 안녕하세요, 박 차장님.
> ㈜서원의 회계과장인 이ㅁㅁ입니다. 대표님께서 오늘 보증서(보증금액 5억 원, 보증기간 365일)를 발급받으러 가시는데, 보증료가 얼마나 산출되었는지 궁금하여 문의드립니다.
> 저희 회사의 기술사업평가등급은 BBB등급이고, 지방기술사업을 영위하고 있으며 작년에 벤처기업 인증을 받았습니다. 다른 특이사항은 없습니다.

① 4,000천 원   ② 4,500천 원

③ 5,500천 원   ④ 5,500천 원

14. 박 차장은 아래 자료들을 토대로 갑, 을, 병 3개 회사의 보증료를 산출하였다. 보증료가 높은 순서대로 정렬한 것은?

구분	기술사업 평가등급	특이사항	보증금액 (신규)	보증기간
갑	BBB	• 국가유공자기업 • 지역주력산업영위기업 • 신규보증금액 포함한 총 보증금액 100억 원 • 보증이용기간 7년	10억 원	365일
을	BB	• 벤처기업 • 이노비즈기업 • 보증이용기간 20년 • 경영개선지원기업	10억 원	365일
병	BB	• 장애인기업 • 이노비즈기업 • 보증이용기간 1년	10억 원	365일

① 갑 - 을 - 병   ② 갑 - 병 - 을

③ 을 - 갑 - 병   ④ 을 - 병 - 갑

15. 수인이와 혜인이는 주말에 차이나타운(인천역)에 가서 자장면도 먹고 쇼핑도 할 계획이다. 지하철노선도를 보고 계획을 짜고 있는 상황에서 아래의 노선도 및 각 조건에 맞게 상황을 대입했을 시에 두 사람의 개인 당 편도 운임 및 역의 수가 바르게 짝지어진 것은? (단, 출발역과 도착역의 수를 포함한다)

> (조건 1) 두 사람의 출발역은 청량리역이며, 환승하지 않고 직통으로 간다. (1호선)
> (조건 2) 추가요금은 기본운임에 연속적으로 더한 금액으로 한다. 청량리~서울역 구간은 1,250원(기본운임)이며, 서울역~구로역까지 200원 추가, 구로역~인천역까지 300원씩 추가된다.

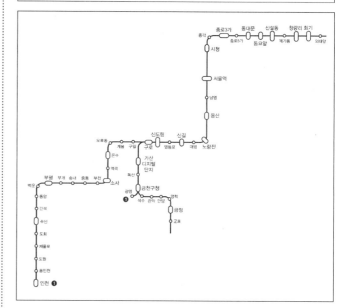

편도 금액	역의 수
① ㉠ 1,600원	㉡ 33개 역
② ㉠ 1,650원	㉡ 38개 역
③ ㉠ 1,700원	㉡ 31개 역
④ ㉠ 1,750원	㉡ 38개 역

16. 아래의 글을 참조하였을 때에 A의 추리가 전제로 하고 있는 것으로 모두 고르면?

> 낭포성 섬유증은 치명적 유전 질병으로 현대 의학이 발달하기 전에는 이 질병을 가진 사람은 어린 나이에 죽었다. 지금도 낭포성 섬유증을 가진 사람은 대개 청년기에 이르기 전에 사망한다. 낭포성 섬유증은 백인에게서 3,000명에 1명 정도의 비율로 나타나며 인구의 약 5% 정도가 이 유전자를 가지고 있다. 진화생물학 이론에 의하면 유전자는 자신이 속하는 종에 어떤 이점을 줄 때에만 남아 있다. 만일 어떤 유전자가 치명적 질병과 같이 생물에 약점으로 작용한다면 이 유전자를 가지고 있는 생물은 그렇지 않은 생물보다 생식할 수 있는 기회가 줄어들기 때문에, 이 유전자는 궁극적으로 유전자 풀(pool)에서 사라질 것이다. 낭포성 섬유증 유전자는 이 이론으로 설명할 수 없는 것으로 보인다.
>
> 1994년 미국의 과학자 A는 흥미로운 실험 결과를 발표하였다. 정상 유전자를 가진 쥐에게 콜레라 독소를 주입하자 쥐는 심한 설사로 죽었다. 그러나 낭포성 섬유증 유전자를 1개 가지고 있는 쥐는 독소를 주입한 다음 설사 증상을 보였지만 그 정도는 낭포성 섬유증 유전자가 없는 쥐에 비해 반 정도였다. 낭포성 섬유증 유전자를 2개 가진 쥐는 독소를 주입한 후에도 전혀 증상을 보이지 않았다. 낭포성 섬유증 증세를 보이는 사람은 장과 폐로부터 염소이온을 밖으로 퍼내는 작용을 정상적으로 하지 못한다. 반면 콜레라 독소는 장으로부터 염소이온을 비롯한 염분을 과다하게 분비하게 하고 이로 인해 물을 과다하게 배출시켜 설사를 일으킨다. 이 결과로부터 A는 낭포성 섬유증 유전자의 작용이 콜레라 독소가 과도한 설사를 일으키는 메커니즘을 막기 때문에, 낭포성 섬유증 유전자를 가진 사람이 콜레라로부터 보호될 수 있을 것이라고 추측하였다. 그러므로 1,800년대에 유럽을 강타했던 콜레라 대유행에서 낭포성 섬유증 유전자를 가진 사람이 살아남기에 유리했다고 주장하였다.

〈보기〉
㉠ 낭포성 섬유증은 백인 외의 인종에서는 드문 유전 질병이다.
㉡ 쥐에서 나타나는 질병 양상은 사람에게도 유사하게 적용된다.
㉢ 콜레라 독소는 콜레라균에 감염되었을 때와 동일한 증상을 유발한다.
㉣ 낭포성 섬유증 유전자를 가진 모든 사람이 낭포성 섬유증으로 인하여 청년기 전에 사망하는 것은 아니다.

① ㉠, ㉡
② ㉠, ㉢
③ ㉠, ㉡, ㉢
④ ㉡, ㉢, ㉣

17. 아래의 내용은 직장만족 및 직무몰입에 대한 A, B, C, D의 견해를 나타낸 것이다. A~D까지 각각의 견해에 관한 진술로써 가장 옳은 내용을 고르면?

> 어느 회사의 임직원을 대상으로 조사한 결과에 대해 상이한 견해가 있다. A는 직무 몰입도가 높으면 직장 만족도가 높고 직무 몰입도가 낮으면 직장 만족도가 낮다고 해석하여, 직무 몰입도가 직장 만족도를 결정한다고 결론지었다. B는 일찍 출근하는 사람의 직무 몰입도와 직장 만족도가 높고, 그렇지 않은 경우 직무 몰입도와 직장 만족도가 낮다고 결론지었다. C는 B의 견해에 동의하면서, 근속 기간이 길수록 빨리 출근 한다고 보고, 전자가 후자에 영향을 준다고 해석하였다. D는 직장 만족도가 높으면 직무 몰입도가 높고 직장 만족도가 낮으면 직무 몰입도도 낮다고 해석하여, 직장 만족도가 직무 몰입도를 결정한다고 결론지었다.

① 일찍 출근하며 직무 몰입도가 높고 직장에도 만족하는 임직원이 많을수록 A의 결론이 B의 결론보다 강화된다.
② 직장에는 만족하지만 직무에 몰입하지 않는 임직원이 많을수록 A의 결론은 강화되고 D의 결론은 약화된다.
③ 직무에 몰입하지만 직장에는 만족하지 않는 임직원이 많을수록 A의 결론은 약화되고 D의 결론은 강화된다.
④ 일찍 출근하지만 직무에 몰입하지 않는 임직원이 많을수록 B와 C의 결론이 약화된다.

18. 5명(A ~ E)이 다음 규칙에 따라 게임을 하고 있다. 4→1→1 의 순서로 숫자가 호명되어 게임이 진행되었다면 네 번째 술래는?

- A→B→C→D→E 순으로 반시계방향으로 동그랗게 앉아 있다.
- 한 명의 술래를 기준으로, 술래는 항상 숫자 3을 배정받고, 반시계방향으로 술래 다음 사람이 숫자 4를, 그 다음 사람이 숫자 5를, 술래 이전 사람이 숫자 2를, 그 이전 사람이 숫자 1을 배정받는다.
- 술래는 1 ~ 5의 숫자 중 하나를 호명하고, 호명된 숫자에 해당하는 사람이 다음 술래가 된다. 새로운 술래를 기준으로 다시 위의 조건에 따라 숫자가 배정되며 게임이 반복된다.
- 첫 번째 술래는 A다.

① A
② B
③ C
④ D

19. 100명의 근로자를 고용하고 있는 ○○기관 인사팀에 근무하는 S는 고용노동법에 따라 기간제 근로자를 채용하였다. 제시된 법령의 내용을 참고할 때, 기간제 근로자로 볼 수 없는 경우는?

제10조
① 이 법은 상시 5인 이상의 근로자를 사용하는 모든 사업 또는 사업장에 적용한다. 다만 동거의 친족만을 사용하는 사업 또는 사업장과 가사사용인에 대하여는 적용하지 아니한다.
② 국가 및 지방자치단체의 기관에 대하여는 상시 사용하는 근로자의 수에 관계없이 이 법을 적용한다.

제11조
① 사용자는 2년을 초과하지 아니하는 범위 안에서(기간제 근로계약의 반복갱신 등의 경우에는 계속 근로한 총 기간이 2년을 초과하지 아니하는 범위 안에서) 기간제 근로자※를 사용할 수 있다. 다만 다음 각 호의 어느 하나에 해당하는 경우에는 2년을 초과하여 기간제 근로자로 사용할 수 있다.
　1. 사업의 완료 또는 특정한 업무의 완성에 필요한 기간을 정한 경우
　2. 휴직·파견 등으로 결원이 발생하여 당해 근로자가 복귀할 때까지 그 업무를 대신할 필요가 있는 경우
　3. 전문적 지식·기술의 활용이 필요한 경우와 박사 학위를 소지하고 해당 분야에 종사하는 경우
② 사용자가 제1항 단서의 사유가 없거나 소멸되었음에도 불구하고 2년을 초과하여 기간제 근로자로 사용하는 경우에는 그 기간제 근로자는 기간의 정함이 없는 근로계약을 체결한 근로자로 본다.

※ 기간제 근로자라 함은 기간의 정함이 있는 근로계약을 체결한 근로자를 말한다.

① 수습기간 3개월을 포함하여 1년 6개월간 A를 고용하기로 근로계약을 체결한 경우
② 근로자 E의 휴직으로 결원이 발생하여 2년간 B를 계약직으로 고용하였는데, E의 복직 후에도 B가 계속해서 현재 3년 이상 근무하고 있는 경우
③ 사업 관련 분야 박사학위를 취득한 C를 계약직(기간제) 연구원으로 고용하여 C가 현재 3년간 근무하고 있는 경우
④ 국가로부터 도급받은 3년간의 건설공사를 완성하기 위해 D를 그 기간 동안 고용하기로 근로계약을 체결한 경우

20. ◇◇자동차그룹 기술개발팀은 수소연료전지 개발과 관련하여 다음의 자료를 바탕으로 회의를 진행하고 있다. 잘못된 분석을 하고 있는 사람은?

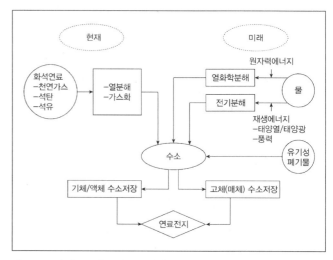

① 甲 : 현재는 석유와 천연가스 등 화석연료에서 수소를 얻고 있지만, 미래에는 재생에너지나 원자력을 활용한 수소 제조법이 사용될 것이다.
② 乙 : 수소는 기체, 액체, 고체 등 저장 상태에 관계없이 연료전지에 활용할 수 있다는 장점을 갖고 있다.
③ 丙 : 수소저장기술은 기체나 액체 상태로 저장하는 방식과 고체(매체)로 저장하는 방식으로 나눌 수 있다.
④ 丁 : 수소를 제조하는 기술에는 화석연료를 전기분해하는 방법과 재생에너지를 이용하여 물을 열분해하는 두 가지 방법이 있다.

21. 사람들은 살아가면서 많은 소비를 하게 되며, 그에 따른 의사 결정을 하게 된다. 이렇듯 소비자 의사 결정이라고 불리는 이 과정은 크게 문제 인식, 정보 탐색, 대안 평가 및 선택, 결정, 구매 및 평가의 순서로 진행된다. 하지만 모든 소비자가 이러한 과정을 준수하여 소비하지는 않으며, 순서가 바뀌거나 또는 건너뛰는 경우도 있다. 다음의 사례는 5명의 사람이 여름휴가철을 맞아 드넓은 동해바다 앞의 게스트 하우스를 예약하고 이를 찾아가기 위해 활용할 교통수단을 놓고 선택에 대한 고민을 하고 있다. 이 부분은 소비자 의사 결정과정 중 대안평가 및 선택에 해당하는 부분인데, 아래의 조건들은 대안을 평가하는 방식들을 나열한 것이다. 이들 중 ㉠의 내용을 참고하여 보완적 평가방식을 활용해 목적지까지 가는 동안의 이동수단으로 가장 적절한 것을 고르면?

Ⅰ. 조건
㉠ 보완적 평가방식이란 각각의 상표에 있어 어떤 속성의 약점을 다른 속성의 강점에 의해 보완하여 전반적인 평가를 내리는 방식을 말한다.
㉡ 사전편집식이란 가장 중요시하는 평가기준에서 최고로 평가되는 상표를 선택하는 방식을 말한다.
㉢ 순차적 제거식이란 중요하게 생각하는 특정 속성의, 최소 수용기준을 설정하고 난 뒤에 그 속성에서 수용 기준을 만족시키지 못하는 상표를 제거해 나가는 방식을 말한다.
㉣ 결합식이란, 상표 수용을 위한 최소 수용기준을 모든 속성에 대해 마련하고, 각 상표별로 모든 속성의 수준이 최소한의 수용 기준을 만족시키는가에 따라 평가하는 방식을 말한다.

Ⅱ. 내용

평가기준	중요도	이동수단들의 가치 값			
		비행기	고속철도	고속버스	오토바이
속도감	40	9	8	2	1
경제성	30	2	5	8	9
승차감	20	4	5	6	2

① 고속철도
② 비행기
③ 오토바이
④ 고속버스

22. 컴퓨터에 대해 지식이 거의 전무한 트럼프는 어렵사리 컴퓨터를 켜고 문서를 작성하였다. 하지만 해당 문서가 쓸모없다고 여기며 삭제 또는 휴지통에 버리고 싶어 한다. 하지만 컴퓨터에 대한 지식이 없는 트럼프는 어찌할 줄 모르고 있다. 이렇게 불필요한 파일들은 삭제 또는 휴지통에 버리게 되는 데, 통상적으로 파일은 여러 가지 방법으로 휴지통으로 이동이 가능하다. 다음 중 이에 대한 내용으로 옳지 않은 것은?

① 파일을 선택하고 "Del" 키를 누른다.
② 휴지통 아이콘으로 파일을 끌어 놓는다.
③ 파일에서 마우스 왼쪽 버튼을 누른 다음 메뉴에서 삭제 단추를 누른다.
④ 윈도우 XP에서 사이드 메뉴의 삭제를 누른다.

23. 아베 총리는 북한과의 친선관계를 도모하고자 김정은에게 이메일을 보내려고 한다. 하지만, 일일이 타이핑이 하기 싫은 아베는 어느 날 독하게 마음을 먹고 단축키를 외워서 활용하고자 하는 다짐을 하고 이를 실천에 옮겼다. 하지만, 처음이라 많이 서툰 상황이 벌어지고 있다. 다음 중 아베가 단축키를 사용하는 데 있어서 해당 메뉴와 그에 대한 설명으로 가장 옳지 않은 것을 고르면?

① `F1` : 도움말을 표시한다.
② `F3` : 파일 또는 폴더 등을 검색한다.
③ `Alt` + `F4` : 현재 활성화되어 있는 프로그램의 창을 닫는다.
④ `Alt` + `Enter` : 작업 전환 창을 활용해서 타 응용 프로그램으로 이동한다.

24. 원모와 친구들은 여름휴가를 와서 바다에 입수하기 전 펜션 1층에 모여 날씨가 궁금해 인터넷을 통해 날씨를 보고 있다. 이때 아래에 주어진 조건을 참조하여 원모와 친구들 중 주어진 날씨 데이터를 잘못 이해한 사람을 고르면?

(조건 1) 현재시간은 월요일 오후 15시이다.
(조건 2) 5명의 휴가기간은 월요일 오후 15시(펜션 첫날)부터
　　　　 금요일 오전 11시(펜션 마지막 날)까지이다.

① 원모 : 우리 펜션 퇴실하는 날에는 우산을 준비 해야겠어.
② 형일 : 내일 오전에는 비가 와서 우산 없이는 바다를 보며 산책하기는 어려울 것 같아.
③ 우진 : 우리들이 휴가 온 이번 주 날씨 중에서 수요일 오후 온도가 가장 높아.
④ 연철 : 자정이 되면 지금보다 온도가 더 높아져서 열대야 현상으로 인해 오늘밤 잠을 자기가 힘들 거야.

25. 다음 아래의 2가지 메신저에 대한 내용을 보고 잘못 말하고 있는 사람을 고르면?

① 유희 : 위와 같은 메신저를 사용하게 되면 상대가 인터넷에 접속해 있는지를 확인할 수 있으므로 응답이 즉각적으로 이루어져서 전자우편보다 훨씬 속도가 빠르지.
② 병훈 : 인터넷에 연결되어 있기 때문에 각종 뉴스나 증권, 음악 정보 등의 서비스도 제공받을 수 있어.
③ 윤철 : 대부분의 메신저는 FTP를 거쳐야만 파일을 교환할 수 있어.
④ 정태 : 메신저는 프로그램을 갖춘 사이트에 접속하여 회원으로 등록한 후에 해당 프로그램을 다운로드 받아 컴퓨터에 설치하여 사용하면 되고, 회원가입과 사용료는 대부분 무료야.

|26~27| 다음은 H사의 물품 재고 창고에 적재되어 있는 제품 보관 코드 체계이다. 다음 표를 보고 이어지는 질문에 답하시오.

〈예시〉

2010년 12월에 중국 '2 Stars' 사에서 생산된 아웃도어 신발의 15번째 입고 제품

→1012 − 1B − 04011 − 00015

생산 연월	공급처			입고 분류			입고품 수량
	원산지 코드		제조사 코드	용품 코드	제품별 코드		
2012년 9월 −1209 2010년 11월 −1011	1	중국	A All-8	01 캐주얼	001	청바지	00001 부터 다섯 자리 시리얼 넘버가 부여됨.
			B 2 Stars		002	셔츠	
			C Facai		003	원피스	
	2	베트남	D Nuyen	02 여성	004	바지	
			E N-sky		005	니트	
	3	멕시코	F Bratos		006	블라우스	
			G Fama		007	점퍼	
	4	한국	H 혁진사	03 남성	008	카디건	
			I K상사		009	모자	
			J 영스타	04 아웃도어	010	용품	
	5	일본	K 왈러스		011	신발	
			L 토까이		012	래쉬가드	
			M 히스모	05 베이비	013	내복	
	6	호주	N 오즈본		014	바지	
			O Island				
	7	독일	P Kunhe				
			Q Boyer				

26. 2011년 10월에 생산된 '왈러스' 사의 여성용 블라우스로 10,215번째 입고된 제품의 코드로 알맞은 것은 무엇인가?

① 1010 − 5K − 02006 − 00215

② 1110 − 5K − 02060 − 10215

③ 1110 − 5K − 02006 − 10215

④ 1110 − 5L − 02005 − 10215

27. 제품 코드 0810 − 3G − 04011 − 00910에 대한 설명으로 옳지 않은 것은 무엇인가?

① 해당 제품의 입고 수량은 적어도 910개 이상이다.

② 중남미에서 생산된 제품이다.

③ 여름에 생산된 제품이다.

④ 캐주얼 제품이 아니다.

28. 다음은 H회사의 승진후보들의 1차 고과 점수 및 승진시험 점수이다. "생산부 사원"의 승진시험 점수의 평균을 알기 위해 사용해야 하는 함수는 무엇인가?

① AVERAGE

② AVERAGEA

③ AVERAGEIF

④ AVERAGEIFS

29. 기술능력이라 함은 통상적으로 직업에 종사하기 위해 모든 사람들이 필요로 하는 능력을 의미하는데 다음의 내용은 기술능력의 중요성에 대해 설명하는 어느 기술명장에 관한 것이다. 이를 기초로 하여 기술능력이 뛰어난 사람이 갖추는 요소를 잘못 설명하고 있는 항목을 고르면?

> 대우중공업 김규환 명장은 고졸의 학력에도 불구하고 끊임없는 노력과 열정으로 국내 최다 국가기술자격증 보유, 5개 국어 구사, 업계 최초의 기술명장으로 인정을 받고 있다. 김규환 명장은 고졸이라는 학력 때문에 정식사원으로 입사를 하지 못하고 사환으로 입사를 시작하였으나, 새벽 5시에 출근하여 기계의 워밍업을 하는 등 남다른 성실함으로 정식기능공, 반장 등으로 승진을 하여 현재의 위치에 오르게 되었다.
>
> 하루는 무서운 선배 한 명이 세제로 기계를 모두 닦아 놓으라는 말에 2,612개나 되는 모든 기계를 다 분리하여 밤새 닦아서 놓았다. 그 후에도 남다른 실력으로 서로 다른 기계를 봐달라고 하는 사람들이 점점 늘어났다. 또한 정밀기계 가공 시 1℃ 변할 때 쇠가 얼마나 변하는지 알기 위해 국내외 많은 자료를 찾아보았지만 구할 수 없어 공장 바닥에 모포를 깔고 2년 6개월간 연구를 한 끝에 재질, 모형, 종류, 기종별로 X-bar값을 구해 1℃ 변할 때 얼마나 변하는지 온도 치수가공 조건표를 만들었다. 이를 산업인력공단의 〈기술시대〉에 기고하였으며 이 자료는 기계가공 분야의 대혁명을 가져올 수 있는 자료로 인정을 받았다.

① 기술적인 해결에 대한 효용성을 평가한다.
② 인식된 문제를 위한 다양한 해결책을 개발하고 평가한다.
③ 여러 가지 상황 속에서 기술의 체계 및 도구 등을 사용하고 배울 수 있다.
④ 주어진 한계 속에서, 그리고 무한한 자원을 가지고 일한다.

30. 아래의 내용을 통해 구체적으로 알 수 있는 사실은?

> P화학 약품 생산 공장에 근무하고 있는 M대리. 퇴근 후 가족과 뉴스를 보다가 자신이 근무하고 있는 화학 약품 생산 공장에서 발생한 대형화재에 대한 뉴스를 보게 되었다. 수십 명의 사상자를 발생시킨 이 화재의 원인은 노후된 전기 설비로 인한 누전 때문으로 추정된다고 하였다. 불과 몇 시간 전까지 같이 근무했던 사람들의 사망소식에 M대리는 어찌할 바를 모른다. 그렇지 않아도 공장장에게 노후한 전기설비를 교체하지 않으면 큰 일이 날지도 모른다고 늘 강조해왔는데 결국에는 돌이킬 수 없는 대형사고를 터트리고 만 것이다.
>
> "사전에 조금만 주의를 기울였다면 이러한 대형 사고는 충분히 막을 수 있었을 텐데…" "내가 더 적극적으로 공장장을 설득하여 전기설비를 교체했더라면 오늘과 같이 소중한 동료들을 잃는 일은 없었을 텐데…"라며 자책하고 있는 M대리.
>
> 이와 같은 대형 사고는 사전에 위험 요소에 대한 조그만 관심만 있었더라면 충분히 예방할 수 있는 경우가 매우 많다. 그럼에도 불구하고 끊임없이 반복하여 발생하는 이유는 무엇일까?

① 산업재해는 무조건 예방이 가능하다.
② 산업재해는 어느 정도의 예측이 가능하며 이로 인한 예방이 가능하다.
③ 산업재해는 어떠한 경우라도 예방이 불가능하다.
④ 산업재해는 전문가만이 예방할 수 있다.

31. 기술능력을 향상시키는 방법에는 여러 가지가 있으나 대표적인 것으로 전문연수원에서 제공하고 있는 기술과정 연수, e-learning을 활용한 기술교육, 상급학교 진학을 통한 기술교육, OJT 등이 있다. 아래에 제시된 2가지의 내용은 이 중 OJT에 관한 사례를 나타낸 것이다. 아래의 내용을 읽고 밑줄 친 OJT에 관련한 내용으로 가장 옳지 않은 항목을 고르면?

ㄱ 국립목포대학교 IPP사업단은 지난 18일 목포대 70주년 기념관 정상묵 국제 컨퍼런스 룸에서 참여 학습근로자들을 대상으로 '2018학년도 IPP형 일학습병행 OJT 사전교육'을 실시했다. 이날 행사에는 목포대 IPP사업단장 이상찬 교수를 비롯한 IPP 사업단 관계자들과 한국산업인력공단 전남서부지사 및 전남인적자원개발위원회 관계자, 학습근로자 등 약 50여명이 참석했다. 이번 사전교육은 8월부터 기업현장으로 <u>OJT(ON-THE-JOB TRAINING)훈련</u>을 나갈 IPP형 일학습병행 학습근로자들의 참여 분위기 확산과 훈련 실시 전 필수교육인 산업안전 보건교육, 근로기준법과 성희롱 예방교육, 정보보호 관련 교육, 2018년 IPP형 일학습병행 추진 내용 등으로 진행됐다. 목포대 IPP사업단장 이상찬 교수는 "일학습병행을 통해 학생들이 현장직무 경험을 쌓고, 학생들에게 적합한 좋은 일자리를 제공하는데 중점을 두어 취업에 도움이 될 수 있도록 최선의 노력을 다하겠다."라고 말했다. 한편, 올해로 4년차 사업을 진행 중인 목포대 IPP사업단은 2017년 일학습병행 사업평가 최우수대학(S등급)으로 선정되었으며, 학생들의 취업을 위해 다양한 활동을 펼치고 있다.

ㄴ 금융감독원이 몽골 금융 감독당국과의 협력 강화를 위한 직원 수견연수(OJT ; On the Job Training)를 실시했다. 금감원은 내달 20일까지 7주 동안 몽골 금융감독위원회(Financial Regulatory Commission) 증권 및 보험 감독·검사부서 소속 직원 4명을 대상으로 첫 OJT를 진행한다고 3일 밝혔다. 금감원은 "정부의 신남방 정책 및 신북방 정책에 부응하는 한편, 신흥국의 금융 감독발전을 지원하고 금융협력을 강화하기 위해 아세안 금융당국 직원들에 대해 이번 연수를 실시한다."라고 전했다. 파견된 몽골 FRC 직원들은 실무연수를 진행하고 종합적이고 현장감 있는 연수를 위해 금융투자협회, 손해보험협회 등 10여개 유관기관 방문견학도 병행할 예정이다. 이번 OJT가 종료되면 하반기엔 인도네시아, 베트남, 등 기타 신흥국 금융당국 직원을 대상으로 추가 OJT를 실시할 계획이다. 금감원은 "OJT를 통해 아시아 금융 감독기관들과의 국제협력을 더욱 강화하고 금융 감독 분야의 글로벌 리더십을 이어나갈 것"이라고 강조했다. 한편 금감원은 지난해 12월 베트남 중앙은행(SBV) 직원 3명을 대상으로 첫 OJT를 실시한 바 있다.

---

① 교육훈련의 내용 및 수준에 있어서 통일시키기 어렵다.
② 종업원들을 일정기간 동안 직무로부터 분리시켜 실시한다.
③ 각 종업원의 습득 및 능력 등에 맞춰서 훈련할 수 있다.
④ 다수의 종업원을 훈련하는 데 있어서 부적절하다.

▎32~33▎ 다음은 그래프 구성 명령어 실행 예시이다. 다음을 보고 물음에 답하시오.

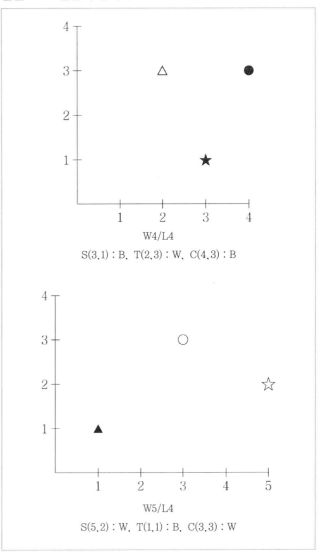

W4/L4
S(3,1) : B, T(2,3) : W, C(4,3) : B

W5/L4
S(5,2) : W, T(1,1) : B, C(3,3) : W

32. 다음 그래프에 알맞은 명령어는 무엇인가?

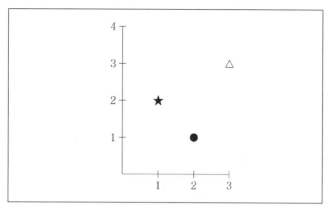

① W3/L4
  S(1,2) : B, T(3,3) : W, C(2,1) : B
② W3/L4
  S(1,2) : W, T(3,3) : B C(2,1) : W
③ W3/L4
  S(2,1) : B, T(3,3) : W, C(1,2) : B
④ W4/L3
  S(2,1) : B, T(3,3) : W, C(1,2) : W

33. 다음 그래프에 알맞은 명령어는 무엇인가?

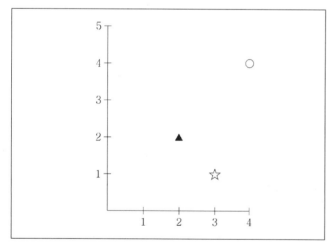

① W4/L5
  S(1,3) : W, T(2,2) : B, C(4,4) : W
② W4/L5
  S(3,1) : B, T(2,2) : W, C(4,4) : B
③ W4/L5
  S(3,1) : W, T(2,2) : B, C(4,4) : W
④ W5/L4
  S(3,1) : B, T(2,2) : B, C(4,4) : W

34. 다음은 상태 계기판에 관한 내용이다. 주어진 〈조건〉과 〈표〉에 따를 때 3월 5일의 〈상황〉에서 취해야 할 행동은?

〈조건〉
㉠ 월요일, 수요일은 정기검침 일이다.
㉡ 정기검침 일에는 PSD CODE의 절반 값을 적용한다.
㉢ 첫 번째 계기판 눈금이 (+)에 위치할 경우, 가장 오른쪽 숫자는 고려하지 않는다.
㉣ Serial Mode : 2개 또는 3개의 총합
㉤ Parallel Mode : 2개 또는 3개의 평균값

〈표〉

허용 범위	알림
$X \leq PSD\ CODE$	안전
$PSD\ CODE < X \leq PSD\ CODE + 2$	경계
$X > PSD\ CODE + 2$	경고

㉠ 안전 : 그대로 둔다.
㉡ 경계
 • Serial Mode : 빨간 버튼을 누른다.
 • Parallel Mode : 파란 버튼을 누른다.
㉢ 경고 : 두 버튼을 모두 누른다.

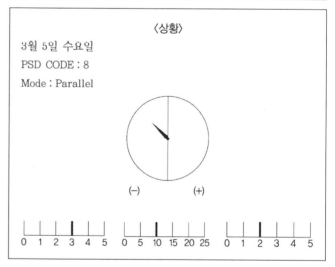

① 그대로 둔다.
② 빨간 버튼을 누른다.
③ 파란 버튼을 누른다.
④ 두 버튼을 모두 누른다.

35. 다음 조건을 순차적으로 처리할 때 다음 시스템에서 취해야 할 행동으로 적합한 것은?

〈조건〉

① 레버 3개의 위치에 따라 다음과 같이 오류값을 선택한다. 오류값을 선택할 때, 음영 처리가 된 오류값만 선택한다.
- 레버 3개중 1개만 아래로 내려가 있다. → 오류값들의 총합
- 레버 3개중 2개만 아래로 내려가 있다. → 오류값 중 가장 큰 수
- 레버 3개가 모두 아래로 내려가 있다. → 오류값 중 가장 작은 수

② 오류값에 따라 다음과 같이 상황을 판단한다.

오류값 허용 범위	상황	상황별 행동
오류값 ≤ 4	안전	아무 버튼도 누르지 않는다.
4 < 오류값 ≤ 8	경고	파란 버튼을 누른다. 단, 내려간 레버가 2개 이상이면 빨간 버튼을 누른다.
8 < 오류값	위험	파란 버튼과 빨간 버튼을 모두 누른다.

③ 음영 처리된 오류값이 2개 이하이면 무조건 안전, 4개 이상이면 무조건 경고
④ 계기판 수치가 12 이상이면 한 단계 격상
⑤ 단, 위험단계에서 격상되어도 위험상태를 유지

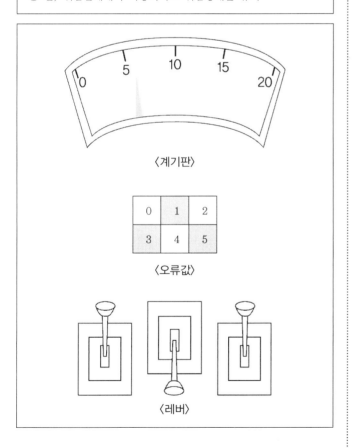

〈계기판〉

0	1	2
3	4	5

〈오류값〉

〈레버〉

① 아무 버튼도 누르지 않는다.
② 파란 버튼을 누른다.
③ 빨간 버튼을 누른다.
④ 파란 버튼과 빨간 버튼을 누른다.

36. 다음은 공항비항계획에 대한 설명이다. 옳지 않은 것은?

① 공항비상계획은 공항이나 주변에서 발생할 수 있는 비상사태에 신속하게 대응하기 위한 절차이다.
② 공항비상계획의 목적은 특히 인명을 구조하고 항공기 운항에 관하여 비상사태의 영향을 최소화하는 것이다.
③ 각 공항/지역사회는 특유의 필요성과 특성을 가지고 있으므로 비상계획과 훈련의 기본 필요성 및 개념은 대부분 다르다.
④ 공항 비상계획은 공항내외 사고/준사고에 대하여 관할권에 관한 사항을 제외하고는 유사하게 실행된다.

37. 다음은 공항에서의 항공기 사고 시 구조 및 소방기관이 취하여야 할 행동에 대한 설명이다. 옳지 않은 것은?

① 항공교통관제기관이 지시한 현장으로 가장 빠른 경로를 통하여 출동한다.
② 이동 후 상호지원 소방대에 집결지, 대기지역, 지원에 필요한 인력 및 장비 등에 대해 통보한다.
③ 잘 알 수 있는 지휘소를 즉시 설치한다. 이것은 공항당국 이동지휘소 사용이 가능하고 운영될 때까지의 임시지휘소이다.
④ 항공기 격납고나 다른 공항 구조물내의 화재를 진압하는데 장비가 얼마나 잘 갖춰져 있느냐에 따라 공항내 구조 및 소방업무와 공항외 상호지원 소방대 사이에 사전 협정이 체결되어야 한다.

38. 공항비상계획에 따른 '완전 비상사태'란?

① 공항으로 접근하는 항공기가 사고의 가능성이 있는 위험에 있거나 위험이 예상되는 경우

② 공항에서 출발하는 항공기가 사고의 가능성이 있는 위험에 있거나 위험이 예상되는 경우

③ 공항으로 접근하는 항공기에 결함이 있는 것으로 알려진 경우

④ 공항으로 접근하는 항공기에 결함이 있는 것으로 예상은 되나 안전착륙에는 심각한 위험이 포함되어 있지 않은 경우

39. 비상운영센터의 특징으로 옳지 않은 것은?

① 이동 가능한 장소

② 항공기 사고 및 준사고를 담당하는 이동지휘소에서 현장지휘자를 지원

③ 항공기의 불법적 납치 및 폭탄위협에 대한 지휘, 조정 및 통신센터

④ 24시간 운영

40. 치료와 수송을 위한 우선순위를 결정하기 위하여 부상자를 분류하는 것은 현장에서 가장 효율적으로 수행되어야 한다. 그러나 사고현장의 상황에 따라 분류를 하기 전에 즉각적인 부상자의 이송이 필요할 수도 있다. 이때 부상자를 이송하는 방법으로 틀린 것은?

① 가능한 한 가까운 거리로 이동한다.

② 소방작업을 하는 곳으로부터 충분히 거리를 두고 이동한다.

③ 현장으로부터 맞바람을 받는 쪽으로 이동한다.

④ 내리막 쪽으로 이동한다.

41. Ⅱ등급(차후 치료) 부상에 포함되는 부상형태가 아닌 것은?

① 질식이 없는 흉부 외상

② 팔다리의 폐쇄골절

③ 혼수상태의 두개골 외상

④ 부드러운 부분의 부상

42. 항공기 사고 시 공항당국, 항공기 운영자와 기타 사전 지정된 기관들은 보행가능한 생존자(부상당하지 않은 사람)를 인터뷰할 책임이 있다. 이때 기록해야 하는 사항이 아닌 것은?

① 이름

② 주소

③ 전화번호

④ 생년월일

43. 공항비상계획을 시험하는 방법은 세 가지가 있다. 다음 중 공항비상계획훈련의 형태가 아닌 것은?

① 전체훈련

② 부분훈련

③ 도상훈련

④ 도피훈련

44. 다음은 전체 비상훈련 관련 시간 스케줄과 체크리스트에 대한 설명이다. 틀린 것은?

① D-90일 : 조정에 대한 첫 번째 진행보고

② D-80일 : 모든 참가기관들의 1차 회의(개별 기관 대표자들)

③ D-60일 : 전체 비상훈련 장소 또는 대기지역 조정. 시나리오 완성

④ D-40일 : 수송, 식량, 들것, 자원봉사자들을 위한 조정 완료

45. 의료시설이 없는 공항에서는 구급을 위한 최소한의 장비로 비상의료가방을 두어야 한다. 비상의료가방이 포함하고 있어야 하는 것으로 잘못된 것은?

① 4개의 스파이크가 달린 하나의 플라스틱 시트(1.80m × 1.80m)

② 붕대 2필드(45cm × 56cm, 56cm × 91cm)

③ 1개의 혈압커프와 거즈

④ 1개의 긴 척추보드

46. 다음은 공항안전운영기준 제128조 제4항의 내용이다. 빈칸에 들어갈 내용으로 알맞은 것은?

> 공항운영자는 매년 (   )까지 해당 공항의 익년 비상훈련 계획을 수립하여 국토교통부장관 및 지방항공청장에게 보고하여야 한다.

① 1월 초   ② 6월 말

③ 9월 초   ④ 12월 말

47. 비행장의 구조소방등급이 3등급인 경우 B급 포말 분사율(ℓ / 분)은 최소 얼마 이상이어야 하는가?

① 230   ② 550

③ 900   ④ 1,800

48. 구조 · 소방용 차량 및 관련설비가 제 기능을 수행할 수 없게 된 경우 몇 시간 이내에 동급 능력의 차량 및 관련설비로 대체되어야 하는가?

① 12시간   ② 24시간

③ 36시간   ④ 48시간

49. 공항운영자는 모든 구조 · 소방직원의 임무수행에 적합하도록 훈련하여야 한다. 이 교육훈련 과정에 포함하여야 하는 내용으로 '항공기 관숙(Aircraft Familiarization)'이 있는데, 이에 해당하는 내용이 아닌 것은?

① 일반문과 비상문의 사용

② 유류의 종류 및 유류탱크의 위치

③ 배터리의 위치

④ 비상시 항공기를 부수고 나올 수 있는 위치

50. 공항운영자는 항공기의 화재 또는 사고 등 발생 시 항공기와 탑승객의 안전을 위하여 해당 공항에서 취항하는 모든 운송용항공기 종류에 따른 위험지역(Critical area)을 설정하여야 한다. 항공기 전장이 20m이고 폭이 7m인 경우의 이론적 위험지역은?

① 240㎡   ② 360㎡

③ 480㎡   ④ 600㎡

한국공항공사

필기전형 모의고사

[직업기초능력평가]

정답 및 해설

1 ③

① 물건을 간직하여 두는 곳

② 기차나 버스 따위에서 사람이 타는 칸

③ 합성어로 볼 수 있는 두 음절로 된 한자어 "곳간(庫間), 셋방(貰房), 숫자(数字), 찻간(車間), 툇간(退間), 횟수(回數)"에만 사이시옷을 받치어 적는다.('한글 맞춤법' 제4장, 제4절, 제30항.) '갯수'는 이에 속하지 않으므로, 사이시옷을 받치어 적지 않고, '개수'로 써야 한다.

④ 수를 나타내는 글자

2 ②

'일절'과 '일체'는 구별해서 써야 할 말이다. '일절'은 부인하거나 금지할 때 쓰는 말이고, '일체'는 전부를 나타내는 말이다.

3 ③

'성과에 대한 포상제도 마련'은 그린 IT 운동의 실천 방향과 관련이 없는 항목이므로 삭제하는 것이 바람직하다.

4 ③

③ "We'll try to keep to ten minutes for the discussion of each idea." 각각의 아이디어에 대해 10분의 시간을 지키도록 노력할 것이다.

「샘 : 자, 이제 시작하시죠. 우선, 오늘 모임에 오신 여러분을 환영합니다. Peter는 오늘 모임에 참석할 수 없다고 사과를 전했습니다. 그는 출장 중입니다. 오늘 모임의 목적은 더 효율적인 판매기법에 관한 아이디어를 브레인스토밍 하는 것입니다. 이것이 오늘 오후 우리의 목표입니다. 우선 제가 나누고 싶은 몇 가지 아이디어가 있으며, 그리고 난 뒤 테이블에 둘러 앉아 여기 각 사람의 의견을 들을 겁니다. 각각의 아이디어에 대해 10분의 시간을 지키도록 노력할 겁니다. 이 방식은 회의를 길게 하지 않을 겁니다. 그리고 Linda에게 회의를 위해 시간을 요청했습니다. 그럼, 배경으로서 우리 부서의 기준 판매기법을 알려드리고자 합니다.」

5 ①

① 첫 번째 문단에서 '도시 빈민가와 농촌에 잔존하고 있는 빈곤은 최소한의 인간적 삶조차 원천적으로 박탈하고 있으며'라고 언급하고 있다. 즉, 사회적 취약계층의 객관적인 생활수준이 향상되었다고 보는 것은 적절하지 않다.

② 첫 번째 문단

③ 두, 세 번째 문단

④ 네 번째 문단

6 ③

③ 중증장애인은 연령제한을 받지 않고, 국회통과안의 경우 부양자녀가 1인 이상이면 근로장려금을 신청할 수 있으므로, 다른 요건들을 모두 충족하고 있다면 B는 근로장려금을 신청할 수 있다.

① 정부제출안보다 국회통과안에 의할 때 근로장려금 신청자격을 갖춘 대상자의 수가 더 늘어날 것이다.

② 정부제출안과 국회통과안 모두 세대원 전원이 소유하고 있는 재산 합계액이 1억 원 미만이어야 한다. A는 소유 재산이 1억 원으로 두 안에 따라 근로장려금을 신청할 수 없다.

④ 정부제출안과 국회통과안 모두 내국인과 혼인한 외국인은 근로장려금 신청이 가능하다.

7 ③

ⓑ 원할한 → 원활한

ⓒ 공고이 → 공고히

8 ④

ⓛ은 $7,206 \div 2 = 3,603$이므로 영업 외 수익의 합계는 $15,095$가 된다.

㉠은 $2,005,492 + 15,095 = 2,020,587$이다.

따라서 ㉠ $\div$ ⓛ $\fallingdotseq 561$배이다.

9 ④

丁 인턴은 甲, 乙, 丙 인턴에게 주고 남은 성과급의 $1/2$보다 70만 원을 더 받았다고 하였으므로, 전체 성과급에서 甲, 乙, 丙 인턴에게 주고 남은 성과급을 x라고 하면 丁 인턴이 받은 성과급은 $\frac{1}{2}x + 70 = x$ (∵ 마지막에 받은 丁 인턴에게 남은 성과급을 모두 주는 것이 되므로), ∴ $x = 140$이다.

丙 인턴은 甲, 乙 인턴에게 주고 남은 성과급의 $1/3$보다 60만 원을 더 받았다고 하였는데, 여기서 甲, 乙 인턴에게 주고 남은 성과급의 $2/3$는 丁 인턴이 받은 140만 원 + 丙 인턴이 더 받을 60만 원이 되므로, 丙 인턴이 받은 성과급은 160만 원이다.

乙 인턴은 甲 인턴에게 주고 남은 성과급의 $1/2$보다 10만 원을 더 받았다고 하였는데, 여기서 甲 인턴에게 주고 남은 성과급의 $1/2$은 丙, 丁 인턴이 받은 300만 원 + 乙 인턴이 더 받을 10만 원이 되므로, 乙 인턴이 받은 성과급은 320만 원이다.

甲 인턴은 성과급 총액의 $1/3$보다 20만 원 더 받았다고 하였는데, 여기서 성과급 총액의 $2/3$은 乙, 丙, 丁 인턴이 받은 620만 원 + 甲 인턴이 더 받을 20만 원이 되므로, 甲 인턴이 받은 성과급은 340만 원이다.

따라서 네 인턴에게 지급된 성과급 총액은 $340 + 320 + 160 + 140 = 960$만 원이다.

10 ④

④ 2004년도의 연어방류량을 x라고 하면
$$0.8 = \frac{7}{x} \times 100 \quad \therefore \ x = 875$$

① 1999년도의 연어방류량을 x라고 하면
$$0.3 = \frac{6}{x} \times 100 \quad \therefore \ x = 2,000$$

2000년도의 연어방류량을 x라고 하면
$$0.2 = \frac{4}{x} \times 100 \quad \therefore \ x = 2,000$$

② 연어포획량이 가장 많은 해는 21만 마리를 포획한 1997년이고, 가장 적은 해는 2만 마리를 포획한 2000년과 2005년이다.

③ 연도별 연어회귀율은 증감을 거듭하고 있다.

11 ③

3/4 분기 성과평가 점수는 $(10 \times 0.4) + (8 \times 0.4) + (10 \times 0.2) = 9.2$로, 성과평가 등급은 A이다. 성과평가 등급이 A이면 직전 분기 차감액의 50%를 가산하여 지급하므로, 2/4 분기 차감액인 20만 원(∵ 2/4 분기 성과평가 등급 C)의 50%를 가산한 110만 원이 성과급으로 지급된다.

12 ①

② 1997~2007년 중 Y선수의 타율이 0.310 이하인 해는 2002년, 2005년, 2006년으로 3번 있었다.

③ 전체 기간 중 Y선수의 타율이 가장 높은 해는 0.355인 2001년으로 C구단에 속해 있었다.

④ 2000년 이전 출전 경기수가 가장 많은 해는 1999년이다. 그러나 1997년에 가장 많은 홈런을 기록했다.

13 ③

재정력지수가 1.000 이상이면 지방교부세를 지원받지 않는다. 따라서 3년간 지방교부세를 지원받은 적이 없는 지방자치단체는 서울, 경기 두 곳이다.

14 ③

③ 2008년 G계열사의 영업이익률은 8.7%로 1997년 E계열사의 영업이익률 2.9%의 2배가 넘는다.

① B계열사의 2008년 영업이익률은 나머지 계열사의 영업이익률의 합보다 적다.

② 1997년도에 가장 높은 영업이익률을 낸 계열사는 F, 2008년에 가장 높은 영업이익률을 낸 계열사는 B이다.

④ 1997년 대비 2008년의 영업이익률이 증가한 계열사는 B, C, E, G 4곳이다.

15 ③

시장의 위협을 회피하기 위해 강점을 사용하는 전략은 ST전략에 해당한다.

③ 부품의 10년 보증 정책은 강점, 통해 대기업의 시장 독점은 위협에 해당한다.(ST전략)

① 세계적인 유통라인은 강점, 개발도상국은 기회에 해당한다.(SO전략)

② 마진이 적은 것은 약점, 인구 밀도에 비해 대형마트가 부족한 도시는 기회에 해당한다.(WO전략)

④ 고가의 연구비는 약점, 부족한 정부 지원은 위협에 해당한다.(WT전략)

16 ④

제시된 내용은 김치에서 이상한 냄새가 나고 있는 상황이다.

④는 '김치 표면에 하얀 것(하얀 효모)이 생겼을 때'의 확인 사항이다.

17 ③

③은 매뉴얼로 확인할 수 없는 내용이다.

18 ④

조건에 따라 순서를 고려하면 시계방향으로 (가), (라), (다), (마), (나), (바)의 순서로 앉게 되며 (바)와 (다)의 위치는 서로 바뀌어도 된다. (가)의 맞은편에는 (마)가 앉아 있다.

19 ①

㉠과 ㉢에 의해 A − D − C 순서이다.

㉂에 의해 나머지는 모두 C 뒤에 들어왔다는 것을 알 수 있다.

㉡과 ㉤에 의해 B − E − F 순서이다.

따라서 A − D − C − B − E − F 순서가 된다.

20 ④

조건에 따라 순번을 매겨 높은 순으로 정리하면 B > D > A > E > C가 된다.

21 ③

7개의 지사 위치를 대략적으로 나타내면 다음과 같다. 따라서 A에서 가장 멀리 떨어진 지사는 E이다.

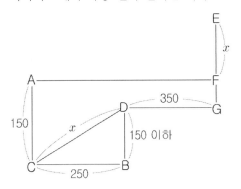

22 ①

제시된 내용은 프레젠테이션에 관한 것이다.

②③ 워드프로세서

④ 스프레드시트

23 ①

• (자료)는 객관적 실제의 반영이며, 그것을 전달할 수 있도록 기호화한 것이다.

• (정보)는 (자료)를 특정한 목적과 문제해결에 도움이 되도록 가공한 것이다.

• (지식)은 (정보)를 집적하고 체계화하여 장래의 일반적인 사항에 대비해 보편성을 갖도록 한 것이다.

24 ③

제시된 내용은 윈도우(Windows)에 대한 설명이다.

③은 리눅스(Linux)에 대한 설명이다.

25 ①

㉠ 1회전

5	3	8	1	2

1	3	8	5	2

㉡ 2회전

1	3	8	5	2

1	2	8	5	3

26 ④

㉠ 1회전

| 55 | 11 | 66 | 77 | 22 |

| 11 | 55 | 66 | 77 | 22 |

㉡ 2회전

| 11 | 55 | 66 | 77 | 22 |

| 11 | 22 | 66 | 77 | 55 |

㉢ 3회전

| 11 | 22 | 66 | 77 | 55 |

| 11 | 22 | 55 | 77 | 66 |

27 ②

한 셀에 두 줄 이상 입력하려고 하는 경우 줄을 바꿀 때는 〈Alt〉＋〈Enter〉를 눌러야 한다.

28 ①

① #NAME? : 지정하지 않은 이름을 사용한 때나 함수 이름을 잘못 사용한 때, 인식할 수 없는 텍스트를 수식에 사용했을 때

② #REF! : 수식이 있는 셀에 셀 참조가 유효하지 않을 때

③ #VALUE! : 잘못된 인수나 피연산자를 사용하거나 수식 자동고침 기능으로 수식을 고칠 수 없을 때

④ #DIV/0 : 나누는 수가 빈 셀이나 0이 있는 셀을 참조하였을 때

29 ②

벤치마킹은 개인, 기업, 정부 등 다양한 경제주체가 자신의 성과를 제고하기 위해 참고할 만한 가치가 있는 대상이나 사례를 정하고, 그와의 비교 분석을 통해 필요한 전략 또는 교훈을 찾아보려는 행위를 가리킨다.

30 ③

제시된 내용은 공사기한을 맞추기 위해 건설 업체가 노동자를 무리하게 현장에 투입해 생긴 열사병 사고이다.

31 ③

설명서 작성

㉠ 내용이 정확해야 한다.

㉡ 사용자가 알기 쉽게 쉬운 문장으로 쓰여야 한다.

㉢ 사용자의 심리적 배려가 있어야 한다.

㉣ 사용자가 찾고자 하는 정보를 쉽게 찾을 수 있어야 한다.

㉤ 사용하기 쉬워야 한다.

32 ①

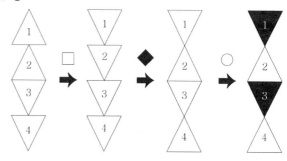

33 ④

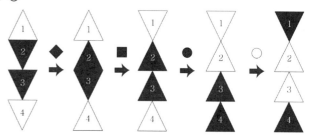

34 ①

• 1단계

9	3	8	1	5	9	3	3	4	7	1	2
×1	×3	×1	×3	×1	×3	×1	×3	×1	×3	×1	×3
=9	=9	=8	=3	=5	=27	=3	=9	=4	=21	=1	=6

• 2단계 : $9 + 9 + 8 + 3 + 5 + 27 + 3 + 9 + 4 + 21 + 1 + 6 = 105$

• 3단계 : $105 \div 10 = 10$ 나머지 5

• 4단계 : $10 - 5 = 5$

따라서 체크기호는 5가 된다.

35 ④

360도 회전비행을 위해서는 360도 회전비행을 먼저 눌러야 하며 부품별 기능표의 ⑤번 버튼이 이에 해당된다. 다음으로 오른쪽 이동방향 조작 레버를 원하는 방향으로 조작하여야 하므로 ③번 버튼을 조작해야 한다.

36 ②

제시된 내용은 항공사 조정자에 대한 설명이다.
① 항공기 운영자 : 항공기 운항에 종사하거나 그에 관련된 사람, 단체 또는 기업
③ 공항관리자 : 공항의 운영과 안전에 관리적 책임을 가지고 있는 사람
④ 현장지휘자 : 전체적인 비상사태운영에 대하여 책임을 지고 있는 사람

37 ③

좋은 공항비상계획 수립을 위해 고려해야 할 사항
㉠ 비상사태 이전의 사전계획
㉡ 비상사태 동안의 운영
㉢ 비상사태 후의 지원과 증거서류 제출

38 ④

공항비상계획에 따라 항공기 운영자 또는 대표자가 항공기 사고를 알려야 하는 기관
㉠ 보건 및 복지후생기관
㉡ 세관
㉢ 법무
㉣ 우체국
㉤ 환경기관

39 ③

완전 비상사태 시 항공교통관제기관이 제공해야 하는 세부사항
㉠ 항공기 기종
㉡ 기내 연료
㉢ 장애자, 지체부자유자, 시각 및 청각장애자등과 같은 특별 탑승객을 포함한 탑승객수
㉣ 사고종류

㉤ 예정 활주로
㉥ 착륙 예정시간
㉦ 필요시 항공기 운영자
㉧ 양과 위치를 포함한 기내의 위험물질

40 ①

① 이동지휘소는 비상운영센터를 포함하여 비상사태에 관련된 모든 기관과 통신을 할 수 있도록 필요한 장비와 인원을 갖춰야 하며 통신 및 전자장비는 매달 점검하여야 한다.

41 ②

표준화된 부상인식표
㉠ Ⅰ등급 또는 즉시 치료 : 빨간색 인식표, 로마숫자 Ⅰ, 토끼 기호
㉡ Ⅱ등급 또는 차후 치료 : 노란색 인식표, 로마숫자 Ⅱ, 거북이 기호
㉢ Ⅲ등급 또는 경미한 치료 : 녹색 인식표, 로마숫자 Ⅲ, X 기호와 함께 앰뷸런스 기호
㉣ Ⅳ등급 또는 사망 : 검정색 인식표

42 ②

분류지역은 화재나 연기에 노출을 피하기 위해 사고지점에서 맞바람이 부는 쪽으로 최소 90m 정도 떨어져 있어야 한다. 필요하다면 하나 이상의 분류지역이 설치될 수 있다.

43 ③

③ 시체공시소는 격리되어 있어야 하고 친척들이나 일반들이 접근하는 지역과 멀리 떨어져 있어야 한다.

44 ④

④ 도상훈련은 통신 주파수혼란, 장비부족, 전문용어 및 관할지역의 혼란 등과 같은 운영상 문제점들을 쉽게 드러낸다.

45 ③

③ 소생 앰뷸런스는 Ⅰ등급(즉시 치료) 환자를 위한 좋은 구호소로 사용될 수 있다.

46 ①

공항운영자는 공항에서 행해지는 운항 및 그 외 활동과 조화된 공항비상계획을 수립하여야 한다〈공항안전운영기준 제123조(일반) 제5항〉.

47 ③

비상사태의 유형〈공항안전운영기준 제125조〉

㉠ 공항 내에서의 항공기 사고
㉡ 공항 밖에서의 항공기 사고
㉢ 비행중인 항공기의 고장 등 (완전 비상사태 및 준비상사태)
㉣ 건물 등 시설물 화재
㉤ 항공기 및 공항시설을 포함한 폭파위협 등
㉥ 항공기에 대한 불법적 행위
㉦ 자연 재해
㉧ 위험물(dangerous goods) 관련 사고
㉨ 수상의 항공기 사고(해당 공항의 이·착륙로가 폭 1,000m 이상인 수면 또는 늪지 위에 놓이거나 수면 또는 늪지가 공항에 인접한 경우에 한한다)
㉩ 국제항공운송에 의한 전염병 확산 등 공중보건비상(국제선 운항에 사용되는 공항에 한한다)

48 ④

④ 보조소화제에 해당한다.
※ **주소화제**〈공항안전운영기준 제134조(소화제의 유형) 제2항〉
  ㉠ 최소성능등급 A(단백포말)를 충족시킬 수 있는 포말
  ㉡ 최소성능등급 B(수성막형성포말 또는 불소단백포말)를 충족시킬 수 있는 포말
  ㉢ 최소 성능등급 C를 충족하는 포말
  ㉣ ㉠부터 ㉢까지의 혼합물
  ㉤ 비행장 구조소방등급이 1부터 3등급까지인 경우 최소성능등급 B 또는 C를 충족하여야 한다.

49 ②

② 활주로로부터 90m 이내에 있는 도로는 침식되지 않도록 표면 덧씌우기가 실시되고 그 파편이 활주로까지 이동되는 것을 방지하여야 한다〈공항안전운영기준 제140조(비상접근도로) 제2항 제2호〉.

50 ②

구조 및 소방직원의 교육훈련 과정에 포함하여야 하는 내용〈공항안전운영기준 제147조(구조 및 소방직원의 교육) 제1항〉

㉠ 공항 관숙(Airport Familiarization)
㉡ 항공기 관숙(Aircraft Familiarization)
• 일반문과 비상문의 위치 및 사용
• 좌석배치
• 유류의 종류 및 유류탱크의 위치
• 배터리의 위치
• 비상시 항공기를 부수고 들어갈 수 있는 위치
㉢ 구조·소방직원의 안전
㉣ 항공기 화재경보를 포함한 공항에서의 비상통신 시스템
㉤ 소방호스, 노즐, 터렛 및 기타 장비의 사용
㉥ 소화작용제 유형 및 특성
㉦ 항공기 비상탈출 지원
㉧ 화재진압절차
㉨ 항공기 소방구조를 위한 구조적인 소방구조 장비의 적용과 사용
㉩ 위험물
㉪ 공항 비상계획상의 소방대원의 임무
㉫ 보호복 및 보호장비 사용

1 ①

'영중추부사 채제공'과 어울리는 단어는 '총괄'이 적절하다.

① 모든 일을 한데 묶어 관할

② 땅이나 물 위를 미끄러져 내닫음

③ 칠판에 분필로 글을 씀

④ 원망을 느낌

2 ①

① 도안(圖案), 도면(圖面)

② 제출(提出)

③ 분할(分割)

④ 체결(締結)

3 ④

④ 어떤 목적을 달성하기 위해 온갖 고난을 참고 견디어 심신을 단련함을 비유하는 말

① 미리 준비가 되어 있으면 걱정할 것이 없음을 이르는 말

② 필요할 때는 쓰고 필요 없을 때는 야박하게 버리는 경우를 이르는 말

③ 고국의 멸망을 한탄함을 이르는 말

4 ④

한국의 관광 관련 고용자 수는 50만 명으로 전체 2% 수준이다. 이를 세계 평균 수준인 8% 이상으로 끌어올리려면 150만 여명 이상을 추가로 고용해야 한다. 백만 달러당 50명의 일자리가 추가로 창출되므로 150만 명 이상을 추가로 고용하려면 대략 300억 달러 이상이 필요하다.

① 약 1조 8,830억 달러 정도이다.

② 2017년 기준으로 지난해인 2016년도의 내용이므로 2015년의 종사자 규모는 알 수 없다. 2016년 기준으로는 전 세계 통신 산업의 종사자는 자동차 산업의 종사자의 약 3배 정도이다.

③ 간접 고용까지 따지면 2억 5,500만 명이 관광과 관련된 일을 하고 있어, 전 세계적으로 근로자 12명 가운데 1명이 관광과 연계된 직업을 갖고 있는 셈이다. 추측해보면 2017년 전 세계 근로자 수는 20억 명을 넘는다.

5 ③

① 외부 전시장 사전 답사일인 7월 7일은 토요일이다.

② 丙 사원은 개인 주간 스케줄인 '홈페이지 전시 일정 업데이트' 외에 7월 2일부터 7월 3일까지 '브로슈어 표지 이미지 샘플조사'를 하기로 결정되었다.

④ 2018년 하반기 전시는 관내 전시장과 외부 전시장에서 열릴 예정이다.

6 ④

④ 다섯 번째 카드에서 교통약자석에 대한 인식 부족으로 교통약자석이 제 기능을 못하고 있다는 지적은 있지만, 그에 따른 문제점들을 원인에 따라 분류하고 있지는 않다.

① 첫 번째 카드

② 세 번째 카드

③ 네 번째 카드

7 ②

② 카드 뉴스는 신문 기사와 달리 글과 함께 그림을 비중 있게 제시하여 의미 전달을 효과적으로 하고 있다.

① 통계 정보는 (나)에서만 활용되었다.

③ 표제와 부제의 방식으로 제시한 것은 (나)이다.

④ 비유적이고 함축적인 표현들은 (가), (나) 모두에서 사용되지 않았다.

8 ②

〈2018년도 에어컨 매출액 상위 10개 업체〉

(단위 : 십억 원)

순위	업체명	매출액
1	A	$1139 \times 1.15 = 1309.85$
2	B	$1097 \times 1.19 = 1305.43$
3	D	$196 \times 1.80 = 352.8$
4	C	$285 \times 1.10 = 313.5$
5	F	$149 \times 1.90 = 283.1$
6	G	$138 \times 1.46 = 201.48$
7	E	$154 \times 1.25 = 192.5$
8	H	$40 \times 1.61 = 64.4$
9	J	$27 \times 1.58 = 42.66$
10	I	$30 \times 1.37 = 41.1$

9 ①

㉠ 1~3일의 교통사고 건당 입원자 수는 알 수 없다.

㉡ 평소 주말 평균 부상자 수는 알 수 없다.

10 ③

③ 봉급이 193만 원 이라면 보수총액은 공제총액의 약 5.6배이다.

① 소득세는 지방소득세의 10배이다.

② 소득세가 공제총액에서 차지하는 비율은 약 31%이다.

④ 시간외수당은 정액급식비와 20만 원 차이난다.

11 ①

㉠ '거리 = 속도 × 시간'이므로,

• 정문에서 후문까지 가는 속도 : 20m/초 = 1,200m/분

• 정문에서 후문까지 가는데 걸리는 시간 : 5분

• 정문에서 후문까지의 거리 : 1200 × 5 = 6,000m

㉡ 5회 왕복 시간이 70분이므로,

• 정문에서 후문으로 가는데 소요한 시간 : 5회 × 5분 = 25분

• 후문에서 정문으로 가는데 소요한 시간 : 5회 × x분

• 쉬는 시간 : 10분

• 5회 왕복 시간 : 25 + 5x + 10분 = 70분

∴ 후문에서 정문으로 가는데 걸린 시간 x = 7분

12 ④

㉠ 2006년 대비 2010년의 청소기 매출액 증가율이 62.5%이므로,

2010년의 매출액을 x라 하면,

$\dfrac{x - 320}{320} \times 100 = 62.5$,   ∴ $x = 520$(억 원)

㉡ 2002년 대비 2004년의 청소기 매출액 감소율이 10%이므로,

2002년의 매출액을 y라 하면,

$\dfrac{270 - y}{y} \times 100 = -10$,   ∴ $y = 300$(억 원)

∴ 2002년과 2010년의 청소기 매출액의 차이

: 520 − 300 = 220(억 원)

13 ②

㉠ $4,400 - 2,100 = \underline{2,300}$명

㉡ 남성 : 4,400 − 4,281 = 119, 여성 : 2,100 − 1,987 = 113 → 감소

㉢ 2,274 − 1987 = 287 → 증가

㉣ 2,400 − 2100 = $\underline{300}$

14 ③

㉠ 융합서비스의 생산규모 2006년에 전년대비 1.2배가 증가하였으므로,

• ㈎는 3.5 × 1.2 = 4.2가 되고

• ㈏는 38.7 + 9.0 + 4.2 = 51.9가 된다.

㉡ 2007년 정보기기의 생산규모는 전년대비 3천억 원이 감소하였으므로,

• ㈐는 71.1 − (47.4 + 13.6) = 10.1이고

• ㈑는 10.1 + 3 = 13.1이고,

• ㈒는 43.3 + 13.1 + 15.3 = 71.7이다.

따라서 ㈓는 ㈏ + ㈒ = 51.9 + 71.7 = 123.6이다.

15 ④

- A가 거짓말을 하는 경우 : C의 말에 의해 E도 거짓말을 하기 때문에 조건에 맞지 않는다.
- B가 거짓말을 하는 경우 : A도 거짓말을 하기 때문에 조건에 맞지 않는다.
- C가 거짓말을 하는 경우 : A, E가 참이기 때문에 E의 진술에 의해 D도 거짓말이기 때문에 조건에 맞지 않는다.
- D가 거짓말을 하는 경우 : C의 말에 의해 E도 거짓말을 하기 때문에 조건에 맞지 않는다.

16 ③

① A 단체는 자유무역협정을 체결한 필리핀에 드라마 콘텐츠를 수출하고 있지만 올림픽과 관련된 사업은 하지 않는다. 최종 선정 시 올림픽 관련 단체를 엔터테인먼트 사업 단체보다 우선하므로 B, C와 같이 최종 후보가 된다면 A는 선정될 수 없다.

② 올림픽의 개막식 행사를 주관하는 모든 단체는 이미 보건복지부로부터 지원을 받고 있다. B 단체는 올림픽의 개막식 행사를 주관하는 단체이다. → B 단체는 선정될 수 없다.

③ A와 C 단체 중 적어도 한 단체가 최종 후보가 되지 못한다면, 대신 B와 E 중 적어도 한 단체는 최종 후보가 된다. 후보 단체들 중 가장 적은 부가가치를 창출한 단체는 최종 후보가 될 수 없고, 한국 음식문화 보급과 관련된 단체의 부가가치 창출이 가장 저조하였다. E 단체는 오랫동안 한국 음식문화를 세계에 보급해 온 단체이다. → E 단체는 선정될 수 없다. 보기 ②를 통해 B 단체도 후보가 될 수 없다. 따라서 후보는 A와 C가 된다.

④ D가 최종 후보가 된다면, 한국과 자유무역협정을 체결한 국가와 교역을 하는 단체는 모두 최종 후보가 될 수 없다. D가 최종 후보가 되면 A가 될 수 없고 A가 된다면 D는 될 수 없다.

17 ②

한 사람만 거짓말을 하기 때문에 나머지 세 사람은 참말만 해야 한다.

㉠ 조정이가 거짓말을 하는 경우

- 조정 : 나는 범인이다.

- 근석 : 명기는 범인이다. (조정이 범인이어야 하므로 논리적 모순)
- 명기 : 근석이는 범인이다. (조정이 범인이어야 하므로 논리적 모순)
- 용준 : 명기는 범인이다. (조정이 범인이어야 하므로 논리적 모순)

㉡ 근석이가 거짓말을 하는 경우

- 근석 : 명기는 범인이 아니다.
- 조정 : 나는 범인이 아니다.
- 명기 : 근석이는 범인이다.
- 용준 : 명기는 범인이다. (명기는 범인이 아니어야 하므로 논리적 모순)

㉢ 명기가 거짓말을 하는 경우

- 명기 : 근석이는 범인이 아니다.
- 조정 : 나는 범인이 아니다.
- 근석 : 명기는 범인이다.
- 용준 : 명기는 범인이다.

㉣ 용준이가 거짓말을 하는 경우

- 용준 : 명기는 범인이 아니다.
- 조정 : 나는 범인이 아니다.
- 근석 : 명기는 범인이다. (명기는 범인이 아니어야 하므로 논리적 모순)
- 명기 : 근석이는 범인이다.

따라서 ㉢ '명기가 거짓말을 하는 경우'만 논리적으로 모순이 없기 때문에 명기가 거짓말을 하고 있다.

18 ③

㉠ 조건을 정리하면,

- 4명이 각각 2개의 동호회에 가입되어 있으므로 총 8개의 동호회에 가입되어있다.
- 배드민턴 동호회에는 3명이 가입되어 있다.
- 골프 동호회에는 2명이 가입되어 있다.
- 낚시 동호회에는 2명이 가입되어 있다.

따라서 배드민턴, 골프, 낚시 동호회에 가입된 사람은 7명이기 때문에 자전거 동호회에 가입된 사람은 1명이다.

㉡ 준희, 담비, 사연이의 가입 현황

	배드민턴(3)	골프(2)	낚시(2)	자전거(1)
영호				
준희				○
담비			○	
사연	○	○		

© 제시된 보기를 ⓒ에 적용하면,

① '영호와 준희가 배드민턴 동호회에 가입되어 있다면 담비는 배드민턴 동호회에 가입하지 않았다.'
= 3명만 가입한 배드민턴 동호회에 영희, 준희, 사연에 가입되어 있으므로 담비는 배드민턴 동호회에 가입될 수 없다.(옳은 설명)

	배드민턴 (3)	골프 (2)	낚시 (2)	자전거 (1)
영호	○			
준희	○			○
담비			○	
사연	○	○		

② '담비가 골프 동호회에 가입되어 있다면 배드민턴 동호회에 가입하지 않았다.'
= 한 사람당 2개의 동호회에 가입이 가능하므로 담비가 골프와 낚시 동호회에 가입되면 더 이상 다른 동호회에 가입할 수 없다.(옳은 설명)

	배드민턴 (3)	골프 (2)	낚시 (2)	자전거 (1)
영호				
준희				○
담비		○	○	
사연	○	○		

③ '준희가 낚시 동호회에 가입되어 있다면 영호도 낚시 동호회에 가입되어 있다.'
= 2명이 가입한 낚시 동호회에 준희, 담비가 가입되어 있으므로 영호는 낚시 동호회에 가입될 수 없다.(옳지 않은 설명)

	배드민턴 (3)	골프 (2)	낚시 (2)	자전거 (1)
영호				
준희			○	○
담비			○	
사연	○	○		

④ '사연이는 낚시 동호회에 가입하지 않았다.'
= 사연이는 이미 배드민턴과 골프 동호회에 가입되어 있으므로 다른 동호회에 가입될 수 없다.(옳은 설명)

	배드민턴 (3)	골프 (2)	낚시 (2)	자전거 (1)
영호				
준희				○
담비			○	
사연	○	○		

19 ①
- 현수는 당번× (ⓑ)
- 현수가 당번× → 현우와 현성이 당번○ (ⓓ)
- 현우와 현성이 당번○ → 현아는 당번× (ⓒ)
- 현아가 당번× → 현경이 당번○ (ⓐ의 대우)
- 현경이 당번○ → 현우도 당번○ (ⓑ)
- 현아나 현성이 당번○ → 현진이도 당번○ (ⓔ)
따라서 청소 당번은 현우, 현성, 현경, 현진이다.
(청소 당번이 아닌 사람은 현수, 현아)

20 ④

	한국어	영어	프랑스어	독일어	중국어	태국어
갑	○	○	×	×	×	×
을	○	×	○	×	×	×
병	×	○	×	○	×	×
정	×	×	○	×	○	×
무	○	×	×	×	×	○

21 ①
㉠ 제인의 기준 : 가격 + 원료

제품명 평가기준	B	D	K	M
원료	10	8	5	8
가격	4	9	10	7
총점	14	<u>17</u>	15	15

㉡ 데이먼의 기준 : 소비자 평가 총점

제품명 평가기준	B	D	K	M
원료	10	8	5	8
가격	4	9	10	7
인지도	8	7	9	10
디자인	5	10	9	7
총점	27	<u>34</u>	33	32

㉢ 밀러의 기준 : 인지도 + 디자인

제품명 평가기준	B	D	K	M
인지도	8	7	9	10
디자인	5	10	9	7
총점	13	17	<u>18</u>	17

ⓔ 휴즈의 기준 : 원료 + 가격 + 인지도

제품명 평가기준	B	D	K	M
원료	10	8	5	8
가격	4	9	10	7
인지도	8	7	9	10
총점	22	24	24	<u>25</u>

ⓜ 구매 결과

제인	데이먼	밀러	휴즈
D	D	K	M

22 ③

INDEX(범위, 행, 열)이고 MOD 함수는 나누어 나머지를 구해서 행 값을 구한다.

INDEX 함수 = INDEX($E$2:$E$4, MOD(A2 − 1, 3) + 1)

범위 : $E$2:$E$4

행 : MOD(A2 − 1, 3) + 1

MOD 함수는 나머지를 구해주는 함수 = MOD(숫자, 나누는 수), MOD(A2 − 1, 3) + 1의 형태로 된다.

A2의 값이 1이므로 1 − 1 = 0, 0을 3으로 나누면 나머지 값이 0이 되는데 0 + 1을 해줌으로써 INDEX($E$2:$E$4,1)이 된다.

번호 6의 김윤중의 경우

INDEX($E$2:$E$4, MOD(A7 − 1, 3) + 1)

6(A7의 값) − 1 = 5, 5를 3으로 나누면 나머지가 2

2 + 1 = 3이므로 3번째 행의 총무팀 값이 들어감을 알 수 있다.

23 ③

FREQUENCY(배열1, 배열2) : 배열2의 범위에 대한 배열1 요소들의 빈도수를 계산

*PERCENTILE(범위, 인수) : 범위에서 인수 번째 백분위수 값

함수 형태 = FREQUENCY(Data_array, Bins_array)

Data_array : 빈도수를 계산하려는 값이 있는 셀 주소 또는 배열

Bins_array : Data_array 를 분류하는데 필요한 구간 값들이 있는 셀 주소 또는 배열

수식 : { = FREQUENCY(B3:B9, E3:E6)}

24 ②

'#,###,'이 서식은 천 단위 구분 기호 서식 맨 뒤에 쉼표가 붙은 형태로 소수점 이하는 없애고 정수 부분은 천 단위로 나타내면서 동시에 뒤에 있는 3자리를 없애준다. 반올림 대상이 있을 경우 반올림을 한다.

2451648.81 여기에서 소수점 이하를 없애주면 2451648이 되고, 그 다음 정수 부분에서 뒤에 있는 3자리를 없애주는데 맨 뒤에서부터 3번째 자리인 6이 5 이상이므로 반올림이 된다. 그러므로 결과는 2,452가 된다.

25 ④

= SUM($B$2:C2) 이렇게 수식을 입력을 하고 아래로 채우기 핸들을 하게 되면 셀 주소가 다음과 같이 변하게 된다.

= SUM($B$2:C2) → D2셀

= SUM($B$2:C3) → D3셀

= SUM($B$2:C4) → D4셀

B2셀은 절대참조로 고정하였으므로 셀 주소가 변하지 않고, 상대참조로 잡은 셀은 열이 C열로 고정되었고 행 주소가 바뀌게 된다.

그러면 각각 셀에 계산된 결과가 다음과 같이 나온다.

D2셀에 나오는 값 결과 : 15 (5 + 10 = 15)

D3셀에 나오는 값 결과 : 36 (5 + 7 + 10 + 14 = 36)

D4셀에 나오는 값 결과 : 63 (5 + 7 + 9 + 10 + 14 + 18 = 63)

26 ④

MIN 함수에서 최소값을 반환한 후, IF 함수에서 "이상 없음" 문자열이 출력된다. B3의 내용이 1로 바뀌면 출력은 "부족"이 된다.

㉠ 반복문은 사용되고 있지 않다.

㉢ 현재 입력으로 출력되는 결과물은 "이상 없음"이다.

27 ④

NA−16−IND−1B−1311가 있으므로 2013년에 제조된 냉장고도 창고에 있다.

28 ②

② 인도네시아에서 제조된 제품은 9개이다.

29 ③

ⓒ 최초 제품 생산 후 4분이 경과하면 두 번째 제품이 생산된다.

A공정에서 E공정까지 첫 번째 완제품을 생산하는 데 소요되는 시간은 12분이다. C공정의 소요 시간이 2분 지연되어도 동시에 진행되는 B공정과 D공정의 시간이 7분이므로, 총소요시간에는 변화가 없다.

30 ④

(가)의 바이오 기술은 생명 공학 기술에 해당하고, (나)의 증강 현실 게임은 문화 기술에 해당한다.

31 ③

㉠ 출력되는 값은 5이다.

㉣ A에 B보다 작은 수를 입력해도 무한 반복되지 않는다.

최대공약수를 구하기 위한 알고리즘을 단계별로 해석하고 이해할 수 있어야 한다.

2단계에서 A에는 10을 5로 나눈 나머지인 0이 저장된다.

3단계에서 두 수를 교환하면 A에는 5, B에는 0이 저장된다.

4단계에서 B가 0이기 때문에 바로 6단계로 넘어가서 A에 저장된 5가 출력된다.

32 ③

③ 잉크패드는 사용자가 직접 교체할 수 없고 고객지원센터의 전문가만 교체할 수 있다.

33 ②

단계 1은 문제 분석 단계이다.

단계 2는 순서도 작성 단계이다.

단계 3은 코딩·입력 및 번역 단계이다.

단계 4는 모의 실행 단계이므로 '논리적 오류'를 발견할 수 있다.

34 ②

주어진 보기는 모두 기술경영자에게 필요한 능력이지만 자료는 A기업 기술최고책임자(CTO) T가 기존의 기술이 갖고 있던 단점을 보완하여 새로운 기술을 개발해 낸 사례이기 때문에 가장 적절한 답은 ②가 된다.

※ 기술경영자에게 필요한 능력
    ㉠ 기술을 기업의 전반적인 전략 목표에 통합시키는 능력
    ㉡ 빠르고 효과적으로 새로운 기술을 습득하고 기존의 기술에서 탈피하는 능력
    ㉢ 기술을 효과적으로 평가할 수 있는 능력
    ㉣ 기술 이전을 효과적으로 할 수 있는 능력
    ㉤ 새로운 제품개발 시간을 단축할 수 있는 능력
    ㉥ 크고 복잡하고 서로 다른 분야에 걸쳐 있는 프로젝트를 수행할 수 있는 능력
    ㉦ 조직 내의 기술 이용을 수행할 수 있는 능력
    ㉧ 기술 전문 인력을 운용할 수 있는 능력

35 ①

① 사용자를 위해 제품의 특징이나 기능 설명, 사용방법과 고장 조치방법, 유지보수 및 A/S, 폐기 등 제품과 관련된 모든 서비스에 대해 소비자가 알아야 할 모든 정보를 제공한 매뉴얼이다.

36 ④

④는 이동 비상병원(Mobile emergency hospital)에 대한 설명이다. 의료수송지역이란 의료수송직원의 감독 하에 부상자들을 의료시설로 수송하기 위하여 대기하는 곳에서 선별지역의 일부분을 말한다.

37 ①

제시된 내용은 항공교통관제기관 또는 공항 비행정보업무기관의 역할에 대한 설명이다.

② 공항 비상사태 시 현장에 제일 먼저 도착한 경찰 또는 보안직원은 지역을 안전하게 하고 필요하다면 지원을 요청한다.

③ 공항당국은 계획을 수립하고 공표하고 이행하는데 책임이 있고 지휘소에서 전체적인 운영의 지휘자를 지정해야하는 책임이 있다.

④ 항공기 운영자 탑승객수, 연료량, 위험한 물건의 존재여부 등과 같은 항공기와 관련된 모든 자세한 정보를 제공하는 것에 대한 책임이 있다.

38 ④

공항 밖에서의 사고에 대한 초기 통보는 보통 지방경찰, 소방대 또는 경보 및 출동센터에서 실시한다.

39 ③

③ 의심 가는 물질이 확인되어야 하나 공인요원이 검사 및 공개하고 나서 처리한다.

40 ③

부상자 분류
㉠ Ⅰ등급 : 즉시 치료
㉡ Ⅱ등급 : 차후 치료
㉢ Ⅲ등급 : 경미한 치료
㉣ Ⅳ등급 : 사망

41 ③

Ⅰ등급(즉시 치료) 부상은 다음의 부상형태를 포함한다.
㉠ 대형 출혈
㉡ 심각한 질식
㉢ 가슴과 목-턱뼈 등 안면부 부상
㉣ 혼수상태의 두개골 외상과 급작스런 쇼크
㉤ 복합골절
㉥ 심한 화상(30% 이상)
㉦ 충돌 부상
㉧ 기타 형태의 쇼크
㉨ 척추 부상

42 ③

초기에 치료지역은 하나 준비되어 있다. 차후에 3개의 부상등급에 따라 3개의 지역으로 구분되어야 한다. 즉 즉시 치료(Ⅰ등급), 차후 치료(Ⅱ등급), 경미한 치료(Ⅲ등급)로 구분된다. 치료지역으로 구별을 위해 색상표를 사용할 수 있다.(붉은색 - 즉시 치료, 노란색 - 차후 치료, 녹색 - 경미한 치료). 색깔이 있는 교통삼각뿔, 깃발 등이 사용될 수 있다.

43 ④

항공기 사고 현장에서 사망자 처리를 책임지고 있는 법의학 요원은 눈에 잘 띄는 글씨로 앞, 뒤에 "법의학반장"이라고 쓰인 어두운 갈색(다크브라운) 안전모와 조끼 기타 의상을 입어야 한다.

44 ④

부분훈련은 전체훈련 기간 중에 발견된 오류 등을 교정할 수 있도록 하기 위하여 전체훈련이 열리지 않는 매년도마다 최소 한 번씩 개최하여야 한다.

45 ①

① A - 0.91m

46 ②

공항비상계획 수립 시에는 비상상황 발생 시 비상상황에 참여하는 기관 및 업체들에게 신속하게 최적의 대응을 할 수 있도록 하기 위하여 다음의 인적요소를 고려하여야 한다〈공항안전운영기준 제123조(일반) 제6항〉.
㉠ 유관기관 및 부서 간 유기적 협조에 관한 사항
㉡ 기후 및 근무환경(현장지휘관 등)에 관한 사항
㉢ 현장 활동 시 주변 환경요인 고려에 관한 사항
㉣ 구조·소방 시 조별협동에 관한 사항 등

47 ①

① 공항 반경 8km 지역까지의 공항 외부 격자지도에 포함되어야 하는 사항이다.
※ 공항 내부 격자지도에 포함되어야 하는 내용〈공항안전운영기준 제130조(공항 격자지도) 제2항 제1호〉.
㉠ 유도로
㉡ 급수전의 위치
㉢ 집결지 및 대기구역
㉣ 공항 접근도로
㉤ 공항 경계
㉥ 개정일자 등

48 ①

구조 · 소방차량에 탑재하여야 할 최소 구조장비목록〈공항안전운영기준 별표 12〉

구조용 장비	공항구조소방등급			
	1~2 등급	3~5 등급	6~7 등급	8~10 등급
조절형 렌치	1	1	1	1
도끼(구조용, 대형, non-wedge형)	–	1	1	1
도끼(구조용, 소형, non-wedge/항공기용)	1	2	4	4
볼트(bolt)절단기 61cm	1	1	1	1
금속 지렛대 : 95cm	1	1	1	1
금속 지렛대 : 1.65m	–	–	1	1
치즐(끌) : 2.5cm	–	1	1	1
플래쉬/손전등	2	3	4	8
해머 : 1.8kg	–	1	1	1
구조용 훅(집게식)	1	1	1	1
톱(금속절단/쇠톱, 강력한 성능, 스페어 날 처리)	1	1	1	1
방화 담요	1	1	2	3
연장형 사다리(사용 항공기에 적합한 전체길이)	–	1	2	2~3
밧줄 : 15m	1	1	–	–
밧줄 : 30m	–	–	1	1
플라이어 side cutting : 17.8cm	1	1	1	1
플라이어 slip joint 25cm	1	1	1	1
각종 스크루 드라이버(세트)	1	1	1	1
절단기(Snippers) : 주석	1	1	1	1
초크(Chocks) : 15cm	–	–	1	1
초크(Chocks) : 10cm	1	1	–	–
동력절단기(스페어 날2개 포함)/기체형 일체식 구조 끌	1	1	1	2
좌석 벨트/장구 절단 도구	1	2	3	4
방화 장갑(개인별로 지급되지 않는 경우)	2	3	4	8
호흡기와 실린더	근무요원1인당 1세트			
산소호흡기	–	1	1	1
유압/기압으로 작동되는 구조장비	–	1	1	1
의료 응급 키트	1	1	2	3
방수천(Tarpaulin)	1	1	2	3
환기, 냉각용 팬		1	2	3
보호복	근무요원 1인당 1세트			
들것	1	2	2	2

49 ③

③ 구조 및 소방직원을 배치하는 경우에는 최근 12월 이내에 구조 · 소방관련 업무경험을 지닌 자 또는 최근 12월 이내에 구조 · 소방에 관한 교육훈련을 이수한 자로 편조하여야 한다〈공항안전운영기준 제145조(구조 및 소방직원) 제4항〉.

50 ③

이론상의 위험지역은 항공기의 전장을 1변으로, 동체의 길이와 폭을 더하여 다른 한 변으로 하는 직사각형으로 나타낸다. 이론적 위험지역의 산출 공식은 다음과 같다〈공항안전운영기준 제148조(위험지역) 제1호, 제3호〉.

전장	이론적 위험지역(AT)
$L < 12m$	$L \times (12m + W)$
$12m \leq L < 18m$	$L \times (14m + W)$
$18m \leq L < 24m$	$L \times (17m + W)$
$L \geq 24m$	$L \times (30m + W)$

※ L = 항공기 전장, W = 기체 폭

따라서 항공기 전장이 13m이고 폭이 5m인 경우 이론적 위험지역은 $13 \times (14 + 5) = 247m^2$이다.

1 ④

밑줄 친 '늘리고'는 '시간이나 기간이 길어지다.'의 뜻으로 쓰였다. 따라서 이와 의미가 동일하게 쓰인 것은 ④이다.

① 물체의 넓이, 부피 따위를 본디보다 커지게 하다.
② 살림이 넉넉해지다.
③ 힘이나 기운, 세력 따위가 이전보다 큰 상태가 되다.

2 ②

ⓐ의 이전 문장을 보면 알 수 있는데, "언론의 자유와 공정한 형사절차를 조화시키면서 범죄 보도를 제한할 수 있는 방법을 모색하였다. 그리하여 셰퍼드 사건에서 제시된 수단과 함께 형사 재판의 비공개, 형사소송 관계인의 언론에 대한 정보제공금지 등이 시행되었다."에서 볼 수 있듯이 ②의 경우에는 예단 방지를 위한 것이다. 하지만, 예단 방지 수단들에 대한 실효성이 의심되는 경우로 보기는 어렵다.

3 ④

서울 메트로 9호선 지부장은 "필수 유지업무 인력은 남기고 ( )에 들어간다."라며 "하지만 준법 투쟁의 수위는 계속해서 올라갈 것"이라고 말했으므로 문맥상 파업(罷業)임을 추론해낼 수 있다.

4 ①

밑줄 친 부분은 "B 혜택(Benefits)"을 가시화시켜 설명하는 단계로 제시하는 이익이 고객에게 반영되는 경우 실제적으로 발생할 상황을 공감시키는 과정이다. 지문에서는 "가장 소득이 적고 많은 비용이 들어가는 은퇴시기"라고 실제 발생 가능한 상황을 제시하였다. 또한, 이해만으로는 설득이 어렵기 때문에 고객이 그로 인해 어떤 변화를 얻게 되는지를 설명하는데 지문에서는 보험 가입으로 인해 "편안하게 여행을 즐기시고 또한 언제든지 친구들을 부담 없이 만나"에서 그 내용을 알 수 있으며 이는 만족, 행복에 대한 공감을 하도록 유도하는 과정이다.

5 ③

③ 두 번째 문단에서 한국은행이 발표한 최근 자료를 활용하여 자신의 논거의 근거로 삼고 있다.

6 ④

④ 현재 소비를 포기한 대가로 받는 이자를 더 중요하게 생각한다면, 저축 이자율이 떨어지고 물가 상승률이 증가하는 상황에서 저축을 해야 한다고 조언하지 않을 것이다.

7 ④

甲은 정치적 안정 여부에 대하여 '정당체제가 어떤 권력 구조와 결합하는가에 따라 결정된다. 의원내각제는 양당제와 다당제 모두와 조화되어 정치적 안정을 도모할 수 있는 반면 혼합형과 대통령제의 경우 정당체제가 양당제일 경우에만 정치적으로 안정되는 현상을 보인다.'고 주장하였으므로, 甲의 견해에 근거할 때 정치적으로 가장 불안정할 것으로 예상되는 정치체제는 대통령제이면서 정당체제가 양당제가 아닌 경우이다. 따라서 권력구조는 대통령제를 선택하고 의원들은 비례대표제 방식을 통해 선출하는(→ 대정당과 더불어 군소정당이 존립하는 다당제 형태) D형이 정치적으로 가장 불안정하다.

8 ②

차종별 주행거리에서 화물차는 2016년에 비해 2017년에 7.9% 증가하였음을 알 수 있다.

9 ③

지방도로의 주행거리에서 가장 높은 수단과 가장 낮은 수단과의 주행거리 차이는 승용차의 주행거리에서 화물차의 주행거리를 뺀 값으로 (61,466 − 2,387 = 59,079km)이다.

10 ④

커피 한 잔의 원가를 x라 하면,

$1.3x - 450 = 1.15x$

$0.15x = 450$

$x = 3,000$

∴ 커피 70잔을 팔았을 때의 총 이익금은

$3,000 \times \dfrac{15}{100} \times 70 = 31,500$원이 된다.

11 ④

문제에서의 조건을 기반으로 본래 을 상품의 가격을 x라 할 시에 갑 상품의 값은 $3x$가 되며, 할인율을 적용해 그 만큼의 가격을 가감한 두 상품의 값을 나타내면 $3x \times 0.8 = x + 3x \times 0.2 + 12,000$원이며 $x = 15,000$원

∴ 갑 상품의 지금 판매 가격은 $3 \times 15,000 \times 0.8 = 36,000$원이다.

12 ④

④ 2002년 진년대비 늘어닌 연도말 부채잔액은 $14,398 - 12.430 = 1,968$이고, 전년대비 줄어든 연간 차입액은 $4,290 - 3,847 = 443$으로 5배를 넘지 않는다.

13 ④

BBB등급 기준보증료율인 1.4%에서 지방기술사업과 벤처기업 중 감면율이 큰 자방기술사업을 적용하면 ㈜서원의 보증료율은 1.1%이다. 보증료의 계산은 보증금액 × 보증료율 × 보증기간/365이므로 ㈜서원의 보증료는 5억 원 × 1.1% × 365/365 = 5,500천 원이다.

14 ①

갑, 을, 병 3개 회사가 보증금액(신규)과 보증기간이 동일하므로 보증료율이 높은 순서대로 정렬하면 된다.

- 갑 보증료율 : 1.4%(BBB등급) − 0.3%p(감면율이 큰 국가유공자기업 적용) + 0.3%p(고액보증기업 나 + 장기이용기업 가) = 1.4%
- 을 보증료율 : 1.5%(B등급) − 0.2%(벤처·이노비즈기업 중복적용 안 됨) + 0.0%p(장기이용기업 다에 해당하지만 경영개선지원기업으로 가산요율 적용 안 함) = 1.3%
- 병 보증료율 : 1.5%(B등급) − 0.3%p(감면율이 큰 장애인기업 적용) + 0.0%p(가산사유 해당 없음) = 1.2%

따라서 보증료율이 높은 순서인 갑 − 을 − 병 순으로 보증료가 높다.

15 ④

조건 2에서 출발역은 청량리이고, 문제에서 도착역은 인천역으로 명시되어 있고 환승 없이 1호선만을 활용한다고 되어 있으므로 청량리~서울역(1,250원), 서울역~구로역(200원 추가), 구로역~인천역(300원 추가)를 모두 더한 값이 수인이와 혜인이의 목적지까지의 편도 운임이 된다. 그러므로 두 사람 당 각각 운임을 계산하면, $1,250 + 200 + 300 = 1,750$원(1인당)이 된다. 역의 수는 청량리역~인천역까지 모두 더하면 38개 역이 된다.

16 ④

A의 추리가 타당하기 위해서는 아래와 같은 내용이 전제되어 있어야 한다.

- ㉡ A는 낭포성 유전자를 지니고 있는 '쥐'를 이용한 실험을 통해서 낭포성 유전자를 가진 '사람' 또한 콜레라로부터 보호받을 것이라는 결론을 내렸다. 그러므로 쥐에서 나타나는 질병의 양상은 사람에게도 유사하게 적용된다는 것을 전제하고 있음을 알 수 있다.
- ㉢ A는 실험에서 '콜레라 균'에 감염을 시키는 대신에 '콜레라 독소'를 주입하였다. 이는 결국에 콜레라 독소의 주입이 콜레라 균에 의한 감염과 동일한 증상을 유발한다는 것을 전제로 하고 있음을 알 수 있다.
- ㉣ 만약에 낭포성 섬유증 유전자를 가진 모든 사람들이 낭포섬 섬유증으로 인해 청년기 전에 사망하게 될 경우 '살아남았다'고 할 수 없을 것이다. 그러므로 '낭포성 섬유증 유전자를 가진 모든 사람이 이로 인해 청년기 전에 사망하는 것은 아니다'라는 전제가 필요하다.

17 ④

일찍 출근하는 것과 직무 몰입도의 관계에 대해서 언급한 사람은 B와 C이다. 그러므로 일찍 출근을 하지만 직무에 몰입하지 않는 임직원이 많을수록 B와 C의 결론이 약화된다.

18 ③

조건에 따라 그림으로 나타내면 다음과 같다. 네 번째 술래는 C가 된다.

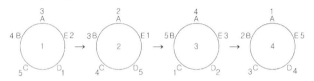

19 ②

제11조 제2항에 따르면 사용자가 제1항 단서의 사유가 없거나 소멸되었음에도 불구하고 2년을 초과하여 기간제 근로자로 사용하는 경우에는 그 기간제 근로자는 기간의 정함이 없는 근로계약을 체결한 근로자로 본다. 따라서 ②의 경우 기간제 근로자로 볼 수 없다.
① 2년을 초과하지 않는 범위이므로 기간제 근로자로 볼 수 있다.
③ 제11조 제1항 제3호에 따른 기간제 근로자로 볼 수 있다.
④ 제11조 제1항 제1호에 따른 기간제 근로자로 볼 수 있다.

20 ④

④ 수소를 제조하는 기술에는 화석연료를 열분해·가스화 하는 방법과 원자력에너지를 이용하여 물을 열화학분해하는 방법, 재생에너지를 이용하여 물을 전기분해하는 방법, 그리고 유기성 폐기물에서 얻는 방법 등 네 가지 방법이 있다.

21 ①

각각의 수단들에 대한 보완적 평가방식을 적용했을 시의 평가점수는 아래와 같다.
비행기 : $(40 \times 9) + (30 \times 2) + (20 \times 4) = 500$
고속철도 : $(40 \times 8) + (30 \times 5) + (20 \times 5) = 570$
고속버스 : $(40 \times 2) + (30 \times 8) + (20 \times 6) = 440$
오토바이 : $(40 \times 1) + (30 \times 9) + (20 \times 2) = 350$

평가 기준	중요도	이동수단들의 가치 값			
		비행기	고속철도	고속버스	오토바이
속도감	40	9	8	2	1
경제성	30	2	5	8	9
승차감	20	4	5	6	2
평가점수		500	570	440	350

∴ 각 수단들 중 가장 높은 값인 고속철도가 5명의 목적지까지의 이동수단이 된다.

22 ③

파일에서 마우스 왼쪽 버튼을 누르면 해당 파일의 바탕이 파란색으로 나타날 뿐 삭제하는 메뉴가 나타나지 않는다.

23 ④

Alt + Enter 는 선택한 대상에 대한 속성을 표시하는 역할을 한다.

24 ④

시간대별 날씨에서 현재시간 15시에 31도를 나타내고 있다. 하지만, 자정이 되는 12시에는 26도로써 온도가 5도 정도 낮아져서 현재보다는 선선한 날씨가 된다는 것을 알 수 있다.

25 ③

메신저는 인터넷 상에서 실시간으로 메시지 및 데이터 등을 주고받을 수 있는 소프트웨어를 의미한다. 또한 대부분의 메신저가 파일 교환을 지원하기 때문에 FTP를 거치지 않고 바로 파일을 교환할 수 있다.

26 ③

2011년 10월 생산품이므로 1110의 코드가 부여되며, 일본 '왈러스' 사는 5K, 여성용 02와 블라우스 해당 코드 006, 10,215번째 입고품의 시리얼 넘버 10215가 제품 코드로 사용되므로 1110 – 5K – 02006 – 10215가 된다.

27 ③

2008년 10월에 생산되었으며, 멕시코 Fama사의 생산품이다. 또한, 아웃도어용 신발을 의미하며 910번째로 입고된 제품임을 알 수 있다.

28 ④

구하고자 하는 값은 "생산부 사원"의 승진시험 점수의 평균이다. 주어진 조건에 따른 평균값을 구하는 함수는 AVERAGEIF와 AVERAGEIFS인데 조건이 1개인 경우에는 AVERAGEIF, 조건이 2개 이상인 경우에는 AVERAGEIFS를 사용한다.
[=AVERAGEIFS(E3:E20,B3:B20,"생산부",C3:C20,"사원")]

29 ④

기술능력이 뛰어난 사람은 주어진 한계 속에서, 그리고 제한된 자원을 가지고 일한다.

30 ②

문제에 제시된 사례는 예측이 가능했던 사고임에도 불구하고 적절하게 대처를 하지 못해 많은 피해를 입히게 된 내용이다. 이러한 사례를 통해 산업재해는 어느 정도 예측이 가능하며, 그에 따라 예방이 가능함을 알 수 있다.

31 ②

OJT(On The Job Training)은 조직에서 종업원이 업무에 대한 기술 및 지식을 현업에 종사하면서 감독자의 지휘 하에 훈련받는 현장실무 중심의 교육훈련 방식을 의미한다. 동시에 실제적이면서도 많이 쓰이는 교육훈련방식이다. 또한, OJT는 전사적 차원의 교육훈련이 아닌 대부분이 각 부서의 장이 주관하여 업무에 관련된 계획 및 집행의 책임을 지는 부서 내 교육훈련이다.

32 ①

예시의 그래프에서 W는 가로축의 눈금 수를 나타내는 것이고, L은 세로축의 눈금수를 나타낸다. S, T, C는 그래프 내의 도형 S(star)＝☆, T(triangle)＝△, C(circle)＝○을 나타내며, 괄호 안의 수는 도형의 가로세로 좌표이다. 좌표 뒤의 B, W는 도형의 색깔로 각각 Black(검정색), White(흰색)을 의미한다.
주어진 조건에 따라 좌표를 나타내면 S(1,2) : B, T(3,3) : W, C(2,1) : B 가 된다.

33 ③

가로축의 눈금은 4개이고, 세로축의 눈금은 5이므로 W4/L5

별모양의 좌표는 (3,1)이며 색깔은 흰색이므로
S(3,1) : W

삼각형의 좌표는 (2,2)이며 색깔은 검정색이므로
T(2,2) : B

동그라미의 좌표는 (4,4)이며 색깔은 흰색이므로
C(4,4) : W

34 ③

⊙ 수요일은 정기검침 일이므로 PSD CODE는 $\frac{8}{2}=4$ 이다.

ⓒ Parallel Mode이므로, 2개 또는 3개의 평균값을 구한다.

ⓒ 계기판 눈금이 (−)이므로, 3개의 평균값은 $\frac{3+10+2}{3}=5$ 이다.

따라서 $4 < 5 \leq 4 + 2$가 되어, 경계 상태이므로 파란 버튼을 누른다.

35 ④

레버 중 1개만 내려가 있으므로 오류값들의 총합을 보면 $1+3+5=9$이므로 위험상태

그러므로 파란 버튼과 빨간 버튼을 모두 누른다.

36 ③

③ 각 공항/지역사회는 특유의 필요성과 특성을 가지고 있으나 정치적, 사법적 그리고 기관 차이에도 불구하고 비상계획과 훈련의 기본 필요성 및 개념은 대부분 같으며 비슷한 주요 문제분야(지휘, 통신, 조정)를 포함하고 있다.

37 ②

② 이동 중에 상호지원 소방대에 집결지, 대기지역, 지원에 필요한 인력 및 장비, 기타 관련 있는 정보 등에 대해 통보한다.

38 ①

완전 비상사태와 지역 대기

㉠ 완전 비상사태 : 공항으로 접근하는 항공기가 사고의 가능성이 있는 위험에 있거나 위험이 예상되는 경우

㉡ 지역 대기 : 공항으로 접근하는 항공기에 결함이 있는 것으로 알려지거나, 예상은 되나 안전착륙에는 심각한 위험이 포함되어 있지 않은 경우

39 ①

① 비상운영센터는 고정된 장소(fixed location)라는 특징이 있다.

40 ④

부상자는 가능한 가까운 거리로 이동하고, 소방작업을 하는 곳으로부터는 충분히 거리를 두고, 현장으로부터 맞바람을 받거나 오르막 쪽으로 이동하여야 한다.

41 ③

Ⅱ등급(차후 치료) 부상은 다음의 부상형태를 포함한다.

㉠ 질식이 없는 흉부 외상

㉡ 팔다리의 폐쇄골절

㉢ 부분 화상(30% 이하)

㉣ 혼수상태나 쇼크가 없는 두개골 외상

㉤ 부드러운 부분의 부상

42 ④

부상당하지 않은 사람들과 인터뷰하고 이름, 주소, 차후 72시간 이내에 연락할 수 있는 전화번호를 기록한다.

43 ④

공항비상계획을 시험하는 방법은 전체훈련, 부분훈련, 도상훈련의 세 가지가 있다.

44 ②

② D-70일 : 모든 참가기관들의 1차 회의(개별 기관 대표자들)

45 ④

비상의료가방은 지정된 공항 비상사태 차량에 의해서 운반되어 쉽게 사용할 수 있어야 하고 적어도 다음 사항들을 포함하고 있어야 한다.

- 4개의 스파이크가 달린 하나의 플라스틱 시트(1.80m × 1.80m)
- 7개 지혈제(1팩은 3개, 1팩은 4개)
- 붕대 2필드(45cm × 56cm, 56cm × 91cm)
- 10개 복부패드(2개짜리 5팩)
- 40개의 10cm × 10cm 거즈패드(10개짜리 4팩)
- 2개의 지혈대
- 1개의 인공통풍로
- 3개의 일회용 통풍로(각각 2번, 4번, 5번)
- 2개의 도뇨관과 함께 1개의 진공 주사기(12번, 14번FR)
- 2개의 대형 붕대가위
- 25번GA 1.6cm 바늘에 20개의 일회용 주사기
- 12개의 에이스 붕대(15cm 2개, 7.5cm 4개, 5cm 6개)
- 12개의 알콜 스폰지 팩
- 거즈 붕대 4롤(7.5cm 2개, 5cm 2개)
- 접착테이프 2롤
- 4개의 바세린거즈 붕대(15cm × 91cm)
- 100개들이 밴드 상자
- 1개의 혈압커프와 거즈
- 2개의 클립보드(22cm × 28cm)
- 6개의 연필
- 충분한 수의 부상자 인식표
- 부풀릴 수 있는 부목 1셀

- 1개의 호흡튜브
- 1개의 짧은 척추보드
- 1개의 후레쉬
- 2개의 목보호대
- 1개의 바이트스틱 쐐기
- 1개의 일회용 산과 도구
- 1개의 고정 매트리스

46 ④

공항운영자는 매년 <u>12월 말까지</u> 해당 공항의 익년 비상훈련계획을 수립하여 국토교통부장관 및 지방항공청장에게 보고하여야 한다〈공항안전운영기준 제128조(공항비상계획의 협의 및 훈련) 제4항〉.

47 ③

소화제의 최소 사용량〈공항안전운영기준 제135조(소화제의 양) 제5호〉

구조 소방 등급	A급 포말		B급 포말		C급 포말		보조소화제	
	물(l)	분사율 (l/분)	물(l)	분사율 (l/분)	물(l)	분사율 (l/분)	물(l)	분사율 (l/분)
1	350	350	230	230	160	160	45	2.25
2	1,000	800	670	550	460	360	90	2.25
3	1,800	1,300	1,200	900	820	630	135	2.25
4	3,600	2,600	2,400	1,800	1,700	1,100	135	2.25
5	8,100	4,500	5,400	3,000	3,900	2,200	180	2.25
6	11,810	6,000	7,900	4,000	5,800	2,900	225	2.25
7	18,200	7,900	12,100	5,300	8,800	3,800	225	2.25
8	27,300	10,800	18,200	7,200	12,800	5,100	450	4.5
9	36,400	13,500	24,300	9,000	17,100	6,300	450	4.5
10	48,200	16,600	32,300	11,200	22,800	7,900	450	4.5

48 ④

구조·소방용 차량 및 관련설비가 제 기능을 수행할 수 없게 된 경우 48시간 이내에 동급 능력의 차량 및 관련설비로 대체되어야 한다〈공항안전운영기준 제143조(차량준비 요건) 제1항 제3호〉.

49 ④

항공기 관숙(Aircraft Familiarization)의 내용〈공항안전운영기준 제147조(구조 및 소방직원의 교육) 제1항 제2호〉

ㄱ 일반문과 비상문의 위치 및 사용
ㄴ 좌석배치
ㄷ 유류의 종류 및 유류탱크의 위치
ㄹ 배터리의 위치
ㅁ 비상시 항공기를 부수고 들어갈 수 있는 위치

50 ③

이론상의 위험지역은 항공기의 전장을 1변으로, 동체의 길이와 폭을 더하여 다른 한 변으로 하는 직사각형으로 나타낸다. 이론적 위험지역의 산출 공식은 다음과 같다〈공항안전운영기준 제148조(위험지역) 제1호, 제3호〉.

전장	이론적 위험지역(AT)
$L < 12m$	$L \times (12m + W)$
$12m \leq L < 18m$	$L \times (14m + W)$
$18m \leq L < 24m$	$L \times (17m + W)$
$L \geq 24m$	$L \times (30m + W)$

※ L = 항공기 전장, W = 기체 폭
따라서 항공기 전장이 20m이고 폭이 7m인 경우 이론적 위험지역은 $20 \times (17 + 7) = 480m^2$이다.

서 원 각

www.goseowon.co.kr

한국공항공사

공항소방상식 핵심요약

[공항비상계획 및 공항안전운영기준]

SEOWONGAK
(주)서원각

ICAO DOC 9137 공항비상계획
(AIRPORT EMERGENCY PLANNING)

제1장 일반사항

1.1 비상계획의 필요성

1.1.1 공항비상계획은 공항이나 주변에서 발생할 수 있는 비상사태에 신속하게 대응하기 위한 절차이다. 공항비상계획의 목적은 특히 인명을 구조하고 항공기 운항에 관하여 비상사태의 영향을 최소화하는 것이다. 공항비상계획은 다른 공항당국(서비스) 및 비상사태 시 지원할 수 있는 주변지역의 대응과 공조할 수 있는 절차를 포함한다.

1.1.2 각 공항비상계획은 공항과 주변지역이 공조 할 수 있어야 한다. 이것은 공항의 주요 비상사태를 다루는 데 필요한 계획과 절차가 지역사회에 발생할 수 있는 비상사태와 비슷하기 때문에 타당성이 있다. 공항은 지역 비상상황(항공기사고, 자연재해, 폭발 또는 강한 폭풍)의 교통중심지이므로 지역 비상상황시의 공항역할이 잘 수립되어야 한다. 각 공항/지역사회는 특유의 필요성과 특성을 가지고 있으나 정치적, 사법적 그리고 기관 차이에도 불구하고 비상계획과 훈련의 기본 필요성 및 개념은 대부분 같으며 비슷한 주요 문제분야(지휘, 통신, 조정)를 포함하고 있다.

1.1.3 공항 비상계획은 공항내외 사고/준사고에 대하여 관활권에 관한 사항을 제외하고는 유사하게 실행된다. 공항내 항공기 사고/준사고에서 지휘권이 있는 기관은 사전에 준비된 상호지원 비상협정에 합의한 기관이 된다. 공항외부에서 항공기 사고/준사고가 발생하면 사법적인 책임은 지역사회와 사전에 준비된 상호지원 비상협정에 따른다. 그러나 이것은 공항비상계획에 참가하는 공항당국이나 기관의 즉각적인 대응에 영향을 미치지 않는다.

1.1.4 공항비상계획은 구조 및 소방, 사법당국, 경찰/보안기관, 의료기관, 그 밖의 공항내외의 유관 기관이 신속한 대응을 할 수 있도록 관련절차를 포함하여야 한다.

1.1.5 좋은 공항비상계획의 수립을 위해서는 다음 사항을 고려하여야 한다.
ⓐ 비상사태 이전의 사전계획
ⓑ 비상사태 동안의 운영
ⓒ 비상사태 후의 지원과 증거서류 제출

1.1.6 "비상사태 이전" 고려사항은 효율적인 비상대응이 가능하도록 모든 요소들을 다루는 계획을 포함한다. 사전계획은 비상계획 개발, 시험 및 이행을 위한 조직적 책임과 권한이 명시되어야 한다.

1.1.7 "비상사태 기간" 고려사항은 비상사태의 상황, 특성, 위치 등에 따라 달라질 수 있다. 구조작업 진행에 따라 상황도 변할 수 있다. (예를 들면, 공항소방대장 또는 지명된 사람이 비상구조대의 지휘에 있어서 선임자라면, 다른 기관의 대응 직원이 지정된 현장책임자의 관활권하의 지휘소에서 특정한 역할을 수행함에 따라 그 선임자는 몇 명의 관리직원 중의 한 명이 된다.)

1.1.8 "비상사태 이후" 고려사항은 긴박한 진행사항을 수반하지 않으나 현장에서의 권한과 책임의 이양은 사전에 철저히 연구되고 계획되어야 한다. 초기단계에 직접적인 운영책임을 가지고 있는 사람은 현장에 계속 남아 있을 수 있고, 지원하는 역할을 취할 수 있다(즉 경찰/보안요원, 구조 및 소방대원, 공항당국 및 공무원). 그래서 지원서비스를 위한 사전계획이 필요하고 복구 또는 비상사태에 의해 혼란이 올 수 있는 공항/항공기의 정상운영을 지속하기 위한 보호 서비스를 지속하는데 필요한 문제들을 고려하여야 한다. 지원기관들(병원, 구급차 등)이 정상운영 상태로 복귀 할 수 있도록 그들에게 비상사태의 종료를 전달하는 필요성이 고려되어야 한다. 비상사태의 각 활동사항에 관한 문서들은 다양한 사후 사고/준사고 보고서 작성을 위한 자료 분석/수집에 도움이 된다. 또한 이것은 비상사태의 평가하고 비상계획의 절차와 대책을 개선하는데 기준으로 사용될 수 있다.

1.1.9 이 매뉴얼에 설정한 권고안은 항공기 탑승자와 항공기 사고/준사고로 인한 기타 부상자의 생존을 위해 가장 필요한 사항에 기준을 두고 있다. 안정과 부상자의 구급의료 처리는 똑같이 중요하다. 그런 처리의 속도와 기술은 생명이 위험한 상황에서는 중요한 사항이다. 효율적인 구조를 위해서는 정기적인 실습뿐만 아니라 비상사태를 대비한 적절한 사전계획도 필요하다.

1.1.10 권고안은 혹서기와 혹한기, 눈, 비, 바람 또는 저시정 상태와 같은 모든 기상조건에서의 운영을 고려하여야 한다. 또한 수역, 도로, 침하지역 또는 기타 문제지역과 같은 공항환경 주변이 어려운 지형에서 발생한 사고도 고려를 하여야 한다.

1.1.11 여기에 포함된 요소는 지방자치나 주 규정과 상충되지 않아야 한다. 이 문서의 주요 목적은 항공기 비상사태 시 소집되는 부서나 기관이 지방규정이 없거나 중복되어 마찰이 생길 수 있는 것을 경계하고 있다. 이 정보가 실제 비상사태시 가져올 수 있는 문제점을 해결하는데 유용할 수 있게 되기를 바란다.

1.1.12 계획의 가장 중요한 고려사항은 공항 비상계획 내에서 관계된 비상사태를 다루는데 활용할 수 있는 모든 자원을 확인하는 것이다. 이런 자원을 획득하는 가장 효율적인 방법을 계획 절차에 포함하고 어느 정도 필요한 곳에 두는 것을 의무로 하고 있다.

1.2 책임성

1.2.1 각 공항당국은 비상계획과 공항에서 발생하는 모든 특이한 상황을 다루는 절차를 수립하는 것에 대한 책임이 있고 주변 기관들과의 계획을 조정하는 책임이 있다. 공항당국은 또한 모든 관련 부서와 기관에 제공되는 비상인원과 장비의 배정에 대한 책임이 있고 항공기/공항 비상 업무와 상호지원을 최대한 제공할 책임이 있다.

1.2.2 계획은 공항당국의 관점에서 비상사태의 대응을 지원할 수 있는 모든 기관들의 공동 진행하는 대응 또는 참여를 상세히 기록하여야 한다. 그런 기관들의 예는 다음과 같다.
  ⓐ 공항 내
   ① 구조 및 소방기관
   ② 의료기관
   ③ 경찰 및/또는 보안기관
   ④ 공항관리기관
   ⑤ 관제기관
   ⑥ 항공기 운영자
  ⓑ 공항 외
   ① 상호 지원경찰
   ② 상호 지원소방대
   ③ 의료기관
   ④ 병원
   ⑤ 정부기관
   ⑥ 군대
   ⑦ 항구순찰 또는 해안경비
   ⑧ 모든 기타 참여기관

1.2.3 공항당국은 비상사태 하에서 의무와 책임을 가지고 있는 모든 참여기관들이 그들의 역할에 익숙할 수 있도록 확실히 하여야 한다. 그들은 또한 비상계획에서 다른 기관들의 임무도 알고 있어야 한다. 각 비상사태의 형태에 따라 기관들이 수행하여야 할 책임과 역할은 제4장에 기술되어 있다.

1.3 공항 비상계획의 수립

1.3.1 공항 비상계획의 목적은 다음과 같은 사항을 보장하는 것이다.
  ⓐ 정상적인 상황에서 비상상황으로 질서 있고 효율적인 변경
  ⓑ 공항 비상기관의 대표
  ⓒ 비상책임의 할당
  ⓓ 계획에 포함된 활동에서 핵심요원들의 권한
  ⓔ 비상사태에 대응할 수 있는 조정 노력
  ⓕ 항공기 운영의 안전한 지속 또는 가능한 빨리 정상운영으로 복귀

1.3.2 공항당국은 주변 기관들의 책임과 의무를 한정하는 비상사태 상호지원 협정을 조정해야 한다. 이 협정은 최소한 다음사항을 포함하여야 한다.
  ⓐ 비상사태가 발생했을 때 문제점들을 피하기 위하여 포함될 수 있는 유관 기관들의 행정적, 사법적 책임을 구분
  ⓑ 지휘기관의 설정; 즉 단일 현장 지휘자(필요하다면 지정된 대리권자와 함께)
  ⓒ 사고현장에서 통신우선권의 지정
  ⓓ 사전 지정된 조정하에서 비상 교통수단의 조직
  ⓔ 모든 비상 요원들의 법적 권한과 책임의 사전 결정
  ⓕ 가용 자원으로부터 휴대용 및 구조 중장비 사용에 관한 사전협정

1.3.3 산, 늪, 사막 또는 수면과 인접한 지역의 공항 밖 사고는 접근의 어려움과 물자지원문제 등을 일으킨다. 이러한 지역에 서는 특성에 맞는 비상계획을 수립하여야 한다. 이것은 소방보트, 구조보트, 헬기, 호버크라프트, 스윔프버기, 스노모빌, 반 무한 궤도식 자동차, 산림 소방장비와 같은 특수 차량의 가용성에 대한 분석과 사용에 대한 협정이 필요하며 다음과 같은 사항을 고려하여야 한다.
  ⓐ 스쿠버다이버, 산악 또는 사막구조대, 스키 순찰, 탐색견 또는 폭발물 탐지반과 같은 특수한 구조팀의 가용성
  ⓑ 방사능 사건 또는 화학물질 방출의 처리
  ⓒ 항공기 난파, 수면 또는 지반침하로 형성된 웅덩이로부터 연료의 비상이동을 위한 장비

제2장 공항비상계획문서

2.1 목적과 범위

2.1.1 비상계획문서의 목적은 공항에 영향을 미치는 비상사태를 처리하는데 관련된 다양한 사람/기관의 책임과 필요한 행동/역할을 매뉴얼 형태로 설명하는 것이다.

2.1.2 "비상사태 기간" 고려사항은 사고의 정확한 특성과 장소에 달려 있다. 장소는 비상사태 처리에 책임이 있는 기관을 요구할 수 있다. 사고의 특성이 비상사태 운영에서 조사단계로 변경됨에 따라 적절한 사고 조사기관이 사고현장의 지휘와 책임을 질 수 있다. 사고에 대응하는 모든 기관은 미리 그들의 역할, 책임, 누구에게 보고하고 누가 보고할 것인가를 알고 있어야 한다.

2.1.3 "비상사태 이후" 고려사항은 상당한 주의를 요한다. 기관의 변경과 기타 법적 요소들이 논의되고 사전 계획될 필요가 있다. 공항/항공기의 정상적인 운영의 유지와 비상사태로 중단될 수 있는 시민 보호를 위해 보호 서비스의 회복을 고려하여야 한다.

2.1.4 이 문서에 포함되어야 할 권고사항은 항공기 탑승객과 기타 관련된 사고 희생자의 구조가 가장 중요한 운영목적이라는 필요성에 기초를 두고 있다. 효율적인 운영은 상당한 사전계획과 비상사태에 포함될 모든 기관들의 인력에게 실제적인 훈련기회를 제공하는 정기적인 훈련을 필요로 한다.

2.1.5 기관의 대응에 따른 계획 세부사항은 지역 기상조건과 야간운영을 고려하는 것이 필수적이다. 예를 들면, 저온은 시간이 연장된 구조작업중에 의료 용액이나 튜브 등을 얼게 할 수 있다. 심각한 기상상태는 소방용액에 부정적인 영향을 미칠 수도 있다.

2.1.6 필요한곳에 저체온과 탈수증과 같은 기상관련 신체적 문제를 감소하기 위하여 사전주의가 필요하다. 그런 고려사항은 사고 희생자뿐만 아니라 비상요원에게도 적용한다.

2.1.7 비상계획 문서의 범위는 지휘, 통신과 계획을 수행하는 데 필요한 조정기능을 포함한다.

2.1.8 공항비상계획의 개요는 부록 2에 포함되어 있다.

2.2 비상사태의 형태

2.2.1 공항비상계획은 공항 또는 그 주변에서 발생하는 비상사태시 취해야할 행동의 조정을 제공하여야 한다.

2.2.2 예상되는 비상사태의 다른 형태들은 항공기를 포함한 비상사태, 항공기가 포함되지 않는 비상사태, 의료 비상사태 또는 이들 비상사태의 혼합 등이 있다.

    ⓐ 항공기를 포함한 비상사태는 다음을 포함한다.
        ① 사고 – 공항 내 항공기
        ② 사고 – 공항 외 항공기
            ㉠ 육상
            ㉡ 수상
        ③ 준사고 – 비행중 항공기
            ㉠ 심각한 기류변동
            ㉡ 감압
            ㉢ 구조적 결함
        ④ 준사고 – 지상의 항공기
        ⑤ 준사고 – 폭탄위협을 포함한 사보타지
        ⑥ 준사고 – 불법적 점유

    ⓑ 항공기를 포함하지 않는 비상사태는 다음을 포함한다.
        ① 화재 – 구조적
        ② 폭탄 위협을 포함한 사보타지
        ③ 자연재해
        ④ 위험한 물질
        ⑤ 의료 비상사태

    ⓒ 복합비상사태
        ① 항공기/건물
        ② 항공기/급유시설
        ③ 항공기/항공기

2.2.3 서비스가 필요한 항공기 비상사태는 일반적으로 다음과 같이 분류된다.

    ⓐ 항공기 사고 : 공항이나 그 주변에서 발생하는 항공기 사고
    ⓑ 완전 비상사태 : 공항으로 접근하는 항공기가 사고위험이 임박한 상황에 있거나 위험이 의심스러울 때.
    ⓒ 지역대기 : 공항으로 접근하는 항공기가 결함이 있다고 알려지거나 의심스러울 때, 그러나 고장은 안전 착륙에 영향을 미치는데 어려움을 포함하는 것은 아니다.
  이 분류는 제4장에서 사용된다.

2.2.4 의료 비상사태에서 질병 또는 부상자의 정도 및 형태와 관련된 사람의 수는 비상계획의 적용범위를 결정한다. 매일 경미한 구급처리 공항구급대 또는 의료센터에서 다루어지고 있다. 공항구급대 또는 의료센터의 운용이 안되는 곳은 외부 의료기관의 협조를 얻어야 한다. 비상계획을 이행하는데 필요성을 결정하는 중요한 요소와 사용 범위는 공항구급대나 의료센터의 능력을 넘어선 전염성 질병, 단체 식중독, 돌발적이고 심각한 질병과 부상을 포함한다.

제3장 비상계획 관련 기관

3.1 일반사항

실행 가능한 비상계획의 첫 번째 단계는 모든 관련된 공항/사회기관의 공동 운영과 참여이다. 고려되어야 할 기관은 다음과 같다.

    ⓐ 항공교통관제기관
    ⓑ 구조 및 소방기관(소방대)
    ⓒ 경찰 및 보안기관
    ⓓ 공항당국
    ⓔ 의료기관
    ⓕ 병원
    ⓖ 항공기 운영자
    ⓗ 정부기관
    ⓘ 통신기관
    ⓙ 공항 상주업체
    ⓚ 교통기관 (육상, 해상, 공중)
    ⓛ 구조 조정센터
    ⓜ 민방위대
    ⓝ 상호지원기관
    ⓞ 군대
    ⓟ 항구순찰 및 해안경비대
    ⓠ 성직자
    ⓡ 홍보사무소
    ⓢ 세관
    ⓣ 정신건강기관
    ⓤ 공공시설
    ⓥ 우체국
    ⓦ 동물병원기관
    ⓧ 검시관
    ⓨ 자원봉사기구
    ⓩ 국제 구조기관 (적십자 등)

3.2 항공교통관제기관

항공기를 포함한 비상사태 발생 시 공항관제탑(또는 공항 비행정보업무기관)은 구조 및 소방기관과 연락을 취하고 비상사태의 유형과 항공기 기종, 탑재연료 및 사고위치와 같은 기타 세부사항에 관한 정보를 제공하도록 요구된다. 추가적으로 항공교통관제기관은 계획에서 수립된 절차에 따라 지역 소방대와 유관기관들에게 전파하도록 규정할 수 있다. 초기 상황발령은 격자지도에 의한 위치정보, 집결지와 필요시 사용될 공항출입구 등을 지정하여야 한다. 이 기능은 계획에 따라 전체 혹은 일부를 다른 조직에게 위임할 수 있다. 사고의 초기 통지를 사전 계획할 때 책임성 위임을 명확히 열거하고 소집의 중복을 피해야 한다. 이어지는 요구사항은 항공기 탑승자수, 기내의 위험한 물건, 가능하다면 항공기 운영자의 이름을 포함하여 정보를 확대할 수 있다. 만일 비상사태로 인해 공항이 즉시 폐쇄되어야 한다면 항공관제기관은 착륙 또는 이륙하려는 항공기에 관하여 필요한 조치를 취해야 한다.

3.3 구조 및 소방업무(소방대)

3.3.1 공항 구조 및 소방관의 주요 임무는 인명을 구하는 것이다. 공항이나 주변에서 발생하는 항공기 사고와 사건에 의해 위험하게 된 재산은 가능한 한 보호되어야 한다. 이 목적을 달성하기 위해서 화재는 진압되어야 하고 재발을 방지하여야 한다. 그러나 화재가 발생하지 않거나 조기에 진압된 항공기 사고도 있다. 모든 경우에 절차는 사고현장의 생존자들을 가능하면 빨리 대피시키도록 하여야 한다.

3.3.2 만일 심각한 부상자들이 조속히 안정을 취하지 못한다면 그들에게 치명적일 수가 있다. 공항 구조 및 소방관은 비상 의료기준을 만족시키는 훈련을 받아야 한다. 사고 바로 직후의 긴박한 기간이나 지체된 시간동안 현장에서 유일한 구조요원이 될 수 있다. 의료전문지식이 있는 사람을 공항에서 지원 받는 것은 그런 필요성을 감소시킬 수 있다.

3.3.3 방화복 및 장비를 갖춘 소방요원 및 구조요원만이 항공기 사고현장 가까이에 접근할 수 있다. 항공기 사고나 연료가 누유된 지점으로부터 약 100m 이내까지는 방화복을 입어야 한다.

3.3.4 지휘하는 소방요원을 쉽게 구별하는 방법으로 붉은색 안전모와 앞판과 뒤판에 "소방대장"이라고 번쩍거리는 글씨가 박힌 조끼나 코트 같은 눈에 잘 띄는 붉은색 옷을 입어야 한다.

3.4 경찰 또는 보안기관

3.4.1 공항 비상사태 시 현장에 제일 먼저 도착한 경찰 또는 보안직원이 지역을 안전하게 하고 필요하다면 지원을 요청한다. 직원의 책임은 그 지역의 사법기관에 의해 교대될 때까지 계속된다. 계획은 지역 경찰, 군대 또는 필요시 정부산하에 있는 기관에 의한 보안경계선의 조속하고 효율적인 강화를 위한 절차를 포함한다.

3.4.2 혼잡이 없는 진출입 도로가 비상차량을 위해 필요하다. 보안기관, 경찰 또는 기타 적정한 지역기관은 특수 임무를 가진 사람만이 사고현장에 출입이 허용되도록 확실히 하여야 한다. 그들은 사고현장 주변이나 떨어진 곳의 일반적인 교통수단의 이동경로를 정해야 한다.

3.4.3 계획은 사고 현장에 모이는 군중의 통제와 조사를 위해 사고지역의 보존을 규정하여야 한다.

3.4.4 상호지원 프로그램은 잠정적으로 포함된 모든 보안기관들 사이에 제정하여야 한다. 보안기관들이란 공항, 시, 지역 및 정부보안기관, 우편물검사관과 군대 및 세관을 말한다.

3.4.5 그들이 신속하게 사고현장에 접근할 수 있도록 하는 방법이 보안검색장소에서 이행되어야 한다. "비상접근"증명은 비상기간동안 사용을 하도록 공항당국이 비상요원에게 사전에 발급하여 주면 된다.

3.4.6 많은 경우에 상호지원 소방대의 차량, 앰뷸런스 등이 사고/준사고 현장에 직접 나가는 것이 불가능하거나 어려울 수 있다. 비상계획은 지정된 집결지 또는 장소 등에서 만나기 위한 절차를 포함하는 것이 필수적이다. 집결지는 사고현장에서 필요할 때까지 대응장비들을 수용하기 위한

대기지역으로 사용될 수 있다. 이것은 교통 혼잡이나 혼란을 감소시키는데 도움이 된다. 집결지를 통제하는 사람은 사고현장에 지형조건에 맞지 않는 차량의 적합성을 고려하여야 하고 사용불가 차량이 접근통로를 가로막는 것을 방지하여야 한다. 이런 차량들을 숙영시키는 것은 사고현장의 교통 혼잡과 혼란을 방지할 수 있다.

3.4.7 지휘하는 경찰/보안요원을 쉽게 구별하는 방법으로 푸른색 안전모와 앞판과 뒤판에 "경찰대장"이라고 번쩍거리는 글씨가 박힌 조끼나 코트 같은 눈에 잘 띄는 푸른색 옷을 입어야 한다.

3.5 공항당국

3.5.1 공항당국은 계획을 수립하고 공표하고 이행하는데 책임이 있고 지휘소에서 전체적인 운영의 지휘자를 지정해야하는 책임이 있다. 공항당국은 공항 비상사태 시 포함되어야 할 기관이나 사람의 이름과 전화번호와 같은 정보를 갱신하여 유지하여야 하고 관계자들에게 배포하는 것을 책임지도록 계획에서 요구하고 있다. 비상사태에 대응하는 모든 기관의 조정은 공항당국이 수행하도록 요구된다. 공항당국은 계획을 측정하고 이행한 후에 평가를 하기 위해 참가 기관들의 대표자들로 구성된 공항비상계획 조정위원회의 회의를 주재하여야 한다. 공항당국은 상황에 따라 공항 전체 혹은 일부를 폐쇄할 책임이 있다. 항공기 운항은 구조 활동에 방해받지 않고 안전한 운항이 가능하고 공항이동지역이 안전할 때만 재개를 한다.

3.5.2 지휘하는 공항운영자를 쉽게 구별하는 방법으로 오렌지색 안전모와 앞판과 뒤판에 "공항당국"이라고 번쩍거리는 글씨가 박힌 조끼나 코트 같은 눈에 잘 띄는 오렌지색 옷을 입어야 한다.

3.6 의료기관

3.6.1 의료업무의 목적은 다음과 같은 사항을 위하여 치료우선순위선택, 구급과 의료치료를 제공하는 것이다.
ⓐ 긴급조치가 없으면 생명이 위험한 심각한 부상자를 안정시킴으로서 가능한 많은 인명을 구하고
ⓑ 덜 심각한 부상자는 안정을 시키고 응급처치를 제공하고
ⓒ 적절한 의료시설로 환자를 수송하는 것이다.

3.6.2 치료우선순위선택, 안정, 구급, 의료치료와 같은 의료서비스의 준비와 부상자를 병원으로 수송하는 것은 가능한 가장 신속한 방법으로 수행되어야 하는 것이 필수적이다. 마지막으로 구성이 잘된 의료 자원(인력, 장비와 의료지급품)은 가능한 최단시간에 사고현장에서 사용 가능하여야 한다. 비상계획에서 의료측면은 상호지원 비상협정에 따라 지역사회 비상계획과 일관성이 있어야 한다.

3.6.3 의료조정자는 사고현장에서 비상사태 의료 활동에 책임을 가져야 한다. 만일 공항 의료기관이 있다면 의료조정자는 공항의료기관 직원으로부터 지정을 받을 수 있다. 일부 경우에 지정된 의료 조정자가 현장에 도착할 때까지 지원할 임시 의료조정자를 지정하는 것도 필요하다. 임시의료조정자는 공항 구조 및 소방대 직원으로부터 지정할 수 있다.

3.6.4 의료 및 앰뷸런스 업무는 공항업무의 핵심부분이다. 특히 앰뷸런스업무가 공항 구조 및 소방업무의 일부일 때 더욱 그러하다. 의료 및 앰뷸런스 업무를 공항에서 이용할 수 없을 때 지역, 민간, 공공 또는 군 의료 및 앰뷸런스업무와 사전조정이 이루어져야 한다. 계획은 인력, 장비와 의료품의 충분한 할당을 급파할 수 있는 것을 보장하여야 한다. 신속한 대응을 보장하기 위하여 계획은 현장에 의료 업무를 위한 육로, 수로 및 항로교통수단을 준비하고 긴급의료관리가 필요한 사람의 2차적인 교통수단을 준비할 수 있어야 한다. 모든 공항 비상사태를 위한 의사와 기타 의료진의 이용을 위해 사전조정이 필요하다. 계획은 비상사태가 발생했을 때 언제라도 결원자를 대체할 만한 충분한 의사 수를 포함하여야 한다.

3.6.5 계획은 다음 사항에 대하여 책임이 있는 의료수송 책임자를 지정하여야 한다.
ⓐ 비상사태에 대한 병원과 의료진에게 알림
ⓑ 특별한 부상의 치료에 적당한 병원으로 환자 수송을 지휘
ⓒ 수송경로, 목적지 병원과 부상자의 이름과 부상상태를 기록한 부상설명
ⓓ 부상자가 수송중일 때 병원에 알림
ⓔ 병원, 의료수송, 책임의료관, 현장지휘자 및 지휘소와 연락 유지

3.6.6 공항의 의료업무에 대한 정보는 부록 3에 포함되어 있다.

3.7 병원

3.7.1 관련된 병원은 필요시 의료팀을 사고현장에 최대한 빠른 시간에 보내기 위한 비상계획을 준비하여야 한다. 공항 비상상황 시 다루어야 할 병원의 자격이 있는 인력과 적절한 장비의 목록준비는 필수적이다. 이런 차원에서 병원의 정확한 목록을 사전에 준비하는 것이 필수적이다. 이들은 효과적인 사용방법과 신경계통 또는 화상치료와 같은 특별한 목적에 따라 구분되어져야 한다. 대부분의 상황에서 필수적인 의료진과 간호사가 사고현장에서 가장 가까운 병원을 비우는 것은 현명하지 못하다.

3.7.2 공항과 병원으로부터 헬리콥터를 수용할 수 있는 거리가 고려되어야 한다. 믿을만한 쌍방향 의사소통이 병원, 앰뷸런스와 헬리콥터 사이에 이루어져야 한다. 항공기 사고의 경보는 단일 의료시설에 이루어져야 하고 지역 의료통신망에 따라 모든 다른 시설에 정보되어야 한다.

3.8 항공기 운영자

3.8.1 탑승객수, 연료량, 위험한 물건의 존재여부 등과 같은 항공기와 관련된 모든 자세한 정보를 배포하는 계획이 만들어지는 것이 중요하다. 항공기 운영자는 이런 정보를 제공하는 것에 대한 책임이 있다. 이 정보는 현장 지휘자에게는 지극히 중요한 것이며, 비상사태에 사용되는 전략과 전술에 영향을 미친다. 또한 운영자는 여행을 계속할 수 있는 부상이 없는 여객과 수용을 필요로 하거나 또는 지원이 필요한 여객을 정리할 책임이 있다. 추가로 운영자는 사망자의 가장 가까운 친척과의 연락을 책임져야 한다. 경찰 혹은 국제구조대(적십자 등)가 이 일을 수행하

는데 지원을 한다. 항공기 사고시 항공기 운영자가 제공해야하는 서비스와 관련된 정보는 부록 7에 나와 있다.

3.8.2 공항비상계획은 공인된 민간, 군 또는 기타 비거주 항공기운영자를 포함한 비상사태에 대응할 항공기 운영자를 지정하여야 한다.

3.8.3 사고 난 항공기에 적재되어 있는 모든 화물, 우편물과 수하물의 적절한 처리는 항공기 운영자의 책임이다. 항공기에서 이런 물품 제거에 대한 허가는 비상사태가 어느 정도 진정되고 사고조사자의 필요사항이 어느 정도 충족된 후에 사고현장 지휘자가 승인할 수 있다.

3.9 정부기관

참가자들 사이의 알력과 혼란을 피하기 위하여 공항비상계획은 정부기관이 공항당국에 부여한 의무, 통제 및 한계를 분명히 한정하여야 한다. 사고 후 조사, 불법적 항공기 체류, 폭발위협 및 폭발, 세관 및 우편문제들은 공항당국에 관한 사항을 제외하고는 모두 사법적인 문제로 귀착된다.

3.10 공항상주업체

공항상주업체와 종업원들은 가용한 장비와 인력의 주요자원으로 고려되어야 한다. 그들의 공항에 대한 친밀한 지식으로 상주업체와 종업원들은 의료훈련, 수송 또는 음식준비 등을 그들의 예비지식에 포함한다면 비상계획에서 핵심적인 역할을 할 수 있다. 이들은 감독자하에 배치되고 수고의 중복과 기타 비상운영의 혼란을 피하기 위해 특별한 기능을 부여하는 것이 중요하다. 그들 개인의 안전을 위하여 이들의 활용은 비상사태가 통제 하에 있을 때까지는 제한되어야 한다. 응급치료지식을 가진 종업원은 비상사태 기간 동안 적정한 의복을 입는 방법으로 구분되어져야 한다.

3.11 수송기관(육상, 해상, 공중)

3.11.1 비상사태에서 구조작업을 수행하고, 인명을 수송하고, 보급품과 잔해를 운반하기 위하여 차량이 필요하다. 비상사태 기간 동안 사용될 차량 통제에 대한 책임은 지정된 수송담당관에게 위임된다. 버스, 트럭, 보수차량과 자동차 같은 공항에서 활용할 수 있는 모든 수송 장비는 목록이 작성되어야 하고 비상사태 시의 임무가 포함되어야 한다. 사전에 버스회사로 부터 추가로 차량을 획득하거나 사무실이나 차고를 임대할 수 있도록 조정이 이루어져야 한다. 또한 사전협정에 의해서 공항 종업원들이 소유한 차량의 사용이 비상계획에 포함되어야 한다.

3.11.2 공항 비상사태 시 집결지나 대기지역에서부터 사고현장까지 차량들을 리드하기 위하여 쌍방향 통신장비가 장착된 쉽게 구별이 되는 지휘차량을 준비하여야 한다. 이것은 항공기 운영에 방해되지 않도록 수행되어야 한다.

3.11.3 사고 현장이나 접근도로가 일반적인 바퀴가 달린 차량으로는 완벽하게 접근할 수 없는 수역 또는 늪지지역을 통과하여 수송이 필요한 때라도 적절한 구조장비와 업무의 이용이 가능하여야 한다. 이것은 이들 지역에서 접근/출발운영이 중요한 부분으로 발생하는 곳에서는 특히 중요하다.

3.11.4 지휘하는 수송담당자를 쉽게 구별하는 방법으로 라임 그린색 안전모와 앞판과 뒤판에 "수송담당관"이라고 번쩍거리는 글씨가 박힌 조끼나 코트 같은 눈에 잘 띄는 라임 그린색 옷을 입어야 한다.

3.12 구조조정센터

구조조정센터는 사고 현장이 알려지지 않은 것을 제외하고 공항 주변에서 항공기 사고가 발생하거나 공항 또는 주변에서 사용할 추가적인 구조장비를 현장으로 가져올 필요가 있을 때 중요한 역할을 할 수 있다. 구조조정센터는 항공기, 헬기와 특수구조장비를 제공하는 구조대를 포함한 그들의 책임지역내의 모든 구조대와 즉각적인 연락을 취할 수 있는 방법을 가지고 있어야 한다. 필요한 곳에서는 선박과 통신하고 위험을 알려줄 수 있는 해안무선소를 사용하여야 한다. 이들 구조대로부터의 지원은 공항주변에서의 사고에 대응하기 위하여 필수적이다. 구조조정센터의 역할은 공항비상계획서와 분리된 장에서 특별히 강조되어야 한다.

3.13 민방위대

공항비상계획은 지역사회 민방위 비상계획과 지역 조사 및 구조팀과 조정을 하여야 한다. 민방위대와의 조정 결과와 민방위 비상계획지원으로 공항이 가질 수 있는 역할을 고려하여야 한다.

3.14 상호지원협정

3.14.1 공항비상사태는 지역 구조 및 소방대, 보안, 법률이행과 의료업무가 상황을 다루기 부적절할 정도로 중대할 수 있다. 서면상호지원 프로그램이 구조 및 소방, 보안, 법률이행과 그 밖의 의료업무의 신속한 대응을 보장하기 위하여 시작되도록 권고한다. 그런 상호지원협정은 관련된 기관뿐만 아니라 공항당국에 의해서 보통 조정되고 공항당국에 의해서 이행된다. 자세한 정보는 부록 5를 참조하기 바람.

3.14.2 모든 상호지원 협정은 매년 검토되거나 개정되어야 한다. 전화번호와 연락 포인트는 월단위로 검토되고 갱신되어야 한다.

3.15 군대

군사시설이 공항이나 주변에 있는 곳에서 상호지원협정은 비상계획의 지휘, 통신 및 조정범위 내에서 이들 인력을 소집하는 것으로 시작된다.

3.16 항구순찰 및 해안경비대

항구순찰 및 해안경비는 큰 바다 환경에 접해있는 공항에서는 필수적인 업무이다. 그런 업무의 조정은 적용할 곳에서 공항비상계획에 포함되어야 한다. 이들 서비스는 구조조정센터와 상호지원 경찰대와 보통 조화를 이룬다. 그런 서비스의 즉각적인 대응을 위하기 위해서 적절한 통신망의 유지는 계획의 필수적인 요소이다.

3.17 성직자

부상자와 가족들에게 안락함을 제공하고 필요한 곳과 시간에 종교적 서비스를 수행할 목적으로 성직자와의 연락이 이루어져야 한다.

3.18 홍보요원

3.18.1 홍보요원이 지정되어야 한다. 이 요원은 방송매체에 실제적인 정보를 조정하고 배포하여야 하고 또한 모든 관련된 분야들 사이의 홍보자료를 조정하여야 한다.

3.18.2 텔레비전과 라디오 방송매체는 최소한 15분 동안(가능하면 장기간) 사고정보의 배포를 보류하도록 권고 받는다. 이 지연시간은 사고현장 주변의 적절한 보안조치를 취하고 비상의료기관과 기타 업무기관이 참가하는 사고현장으로 출입구를 제공하는 통로에 도로봉쇄를 설치하는데 충분한 시간을 제공한다.

3.18.3 홍보요원은 사고/사건위치로 방송매체 요원을 인솔하는 책임이 있다.

3.19 정신건강기관

비상계획은 지역 정신건강기관을 포함하여야 한다. 비상사태의 장기 영향을 다루는 절차뿐만 아니라 최적 치료처리는 생존자, 가족, 목격자와 비상상황 직원에게 사용 가능하여야 한다.

제4장 비상사태 유형에 따른 각 기관의 책임과 역할

4.1 공항에서의 항공기 사고

4.1.1 일반사항
공항비상계획은 공항에서 발생하는 항공기 사고에 대하여 즉각 이행되어야 한다. 비상계획의 유형에 따라 대응하는 각 기관은 4.1.2에서부터 4.1.10까지의 설명에 따라 행동을 취하여야 한다.

4.1.2 항공교통관제기관의 역할

4.1.2.1 비상경보 통신시스템을 이용하여 비상사태 대응을 시작한다.

4.1.2.2 구조 및 소방기관에 통지를 하고 사고위치, 격자지도와 사고시간 및 항공기 종류를 포함한 기타 모든 필수적인 세부사항에 관한 정보를 제공한다. 탑승객수, 연료, 항공기 운영자와 알 수 있다면 위험물질의 양과 위치를 포함한 세부사항에 관한 정보를 확대하여 통지할 수 있다.

4.1.2.3 사고조사 증거를 소멸하는 것을 막기 위하여 차량교통을 최소화하고 영향 받은 활주로는 폐쇄

4.1.2.4 필요하다면 공항비상계획 절차에 따라 경찰 및 보안기관, 공항당국과 의료기관과의 통신 시작. 격자지도, 집결지, 대기지역과 사용될 공항입구와 연결을 제공

4.1.2.5 즉시 항공고시보(NOTAM)를 발령 "공항 구조 및 소방업무는 추후 통지가 있을 때까지 사용할 수 없음. 모든 장비가 항공기 사고에 투입되어 있음."

4.1.2.6 위의 역할이 종료되면 체크리스트에 의해서 증명하고 통지시간과 역할을 끝낸 사람의 이름을 명시한다.

4.1.3 구조 및 소방기관의 역할(소방대)

4.1.3.1 공항에서의 항공기 사고에 대응 요청은 보통 항공교통관제업무에 의해 발령된다. 요청이 다른 사람으로부터 접수되고, 사고가 관찰되고 또는 사고가 긴박한 것으로 고려될 이유가 있을 때 공항 구조 및 소방업무는 마치 항공교통관제업무가 접수를 받은 것과 같은 방법으로 역할을 수행한다. 항공교통관제업무는 요청의 성질과 취해진 대응에 관하여 통보 받는다.

4.1.3.2 공항 구조 및 소방기관은
ⓐ 항공교통관제기관이 지시한 현장으로 가장 빠른 경로를 통하여 출동
ⓑ 다음의 내용을 이동 중에 상호지원 소방대에 통보
① 집결지
② 대기지역
③ 알 수 있다면 지원에 필요한 인력 및 장비
④ 기타 관련 있는 정보
ⓒ 잘 알 수 있는 지휘소를 즉시 설치. 이것은 공항당국 이동지휘소 사용이 가능하고 운영될 때까지의 임시지휘소이다.

4.1.3.3 공항 화재담당 선임자는 비상사태가 안정될 때까지 책임간부가 된다.

4.1.3.4 공항에는 보통 발화성이 높은 연료와 높은 구조물로 인해 화재통제의 어려움이 있기 때문에 항공기/구조물 화재는 특별하다. 복합된 항공기/구조물 화재의 통제는 상호지원 비상사태 협정에 단정시킬 수 있다.

4.1.3.5 항공기 격납고나 다른 공항 구조물내의 화재를 진압하는데 장비가 얼마나 잘 갖춰져 있느냐에 따라 공항 내 구조 및 소방업무와 공항 외 상호지원 소방대 사이에 사전협정이 체결되어야 한다. 추가적으로 항공기와 공항구조물을 포함하고 있는 사고는 어느 기관이 지휘권을 갖느냐 하는 것에 대한 사전 협정이 있어야 한다.

4.1.4 경찰과 보안기관의 역할

4.1.4.1 현장지휘자와의 조정으로 도착한 보안/경찰관은 보안책임 지고, 비상차량을 위한 진출입도로에 자유 차선을 즉시 설치하고 필요시 강화를 요청한다. 이 직원은 그 지역의 사법권을 가지고 있는 법률집행당국에 의해 임무가 해제될 때까지 보안지휘권을 갖는다.

4.1.4.2 보안요원은 차량이 사고지역으로 진입하고 질서 있는 적재와 출발을 할 수 있는 분류지역으로 통하는 앰뷸런스 통로를 설치하여야 한다. 이 통로는 장애물이나 부상자 승차지역으로 되돌아옴이 없이 비상차량의 계속적이고 장애 없는 흐름을 제공하여야 한다.

4.1.4.3 보안요원과 경찰관은 비상 관계요원을 출입시키고, 관계없는 사람을 사고현장에 접근 못하게 하고, 항공기로부터 제거한 개인물품의 유치를 하기 위하여 사고현장 주변에서 교통을 통제할 필요가 있다.

4.1.4.4 정상적인 교통은 사고현장을 우회하거나 돌아가는 길로 유도하여야 한다.

4.1.4.5 비상사태지역은 방해자, 언론, 구경꾼과 기념품 수집광들이 접근 못하도록 가능한 한 빨리 교통을 통제하여야 한다. 모든 사람들에게 접근 시 위험하다는 것을 알리는

적절한 마킹을 눈에 잘 띄게 표시하여야 한다.

4.1.4.6 모든 보안검색장소와 지휘소 또는 비상운영센터사이의 통신은 가능한 빨리 구축되어야 한다.

4.1.4.7 기타 기관들에게도 가능한 빨리 통보하여야 한다.

4.1.4.8 통제기관은 완장, 현장출입증 또는 신분증을 발행하여야 하고 보안경찰관과 보안경찰팀이 감시하여야 한다.

4.1.4.9 비행자료와 조종실 음성기록을 보호하기 위하여 특별한 보안준비가 필요하다. 우편물을 보호하고, 혹시 있을 수도 있는 위험한 물건들로부터 안전하게 하고, 방사능 물질의 노출로부터 인명을 보호하기 위하여 추가적인 보호 조치가 필요하다.

4.1.5 공항당국의 역할

4.1.5.1 공항당국은 사고현장으로 출동하고 필요할 때 쉽게 구별되는 이동지휘소를 설치한다. 이동지휘소는 다음과 같은 사항을 결정할 권한이 있는 선임 대표자들로 직원이 구성되어야 한다.
ⓐ 공항운영
ⓑ 보안운영
ⓒ 의료운영
ⓓ 항공기운영
ⓔ 항공기 복구운영

4.1.5.2 공항당국은 다음과 같은 사항을 확인하기 위해 행동점검표를 검토하여야 한다.
ⓐ 공항비상운영센터가 편성되었는지
ⓑ 상호지원경찰 절차가 시작되고 2차 소집이 이루어졌는지
ⓒ 상호지원 소방대가 연락을 받고 사고현장과 지정된 대기지역까지 출동하는데 호송을 하였는지
ⓓ 의료 및 구급차업무가 경보를 받고 지정된 집결지 또는 대기 장소에 도착이 되었는지
ⓔ 관련된 항공기 운영자에게 통보가 되고 항공기내에 있는 위험물질(즉, 폭발물, 압축 또는 액화 가스, 인화성 액체 또는 고체, 산화물, 독극물, 전염물, 방사성물질 또는 부식물질 등)에 관한 정보를 입수하고, 이 정보를 참여자들에게 알렸는지
ⓕ 공항지역폐쇄, 비상대응회랑의 지정, 조언가들 의견의 요청과 공항 구조 및 소방대응용 능력의 감소를 알리는 항공고시보와 관련된 항공교통관제업무와 연락소를 설치하였는지
ⓖ 정부 항공기사고 조사기관에게 알렸는지
ⓗ 기상대에 특별한 기상관측을 할 수 있도록 알렸는지
ⓘ 즉각적인 조사와 사고에 관련된 활주로에 잔해물이 있는지 확인하기 위한 사진작업을 위해 협정을 하였는지
ⓙ 조사기관이 공개를 보류하고 있는 사고 잔해를 안전하게 하기 위한 협정을 하였는지
ⓚ 공역배정조정사무소(항공교통관제소)에게 공항운용능력의 감소를 알렸는지
ⓛ 만일 사망자가 있다면, 의료검시관에게 알렸는지와 임시 시체보관 시설을 지정하였는지

4.1.5.3 상호지원경찰과 연계하여, 공항당국은 다음과 같은 사항을 실시하여야 한다.
ⓐ 내·외부의 경계지역에 집결지와 대기지역 지정

ⓑ 사고현장 내외로 구급차와 같은 비상차량의 소통을 원활히 하기 위해 차량을 호위할 보안직원을 집결지나 대기지역에 배치
ⓒ 신속한 출동을 위해 호송차량과 구급차를 위한 대기지역 지정

4.1.5.4 책임이 있는 소방대장과 협의한 다음에 공항당국은 상호지원구조요원의 임무를 조정하고 그들을 최대한 활용하기 위하여 그들의 임무를 지도한다.

4.1.5.5 공항당국은 다음의 업무를 활용할 수 있도록 준비하여야 한다.
ⓐ 의료 업무를 제외한 다른 업무기관들이 사용할 이동 비상대피호
ⓑ 세면장
ⓒ 음료수
ⓓ 밧줄, 방벽
ⓔ 식품서비스
ⓕ 이동 또는 휴대용 전등
ⓖ 휴대용 난방기기
ⓗ 첨봉, 말뚝, 안내판
ⓘ 기계, 중장비, 추출도구
ⓙ 수력추출도구와 버팀목 설치기
ⓚ 메가폰과 휴대용 전화 같은 통신장비 등

4.1.5.6 공항당국은 공항홍보담당직원에게 초기 브리핑자료를 제공하고, 언론에 배포할 보도 자료를 포함하여 항공기 운영자의 홍보담당자와 조정을 한다.

4.1.5.7 소방대장, 경찰/보안팀장과 의료조정자의 동의하에 공항당국의 현장 지휘자는 공항비상사태의 종료를 참가한 모든 상호지원 기관에 통보한다.

4.1.6 의료기관의 역할
의료 업무를 감독하는 것은 의료 조정자의 책임이다.
ⓐ 상호지원의료의 통지와 구급차 업무 그리고 구급차업무의 집결지나 대기지역으로의 도착을 확인한다.
ⓑ 부상자의 선택, 처리와 적절한 수송수단으로 부상자들의 후송을 위한 필요한 행동을 구성한다.
ⓒ 부상자의 흐름을 통제하고 수송관과 함께 부상자들을 적절한 수송수단을 사용하여 병원으로 후송하는 것을 확인한다.
ⓓ 부상자들의 이름과 최종 처리를 포함한 부상자의 정확한 목록을 유지한다.
ⓔ 관련된 항공기 운영자와 함께 부상이 없는 사람들을 지정된 장소로의 후송을 조정
ⓕ 걸을 수 있거나 부상당하지 않은 생존자들의 의료평가를 제공
ⓖ 필요하다면 의료장비의 보충을 위한 준비
ⓗ 경찰과 함께 사망자를 위한 접수시설 설치

4.1.7 병원의 역할
다음과 같은 사항을 책임질 병원조정자를 임명한다.
ⓐ 비상사태의 통지를 받고 외상치료에 전문가인 의사와 의료팀을 사고현장으로 급히 수송
ⓑ 의료진이 사고현장에 도착하여 부상자들을 치료

ⓒ 적절한 의사와 간호사, 수술실, 중환자실, 수술팀, 혈액과 혈액신장기들이 항공기 사고를 포함한 비상상황에서 운용할 수 있는지 확인

4.1.8 항공기 운영자의 역할

4.1.8.1 선임 항공기운영자 대표자는 항공기 운영자 활동을 조정하기 위하여 책임자를 이동 지휘소에 보고한다. 항공기 운영자가 공항 상주업체가 아닌 경우에는 공항당국은 관련된 항공기 운영자가 사고현장에 도착할 만한 시간까지 일시체류 항공기를 포함한 비상사태를 처리할 가장 적절한 운영자를 지정하여야 한다.

4.1.8.2 항공기 운영자의 선임 대표자는 탑승여객, 승무원정원과 위험물질의 위치 및 존재에 관한 정보를 제공한다. 위험물질이란 폭발물, 압축 또는 액화가스(발화성 또는 독성이 있는), 인화성 액체 또는 고체, 독극물, 전염물, 방사성물질 또는 부식물질 등을 포함한다. 위험물질과 관련한 정보는 가능한 빨리 소방대장과 의료조정자에게 알려야 한다.

4.1.8.3 선임 항공기운영자 대표자는 부상당하지 않은 사람을 사고현장에서 지정된 대기지역으로 수송하기 위한 준비를 하여야 한다. 현장에서 "보행 가능한 부상자"의 수송은 의료조정자와의 협의 후에 실시하여야 한다.

4.1.8.4 항공기운영자 직원은 지정된 부상당하지 않은 사람들 대기 장소로 출동한다. 이 대기 장소에서 선임 항공기운영자 대표자는 직원들 중에서 접수자, 등록자와 복지후생담당자를 지정한다.

4.1.8.5 부상당하지 않은 사람들 대기 장소의 지휘를 맡고 있는 항공기운영자 대표자는 추가적인 의료서비스, 보급품, 의류, 전화시설 등의 준비를 위한 감독을 하여야 한다.

4.1.8.6 접수자는 사고현장에 도착하면 수송차량을 만나서 수속받을 등록데스크로 여객들을 인도하여야 한다. 접수자는 어디에 화장실 시설이 위치해 있는지를 알고 있어야 한다. 대기지역으로 수송된 개인들이 공항비상계획에 따라 확인 및 수속을 마칠 때까지는 대기지역으로부터의 이동은 제한된다.

4.1.8.7 등록자는 분명한 여객의 이름을 기록하고 호텔숙박, 항공교통 또는 기타 수송수단과 같은 필요한 예약사항을 결정한다. 등록자는 여객의 육체적/정신적 상태와 잠정계획을 알려야할 사람들 목록을 작성하여야 한다. 등록자는 신원확인 꼬리표나 스티커를 여객에게 부착한다. 등록자는 등록이 끝나면 여객을 복지후생담당자에게 인도한다.

4.1.8.8 복지후생담당자와 스트레스관리를 훈련받은 정신과전문의는
ⓐ 항공기의 여객과 승무원들의 친척과 친구들을 지원하고 편의를 제공
ⓑ 공항에서 기내 여객에 대한 정보를 기다리는 친척과 친구들을 등록
ⓒ "보행 가능한 부상자", 부상이 없는 생존자와 대응요원들에게 편의 및 도움을 제공

4.1.8.9 항공기 운영자 또는 대표자는 항공기 사고를 다음 기관들에게 알려야 한다.
ⓐ 보건 및 복지후생기관

　　　　ⓑ 세관

　　　　ⓒ 법무

　　　　ⓓ 우체국

　　　　ⓔ 환경기관

4.1.8.10 선임 항공기운영자 직원은 친척과 친구들에게 초기에 통보하는 것을 책임진다.

4.1.8.11 항공기운영자의 보도 자료는 공항 홍보담당직원과 사고에 관련된 기타 기관의 연락관들과의 조정을 통하여 준비한다.

4.1.8.12 항공기 운영자는 항공기 사고조사기관으로부터 허가를 받은 뒤에 파괴되거나 기동불능항공기의 처리를 책임진다.

4.1.9 정부기관의 역할

다음의 정부기관들은 그들의 비상계획에 따라 적절한 역할을 수행하여야 한다.

　　　　ⓐ 정부 사고조사 요원

　　　　ⓑ 보건 및 복지후생

　　　　ⓒ 우체국

　　　　ⓓ 세관

　　　　ⓔ 법무부

　　　　ⓕ 농림부

　　　　ⓖ 공공근로

　　　　ⓗ 환경기관

4.1.10 홍보기관의 역할

4.1.10.1 모든 기자들은 공항비상사태를 담당하는 인가된 기자들을 위한 지정된 보도 대기지역으로 집결한다. 이곳에서 다음과 같은 사항이 제공된다.

　　　　ⓐ 브리핑

　　　　ⓑ 통신

　　　　ⓒ 필요시 사고현장에 왕복할 수 있는 수송업무

4.1.10.2 프레스카드를 소지한 기자, 프리랜서 리포터와 사진기자들만이 브리핑지역과 지정된 보도 대기지역 또는 사고현장으로의 수송이 허용된다.

4.1.10.3 일반적으로 항공기 사고와 관련된 보도자료 배포의 책임은 다음과 같은 사람이어야 한다.

　　　　ⓐ 공항당국이 지정한 홍보담당자

　　　　ⓑ 관련된 항공기 운영자의 대표자

4.1.10.4 어떠한 상황에서도 모든 구조활동이 종료될 때까지는 인명구조나 소방업무에 포함되지 않는 기자나 기타 요원들은 안전선 안으로 들어가도록 허용 되서는 안 된다. 안전선의 설치는 구조 활동이 허용하는 최대한까지 방송을 담당하는 사람들을 고려하여야 한다.

4.2 공항외부에서의 항공기 사고

4.2.1 일반사항

상호지원 비상사태협정 뿐만 아니라 공항비상계획은 공항외부에서 발생한 항공기 사고에 대해서도 즉각 이행할 수 있어야 한다. 이런 종류의 비상사태를 위하여 대응기관은 아래의 4.2.2부터 4.2.11에 기술된 역할을 수행하여야 한다.

4.2.2. 초기 통보

공항 밖에서의 사고에 대한 초기 통보는 보통 지방경찰, 소방대 또는 경보 및 출동센터에서 실시한다. 경보 및 출동센터는 비상

사태의 성질에 따라 적절한 대응기관에 알려주는 비상상황을 위한 중앙화된 통보시스템이다.

4.2.3 항공교통관제기관의 역할

4.2.3.1 경보통신시스템을 이용하여 비상사태 대응을 개시.

4.2.3.2 그 지역에 사법권을 가지고 있고, 사고지역에 대한 정보를 제공하고, 격자지도와 기타 다른 필수적인 사항을 제공하는 비상업무기관에 통보. 이런 세부사항은 사고 시간과 관련된 항공기 기종을 포함한다. 탑승객수, 탑재연료, 항공기 운영자와 기내의 위험물질과 알 수 있다면 위험물질의 양과 위치를 포함한 세부 사항을 제공하여 이 정보를 확대할 수 있다.

4.2.3.3 공항 구조 및 소방업무, 경찰과 보안업무, 공항당국과 의료업무기관에게 공항비상계획 절차에 따라 통보를 하고 관련 격자지도 제공.

4.2.3.4 필요하다면 가능한 빨리 다음과 같은 항공고시보 (NOTAM) 발령

"공항 구조 및 소방업무는 추후 통보가 있을 때까지 (　) 등급으로 하향조정"

4.2.3.5 위의 역할이 완료되면 서면 체크리스트로 통보시간과 역할완료자의 이름을 기재하여 확인.

4.2.4 공항 구조 및 소방기관의 역할

4.2.4.1 공항 밖 항공기 사고의 통보는 보통 항공교통관제, 지방경찰 또는 지방 소방대로부터 받는다. 지정된 차량은 상호지원 소방대 협정에 따라 출동한다.

4.2.4.2 공항 구조 및 소방기관은

　　　ⓐ 진출입도로를 책임지고 있는 지방경찰과 협조하여 공항 밖 사고현장으로 가장 적절한 경로를 통하여 출동한다.

　　　ⓑ 상호지원 소방대와 협조한다.

　　　ⓒ 출동 중에 다음과 관련한 지역에 관할권을 가지고 있는 소방대와 정보를 교환한다.

　　　　① 집결지/대기지역

　　　　② 대처할 인력 및 장비

　　　　③ 기타 적절한 정보

4.2.4.3 선임 공항소방대장은 그 지역에 관할권을 가지고 있는 소방대의 선임대장에게 보고하고 지시를 요청한다.

4.2.4.4 어디에서 항공기나 건물의 화재를 진압할 장비를 잘 갖추고 있는지에 따라 공항 구조 및 소방대, 지방 소방대와 상호지원 소방대는 사전 협정을 체결하여야 한다. 추가적으로 항공기와 공항건물이 포함된 사고시 어느 기관이 지휘권을 가질 것인지 협정을 하여야 한다.

4.2.5 경찰과 보안기관의 역할

4.2.5.1 현장에 도착한 선임 보안/경찰은 보안에 대한 책임자가 되고, 비상차량을 위한 진출입 도로에 자유로운 교통차선을 설치하고, 필요에 따라 지원을 요청한다. 그 지역의 사법권을 가지고 있는 법률집행기관이 임무를 면해줄 때까지 보안지휘권을 가지고 있는다.

4.2.5.2 교통흐름과 현장보안의 책임은 일차적으로 경찰과 보안 요원에게 있다. 그들은 사고위치와 적절한 진출입 방법을 통신센터에 통보하여야 한다. 현장지휘자와 협의한 후에

출동하는 비상차량을 지원하기 위하여 교통통제 수단을 강구하여야 한다.

4.2.5.3 보안요원 및 경찰관은 사고현장 주변의 교통을 통제하고 사고현장 주변에 흩어져 있는 물질들이 교통을 방해하지 않도록 정리하여야 한다.

4.2.5.4 비상사태 현장은 방해자, 기자, 구경꾼 및 기념품 수집광들을 접근하지 못하도록 가능한 빨리 경계선을 설치한다. 모든 사람들이 현장에 접근 시 치명적인 부상을 당할 수 있는 위험이 있다는 것을 알 수 있도록 적절한 표시를 하여야 한다. 연료의 발화를 방지하기 위하여 사고현장 100m 내에서 폭발물질을 사용하여서는 안된다.

4.2.5.5 모든 보안점검 지역과 지휘소 또는 비상운영센터간의 통신은 가능한 빨리 사용 가능하여야 한다.

4.2.5.6 기타 다른 기관에의 통보도 가능하면 빨리 수행되어야 한다.

4.2.5.7 통제기관은 식별완장, 현장출입증, 인식표 등을 발행하고 보안 및 경찰관이 점검하여야 한다.

4.2.5.8 비행자료와 조종사 음성기록장치를 보호하고, 우편물을 보호하고, 혹시 있을 수 있는 위험물질을 안전하게 하고, 필요시 방사능 유출로부터 인명을 보호하기 위하여 특수한 보안조치가 필요할 수 있다.

4.2.6 공항당국의 역할

주변기관과의 비상사태 상호지원 협정으로 공항당국은 다음과 같은 역할을 수행한다.

ⓐ 사고현장에 출동
ⓑ 공항 비상운영센터와 이동 지휘소 개설
ⓒ 공항 밖 사고의 지휘권을 가지고 있는 사법기관의 요청에 따라 비상지원 확대
ⓓ 관련된 항공기 운영자에게 통보
ⓔ 그림 8-2에 나와 있는 기타 기관들에게 통보
ⓕ 의료장비와 인력을 제공

4.2.7 의료업무기관의 역할

4.2.7.1 민방위와 지역기관은 보통 의료대응 조치반을 결성하는 것을 책임지고 있다. 그러나 공항 내 의료업무기관으로부터의 의료조치는 공항 밖에서의 사고가 대형사고일 때 이용할 수 있다.

4.2.7.2 주변기관과의 상호지원 비상협정에 따라 공항당국은 요청 받거나 유용하다면 의료장비, 공급품(즉, 구급장비, 들것, 바디백, 이동 보호소 등)과 구급요원 보조자를 사고현장에 제공할 수 있다.

4.2.8 병원의 역할

4.2.8.1 의사, 간호사와 수술실, 집중보호와 수술팀은 항공기 사고를 포함한 비상상황에서 사용할 수 있도록 확보한다.

4.2.8.2 그들은 도착하여 부상자들에게 의료서비스 제공.

4.2.9 항공기운영자의 역할

4.2.9.1 항공기운영자의 선임대표나 지명된 사람은 책임자와 항공기운영자 활동을 조정하기 위하여 지휘소에 보고한다.

4.2.9.2 항공기운영자의 선임대표는 탑승여객, 비행승무원 보충과 위험물질의 존재 및 적재위치에 관한 정보를 제공한다. 위험물질이란 폭발물, 압축 또는 액화가스(발화성 또는 독성이 있는), 인화성 액체 또는 고체, 독극물, 전염물, 방사성물질 또는 부식성물질 등을 포함한다. 위험물질과 관련한 정보는 가능한 빨리 소방대장과 의료조정자에게 알려야 한다.

4.2.9.3 선임 항공기운영자 대표자는 부상당하지 않은 사람을 사고현장에서 지정된 대기지역으로 수송을 위해 필요한 준비를 하여야 한다. 현장에서 "보행 가능한 부상자"의 수송은 의료조정자와의 협의 후에 실시하여야 한다.

4.2.9.4 항공기운영자 직원은 지정된 부상당하지 않은 사람들 대기 장소로 출동한다. 이 대기 장소에서 선임 항공기운영자 대표자는 직원들 중에서 접수자, 등록자와 복지후생담당자를 지정한다.

4.2.9.5 부상당하지 않은 사람들 대기 장소의 지휘를 맡고 있는 항공기운영자 대표자는 추가적인 의료서비스, 보급품, 의류, 전화시설 등의 준비를 위한 감독을 하여야 한다.

4.2.9.6 접수자는 사고현장에 도착하면 수송차량을 만나서 수속받을 등록데스크로 여객들을 인도하여야 한다. 접수자는 화장실, 전화, 의류, 음료수 등과 같은 지원 시설이 어디에 있는지를 알고 있어야 한다.

4.2.9.7 등록자는 분명한 여객의 이름을 기록하고 호텔숙박, 항공교통 또는 기타 수송수단등과 같은 필요한 예약사항을 결정한다. 등록자는 여객의 육체적/정신적 상태와 잠정계획을 알려야 할 사람들 목록을 작성하여야 한다. 등록자는 신원확인 꼬리표나 스티커를 여객에게 부착한다. 등록자는 등록이 끝나면 여객을 복지후생담당자에게 인도한다.

4.2.9.8 항공기 운영자 또는 대표자는 항공기 사고를 다음 기관들에게 알려야 한다.

ⓐ 사고조사기관
ⓑ 보건 및 후생기관
ⓒ 세관
ⓓ 법무부
ⓔ 우체국
ⓕ 환경기관

4.2.9.9 선임 항공기운영자 직원은 친척과 친구들에게 초기에 통보하는 것을 책임진다.

4.2.9.10 항공기운영자의 보도자료는 공항 홍보담당 직원과 사고에 관련된 기타 기관의 연락관들과의 조정을 통하여 준비한다.

4.2.9.11 항공기 운영자는 항공기 사고조사 기관으로부터 허가를 받은 뒤에 파괴되거나 기동불능항공기의 처리를 책임진다.

4.2.10 정부기관의 역할

다음의 정부기관들은 그들의 비상계획에 따라 적절한 역할을 수행하여야 한다.

ⓐ 정부 사고조사 요원
ⓑ 보건 및 후생
ⓒ 우체국
ⓓ 세관, 법무부, 농림부
ⓔ 환경기관

4.2.11 홍보기관의 역할

4.2.11.1 공항 밖 비상사태에 관한 보도자료 배포의 책임은 다음에 있다.
   ⓐ 항공기 운영자의 대표자
   ⓑ 지휘권이 있는 정부기관이 지정한 홍보직원
   ⓒ 공항당국이 지정한 홍보대표자

4.2.11.2 프레스카드를 소지한 기자, 프리랜서 리포터와 사진기자들만이 브리핑지역과 지정된 보도 대기지역 또는 사고 현장으로의 수송이 허용된다.

4.2.11.3 일반적으로 항공기 사고와 관련된 보도자료 배포의 책임은 다음과 같은 사람이어야 한다.
   ⓐ 공항당국이 지정한 홍보담당자
   ⓑ 관련된 항공기 운영자의 대표자

4.2.11.4 어떠한 상황에서도 모든 구조 활동이 종료되고 현장지휘자나 소방대장이 현장에 들어가는 것이 안전하다고 선포할 때까지는 인명구조나 소방업무에 포함되지 않는 기자나 기타 요원들은 안전선 안으로 들어가도록 허용 되어서는 안 된다.

4.3 완전 비상사태

4.3.1 일반사항
공항비상계획에 포함된 기관들은 "완전 비상사태" 상황에 주의를 하여야 한다. 이것은 공항으로 접근하는 항공기가 사고의 가능성이 있는 위험에 있거나 위험이 예상되는 경우이다.

4.3.2 항공교통관제기관의 역할
4.3.2.1 공항 구조 및 소방대가 예정된 활주로에 맞는 미리 계산한 대기 장소에서 준비하도록 통지하고 다음과 같은 세부사항을 가능한 많이 제공한다.
   ⓐ 항공기 기종
   ⓑ 기내 연료
   ⓒ 장애자, 지체부자유자, 시각 및 청각장애자등과 같은 특별 탑승객을 포함한 탑승객수
   ⓓ 사고종류
   ⓔ 예정 활주로
   ⓕ 착륙 예정시간
   ⓖ 필요시 항공기 운영자
   ⓗ 양과 위치를 포함한 기내의 위험물질

4.3.2.2 공항비상계획에 명시된 절차에 따라 상호지원 소방대와 기타 적절한 기관에 통보하고 필요하다면 사용될 집결지와 공항입구를 제공한다.

4.3.3 기타 기관의 역할
공항 내 항공기 사고에 대응하는 4.1.2부터 4.1.10에서 설명된 다양한 기관의 책임과 역할은 "완전 비상사태"에도 지방운영기관의 요구에 따라 비슷하다.

4.4 지역 대기

4.4.1 일반사항
공항비상계획에 포함된 기관들은 "지역 대기" 상황에 주의를 하여야 한다. 이것은 공항으로 접근하는 항공기에 결함이 있는 것으로 알려지거나, 예상은 되나 안전착륙에는 심각한 위험이 포함되어 있지 않은 위험상황이다.

4.4.2 항공교통관제기관의 역할

공항 구조 및 소방대가 조종사의 요청에 따라 또는 지역 공항협정에 따라 예정된 활주로에 맞는 미리 계산한 대기 장소에서 준비하도록 통지하고 다음과 같은 세부사항을 가능한 많이 제공한다.
   ⓐ 항공기 기종
   ⓑ 기내 연료
   ⓒ 장애자, 지체부자유자, 시각 및 청각장애자등과 같은 특별 탑승객을 포함한 탑승객수
   ⓓ 사고종류
   ⓔ 예정 활주로
   ⓕ 착륙 예정시간
   ⓖ 필요시 항공기 운영자
   ⓗ 양과 위치를 포함한 기내의 위험물질

4.4.3 기타 기관의 역할
공항 내 항공기 사고에 대응하는 4.1.2부터 4.1.10에서 설명된 다양한 기관의 책임과 역할은 "지역 대기"에도 지방운영기관의 요구에 따라 비슷하다.

4.5 공항비상사태와 관련된 비항공기 사고

4.5.1 일반사항
4.5.1.1 공항비상사태에 관련된 비항공기사고에 대처하기 위해 개발된 절차와 기술은 항공기 사고 비상사태를 다루는 기술과 비슷하다. 많은 사람들이 일하거나 모여 있는 어느 장소에서라도 의료 및 화재 비상사태는 발생할 수 있다는 것을 명심하여야 한다. 출발/도착하는 여객과 관광객의 일반지역 활동과 여객편의시설(자동보도와 주차지역, 레스토랑, 바, 수하물처리 및 저장지역 등) 사용에 관련된 노출 때문에 이것은 매우 심각한 문제이다. 추가적으로 공항은 나쁜 의도에 의해 단체나 특정 활동에 대한 반대를 과시하기 위한 장소로 선택될 수 있다.

4.5.1.2 공항당국은 항공여행을 하는 사람들의 다양한 특성 때문에 심장박동정지, 복통, 화상, 창상, 찰과상과 기타 의료문제를 처리할 비상의료 서비스를 준비하여야 한다. 그런 상황은 즉각적인 치료시설과 외부기관과의 상세한 상호지원 계획을 필요로 한다.

4.6 민간항공에 대한 불법적 행위

4.6.1 일반사항
4.6.1.1 불법적 간섭행위를 다루는 절차에 대한 상세한 정보는 ICAO 보안 매뉴얼에 나와 있다. 비상사태에 대응하기 위해 4.1.2에서 부터 4.1.10까지 설명된 다양한 기관의 책임과 역할은 필요에 따라 지방운영기관의 요구와 ICAO 보안매뉴얼에 기술된 절차에 따라 개발되어야 한다.

4.6.1.2 사보타지나 불법적 납치의 위험이 있는 항공기는 불법적 행위가 끝날 때까지 격리된 항공기 주기장에 주기시켜야 한다. 그런 지역은 부속서 14에 명시된 것처럼 다른 항공기 주기장, 건물 또는 기타 공공장소에서 최소 100m는 떨어져서 위치하여야 한다. 그런 경우에 여객청사에서 제공되는 탑승교의 도움 없이 여객을 대피시킬 필요가 있다. 현장으로 이동할 수 있는 이동탑승교를 사용할 수 있고 그렇지 않으면 항공기 스탭카 또는 항공기 슬라이드를 사용할 수 있다.

4.7 위험물을 포함한 사고

4.7.1 일반사항

4.7.1.1 위험물을 포함한 사고를 처리하기 위한 절차의 상세한 정보는 ICAO 위험물질을 포함한 항공기 사고에 대한 비상대응지침(Doc9481)에 나와 있다.

4.7.1.2 다양한 종류의 위험물이 항공기에 적재될 수 있다. 위험물이란 폭발물, 압축 또는 액화가스(발화성 또는 독성이 있는), 인화성 액체 또는 고체, 독극물, 전염물, 방사성물질 또는 부식물질 등을 포함한다. 위험물질이 들어있는 화물은 공항 화물청사, 항공기 적재트랩, 기내의 화물칸 등에 있을 수 있다. 구조 및 소방요원은 위험물의 잠재적 위험성을 인지하고 있어야 하고 관련되는 비상사태를 처리할 준비를 하여야 한다. 위험물질을 수송하는 항공기가 관련된 사고는 그런 화물의 존재가 즉시 알려지지는 않지만 특별한 구조 및 화재통제 문제를 일으킨다. 항공기운영자는 사고에 관련된 항공기에 위험물의 존재 또는 존재 가능성을 즉시 보고하여야 한다. 위험물이 들어있는 화물은 다이아몬드 모양의 위험물질 표시 라벨을 구별할 수 있게 하여야 한다. 구조 및 소방요원은 다양한 라벨을 인지하고 있어야 한다.

4.7.1.3 방사능물질이 들어 있는 화물이 찢겨져서 누출이 발생했다면, 그 지역의 근처로 지나가거나 통과하여 가는 차량이나 사람들은 오염될 수 있다. 만일 방사능 물질이 누출되었다면 바람이나 항공기 엔진의 뜨거운 열로 인해 방사능 물질을 먼 지역까지 퍼지게 하여 광범위한 지역을 위험하게 할 수 있다. 비상계획 절차에 대응요원과 장비를 소독하기 위한 준비를 포함시켜야 한다. 방사능물질이 들어있는 화물이 손상되었다면 방사능전문가의 지원이 지체 없이 요구된다. 그런 지원을 제공할 수 있는 가장 적절한 기관이 결정되어야 한다. 이것은 3.1.1에 열거되어 있는 기관들 중의 하나가 될 것이다.

4.7.1.4 항공기 탑승객이나 구조요원의 건강에 손상을 주거나 영향을 줄 수 있는(특히 방사능, 병원균 또는 독성물질) 손상된 컨테이너가 발견된 곳에는 특별한 예방조치가 취해져야 한다. 그런 특별한 문제를 처리하는 훈련을 받은 요원이 활용되어야 한다. 손상된 위험물질 화물이 발견되면, 특히 그것이 방사능, 전염성 또는 독성 물질이라면, 항공기 탑승객과 구조요원의 건강을 안전하게 하기 위한 사전 조치가 취해져야 한다. 소방대원과 기타 구조요원들은 발생할 수 있는 특수한 위험상황을 처리할 수 있는 훈련을 받아야 한다.

4.7.1.5 방사능물질인 경우로 의심이 가는 경우에 다음과 같은 절차를 따라야 한다.
ⓐ 가장 가까운 핵에너지 시설, 방사능시설이 있는 병원, 군대 또는 민방위대는 방사능팀을 현장으로 급파시키도록 한다.
ⓑ 방사능 물질과 접촉한 사람은 방사능팀이 검사할 때까지 격리시킨다.
ⓒ 의심가는 물질이 확인되어야 하나 공인요원이 검사 및 공개하고 나서 처리한다. 사고현장에서 사용된 의류와 장비는 방사능비상팀이 공개 할 때까지 격리시킨다.

ⓓ 오염된 것으로 의심이 가는 음식물과 음료수는 사용해서는 안 된다.
ⓔ 적절한 복장을 갖춘 구조 및 소방요원만이 현장에 남아 있고, 기타 다른 사람들은 현장에서 가능한 멀리 떨어져야 한다.
ⓕ 모든 병원에게 방사능 물질이 포함되어 있음을 알려서 병원에 방사능 해독실을 설치할 수 있도록 한다.

4.7.1.6 모든 종류의 운송수단에 의한 방사능물질 수송에 관한 기본 규정은 국제원자력기구(IAEⓐ에서 발행하였다. 이 규정은 많은 국가들의 규정에 기본이 되고 있다.

4.7.1.7 병원균 또는 독성물질에 의해 오염이 의심가는 음식과 음료수는 사용하여서는 안된다. 공중보건 및 동물보건 당국은 즉시 이 사실을 알려야 한다.

4.7.1.8 위험물에 노출된 부상자나 사람들은 발생현장에서 격리하여 적절한 치료를 위해 의료시설로 가능한 빨리 수송해야 한다.

4.7.1.9 많은 발행물들이 위험물처리를 다루는데 사용되고 있다. 이것은 ICAO 항공에 의한 위험물의 안전한 수송을 위한 기술적 지침(Doc9284), IATA 위험물 규정, IAEA 방사능물질의 안전한 수송을 위한 규정과 방사능 물질을 포함한 교통사고에 대한 비상대응계획 등이다. 소방대에 유용한 것으로 미국 국가소방협회의 위험물에 대한 화재 보호 지침이 있다.

4.8 자연재해

4.8.1 일반사항

4.8.1.1 공항이 영향을 받을 수 있는 자연재해는 폭풍, 지진과 해일이다. 이런 것들에 대한 공항의 취약성은 지리적 영향을 받는다. 왜냐하면 더 위험한 사고들이 어떤 지역이나 지대로 한정되기 때문이다. 자연재해를 막을 방법은 없기 때문에 피해를 최소화하고 항공기 운영의 조속한 재개를 위한 행동을 취해야 한다.

4.8.1.2 기상형태의 개발, 폭풍의 예견과 진행방향과 잠재적 위험을 대중에게 알리는 업무는 보통 그 지역의 기상대에서 수행한다.

4.8.1.3 공항비상계획은 초기 보호방법, 지역 재난에 관련 있는 비상보급품, 인명 대피소와 폭풍 후의 청소 및 복구를 위한 준비를 하여야 한다.

4.8.1.4 폭풍경보를 받자마자 공항에 주둔하는 모든 항공기 소유자에게 통보하여야 한다. 경보는 공항으로 운항중인 조종사에게도 알려야 한다. 항공기 소유자와 조종사는 그들 항공기에 대한 책임을 지고 있다. 가능하면 지상의 모든 항공기는 폭풍지역 밖의 공항으로 대피시켜야 한다. 비행중인 항공기는 대체 목적지로 회항하도록 한다. 대피할 수 없는 지상의 항공기는 바람을 정면에서 받을 수 있도록 엄호물 밑에 두거나 묶어야 한다.

4.8.1.5 발전설비의 손상 또는 전송선의 절단 등에 의한 전력중단은 자연재해 기간중에 빈번히 발생한다. 심한 폭풍지역에 위치한 공항은 대기 발전기를 준비하거나 2중 동력원을 준비하여 전력공급 중단을 최소화 할 수 있는 방법을 강구하여야 한다.

4.8.1.6 강풍에 의해 날아갈 수 있는 모든 헐거운 물건들을 모으거나 안전하게 하기 위한 건물보호를 책임지는 특별 요원을 비상계획에 포함시켜야 한다. 범람의 가능성이 있으면 모래주머니를 쌓거나 채워 놓을 필요가 있다.

4.8.1.7 자연재해는 지진, 홍수, 해일 등에 사용하기 위한 많은 양의 특수 장비를 필요로 한다. 각 개별 기관으로서 사용 가능한 비상보급품의 양과 종류를 조사하여 지역에서 필요한 보급품의 확정목록을 제공하도록 하여야 한다.

4.9. 수역과 가까운 공항의 비상사태

4.9.1 일반사항

많은 공항들은 추가적인 비상업무가 필요한 대형 수역에 근접한 곳에 위치하고 있다. 항공기가 급속히 가라앉아 익사의 위험 상황이 되거나 탑승객의 저체온증이 주요 문제가 된다. 일부 항공기는 구명조끼, 부대 또는 슬라이드 등의 장비가 갖춰지지 않고 있다. 공항을 정기적으로 사용하는 대형항공기의 탑승객을 수송하는데 충분한 부력장치는 신속히 배치할 수 있는 수륙양용 구조 차량으로 사용할 수 있다.

제5장 비상운영센터 및 이동 지휘소

5.1. 일반사항

고정된 비상운영센터는 각 공항에서 비상상황을 처리하는데 이용되어야 한다. 특정 비상상황은 현장의 이동 지휘소를 필요로 하는데 통상적으로 공항당국의 현장지휘관의 지휘 하에 있다.

5.2 비상운영센터

5.2.1 이 시설의 주요 특징은 다음과 같다.
    ⓐ 고정된 장소
    ⓑ 항공기 사고 및 준사고를 담당하는 이동지휘소에서 현장지휘자를 지원
    ⓒ 항공기의 불법적 납치 및 폭탄위협에 대한 지휘, 조정 및 통신센터
    ⓓ 24시간 운영

5.2.2 비상운영센터의 위치는 이동지역과 격리된 항공기 주기장이 잘 보이는 곳이면 어느 곳이나 가능하다.

5.2.3 이동지휘소는 모든 지휘 및 통신기능과 잘 협조되어야 한다. 비상운영센터는 사고/준사고, 항공기의 불법적 납치 그리고 폭탄위협 사건에 지원과 조정을 하는데 사용하기 위하여 공항에 지정한 지역이다. 이 센터는 운용할 때에 이동지휘소를 포함하여 비상사태에 관련된 적절한 기관들과 통신하기 위한 필요장비와 인원을 갖추고 있어야 한다. 통신 및 전자장비는 매일 점검하여야 한다.

5.3 이동지휘소

5.3.1 이동지휘소는 협력기관장들이 정보를 받거나 제공하고 구조작업과 관련된 결정을 내리는 곳이다. 이 시설의 특징은 다음과 같다.
    ⓐ 신속히 배치할 수 있는 이동시설이다.

    ⓑ 항공기사고/준사고를 위한 지휘, 조정 및 통신센터로 사용된다.
    ⓒ 항공기 사고/준사고 기간 동안 운영된다.
    ⓓ 바람과 지형상황에 따라 적절하게 위치를 잡는다.

5.3.2 사고/준사고가 발생하면 지정된, 잘 보이고 쉽게 찾을 수 있는 이동 지휘소가 급선무이다. 이동지휘소는 가능한 빨리 설치되어야 하고 소방 및 구조 활동과 동시에 설치되는 것이 바람직하다. 이동지휘소에 보고하는 개별 기관들이 각각의 임무를 수행하기 전에 상황을 적절히 보고 받을 수 있도록 하기 위하여 지휘의 연속성은 유지되어야 한다.

5.3.3 이동지휘소는 비상운영센터를 포함하여 비상사태에 관련된 모든 기관과 통신을 할 수 있도록 필요한 장비와 인원을 갖춰야 한다. 통신 및 전자장비는 매달 점검하여야 한다.

5.3.4 여러 개의 라디오 주파수와 전화기를 사용하는 지휘소에서 여러 다른 기관들이 같이 일하기 때문에 생기는 혼란과 오전달을 제거하기 위하여 각 참여자가 헤드폰을 끼거나 소음흡수 칸막이를 사용하여 볼륨의 소음을 제거하는 것이 필수적이다.

5.3.5 지도, 차트, 기타 관련 장비와 정보는 이동지휘소에서 즉시 활용할 수 있어야 한다.

5.3.6 이동지휘소 위치는 가지각색의 깃발, 색깔 있는 교통삼각봉, 풍선 또는 회전하는 전등과 같은 눈에 띄는 표시를 준비하여 쉽게 인지할 수 있어야 한다.

5.3.7 부지휘소를 설치하는 것이 필요할 수 있다. 이것이 필요할 때 한 장소는 부지휘소와 적절한 통신망과 함께 "주" 지휘소로서 지정되어야 한다.

제6장 격계획의 지휘자와 조정자

6.1 일반사항

6.1.1 일단 사고가 발생되면, 구조 및 소방대운영의 초기 지휘와 통제는 공항 구조 및 소방대 요원에게 책임이 있다. 구조 및 소방요원들이 현장에 처음으로 도착할 것이다. 그러므로 일정기간동안 이 요원에게 지휘권이 있는 것이다. 그러나 구조 및 소방요원은 현장지휘자가 도착하자마자 구조 및 소방운영활동에 들어간다. 현장지휘자는 공항 비상계획에 수립되어 있는 것처럼 지휘권을 갖는다. 권한과 지휘책임의 이양은 사전에 비상계획에 포함되어야 하고 적절히 연습을 실시할 필요가 있다.

6.1.2 공항 밖 사고는 주변기관과 사전에 협정된 상호지원협정에 따른 기관의 지휘와 통제 하에 있다.

6.1.3 계획은 특수한 기능을 수행할 기타 조정자를 지정하도록 하고 있다.

제7장 격자지도

7.1 개요

7.1.1 공항과 그 주변의 상세한 격자지도(개정일자 포함)가 비상 운영센터에 제공되어야 한다. 동일한 소규모 지도가 관제탑, 소방대, 구조 및 소방차량과 비상사태에 대응하는 기타 지원차량에서 사용되어야 한다. 복사본은 계획에 관련된 기관들에게도 배포되어야 한다.

7.1.2 두 가지의 격자지도가 제공되는 것이 바람직하다. 하나는 공항접근도로, 용수지의 위치, 집결지, 대기지역 등이 표시된 지도이다. 다른 지도는 주변지역을 나타내고 있고, 공항 중심에서 반경 8km 이내에 있는 적절한 의료기관, 접근도로, 집결지 등이 기술되어야 한다

7.1.3 하나 이상의 격자지도가 사용되는 경우에 격자지도들이 서로 상충되지 않아야 하는 것은 필수적인 사항이다. 격자지도는 참가하는 모든 기관들에게 동일한 것을 제공하여야 한다. 다른 색깔의 격자를 사용하는 것은 격자지도의 오역을 배제한다.

7.1.4 의료시설 유용성을 나타내는 격자지도는 다른 병원의 잠재적 침대 가용량과 의료 특수시설에 대한 정보를 포함하여야 한다. 각각의 개별적인 병원의 수를 세어야 하고, 특수한 처리는 침대, 인원 등과 같은 명백한 자료와 함께 표시되어야 한다.

7.1.5 격자지도가 갱신될 때마다 개정된 격자지도를 모든 참가 기관들에게 배포하여야 하고 구 지도는 폐기하여야 한다.

제8장 연락해야 할 기관에 대한 정보

8.1 일반사항

8.1.1 통제흐름도는 비상사태 시 신속한 통신을 하는데 도움이 된다. 물론 여기에는 필수적인 전화번호를 포함하여야 한다. 분리된 통제흐름도는 계획에 포함되어 있는 비상사태의 유형에 따라 개발되어야 한다. 통보방법은 공항비상계획에 명백하게 명시되는 것이 중요하다.

8.1.2 전화번호는 매월 점검하여야 하고 변경이 발생하면 갱신된 리스트를 배포하여야 한다. 변경이 있을시 단 한 페이지만 재배포하기 위하여 각 통제흐름도는 한 장에 포함되어야 하고 날짜를 기입한다. Fueling

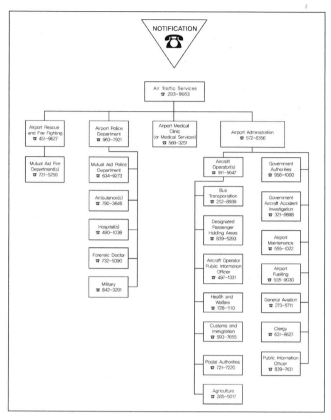

그림 8-1. 흐름도 – 공항에서의 항공기 사고

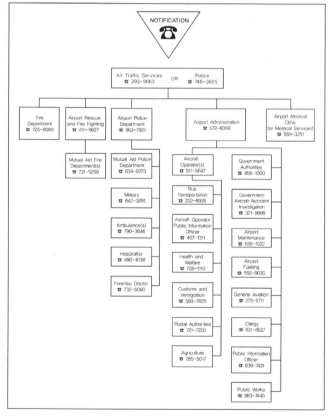

그림 8-2 흐름도 – 공항 밖에서의 항공기 사고

제9장 사상자 분류 및 의료치료

9.1 항공기사고 시 부상자치료를 위한 즉각적인 필요

항공기 사고 후에, 훈련된 구조요원들에 의해 즉각적인 의료 활동이 제공되지 않는다면 많은 생명을 잃을 수 있고 부상자들은 더욱 악화될 수 있다. 생존자들은 상태에 따라 분류를 하고, 필요한 비상 의료지원을 제공한 다음 즉시 적절한 의료시설로 보내야 한다.

9.2 분류원칙(모든 비상사태)

9.2.1 "분류"란 치료와 수송을 위한 우선순위를 결정하기 위하여 부상자를 분류하고 등급을 주는 것이다.

9.2.2 부상자는 4단계로 구분한다.

Ⅰ등급 : 즉시 치료

Ⅱ등급 : 차후 치료

Ⅲ등급 : 경미한 치료

Ⅳ등급 : 사망

9.2.3 현장에 맨 처음 도착한 자격이 있는 의료 훈련을 받은 요원은 즉시 초기 분류를 실시하여야 한다. 이 사람은 좀 더 능숙한 사람이나 지정된 공항분류요원이 오기 전까지 분류작업을 계속 수행하여야 한다. 희생자는 명확한 치료를 받기 전에 분류지역에서 치료 대기지역으로 이동시켜야한다. 부상자는 치료대기지역에서 안정을 취한 다음 적절한 시설로 이송되어야 한다.

9.2.4 1등급 부상자들이 우선 치료를 받아야 하고 안정을 찾았을 때 앰뷸런스 수송의 우선권을 받도록 모든 노력을 기울여야 한다. 이것은 분류요원에게 책임이 있다.

9.2.5 분류는 현장에서 가장 효율적으로 수행되어야 한다. 그러나 사고현장의 상황에 따라 분류를 하기 전에 즉각적인 부상자의 이송이 필요할 수도 있다. 그런 경우에 부상자는 가능한 가까운 거리로 이동하고, 소방작업을 하는 곳으로부터는 충분히 거리를 두고, 현장으로부터 맞바람을 받거나 오르막 쪽으로 이동하여야 한다(표 9-1참조).

9.2.6 부상자의 분류는 부상자를 분류하여 지정된 병원으로 수송하는 데 도움이 되는 부상인식표 사용을 포함하여야 한다. 이 기술은 특히 다국적 언어를 사용하는 상황에 적합하다.

9.3 표준화된 부상인식표와 사용법

9.3.1 표준화된 인식표가 필요하다. 부상인식표는 가능한 단순한 색상과 기호로 표준화되어야 한다. 인식표는 대량 부상자를 신속하게 처리하는 데 도움을 주고 부상자들을 의료시설로 신속하게 이송할 수 있게 한다.

9.3.2 인식표 도안. 표준화된 인식표는 들어갈 최소한의 정보를 필요로 하며, 나쁜 날씨에서도 사용할 수 있어야 하고 방수가 되어야 한다. 인식표의 실례가 부록8에 나와 있다. 인식표에는 다음과 같은 부상자의 의료 우선등급을 나타내는 숫자와 기호가 표시되어 있다.

Ⅰ등급 또는 즉시 치료 : 빨간색 인식표,
로마숫자 Ⅰ,
토끼 기호

Ⅱ등급 또는 차후 치료 : 노란색 인식표,
로마숫자 Ⅱ,
거북이 기호

Ⅲ등급 또는 경미한치료 : 녹색 인식표,
로마숫자 Ⅲ,
X기호와 함께
앰뷸런스 기호

Ⅳ등급 또는 사망 : 검정색 인식표

9.3.3 인식표를 사용할 수 없는 곳에서 부상자는 접착테이프나 이마 또는 노출된 피부에 우선순위 또는 치료필요성 등을 로마숫자를 이용, 직접 표시하여 분류된다. 표시하는 펜을 이용할 수 없을 때는 립스틱이 사용될 수 있다. 끝이 펠트로된 펜은 빗물이나 눈에 번질 수 있고 낮은 온도에서 얼 수 있기 때문에 사용하여서는 안 된다.

9.4 치료원칙

9.4.1 심각한 부상자의 안정을 현장에서 취해야 한다. 안정을 취하기 전에 심각한 부상자의 즉각적인 수송은 피해야 한다.

9.4.2 공항이나 그 주변에서 사고가 발생하면 구조 및 소방요원은 보통 현장에서 첫 번째 비상요원이 된다. 이들은 심각한 부상자들은 가능하면 빨리 자리를 잡고 안정을 취하는 것이 급선무라는 것을 알고 있어야 한다. 화재진압 또는 방재에 모든 구조 및 소방요원들이 필요하지 않는 경우에 가용 인원은 외상 치료전문자격이 있는 요원의 지휘에 따라 현장에서 부상자가 안정을 취할 수 있도록 하여야 한다. 첫 번째로 대응하는 구조차량에는 부상자 치료장비의 초기 공급품을 구비하여야 하며, 이런 장비는 인공 통풍로, 압박붕대, 붕대, 산소와 기타 질식환자와 심한 외상환자의 안정을 취하는데 필요한 장비를 포함하고 있다. 구조 및 소방요원들이 충분한 산소를 사용할 수 있도록 준비하여야 한다. 그러나 연료가 누유되었거나 연료가 묻은 옷이 있는 곳에서는 폭발 위험 때문에 산소를 사용하여서는 안된다.

9.4.3 의료치료를 시작한 첫 몇 분 동안 취해진 역할은 좀 더 전문적인 의료치료가 가능할 때까지 부상자를 안정시켜야 한다. 전문적인 외상치료팀이 도착하면 좀 더 정교한 의료치료(심장 소생 등)가 제공된다.

9.4.4 분류절차와 그 후속 의료치료는 단일 기관, 지정된 의료조정자의 지휘 하에 행하여져야 한다. 이에 앞서, 지휘하는 구조 및 소방대장이 지정한 개인에게 분류지휘권이 주어지며 사전 지정된 의료 조정자가 지휘권을 면해줄 때까지 계속 지휘한다.

9.4.5 의료조정자는 사고의 모든 의료 측면에 대한 책임을 지고 있고 현장 책임자에게 직접 보고하여야 한다. 의료조정자의 우선 기능은 부상자를 치료하는 의료팀의 참가자로서가 아닌 관리자 기능이다.

9.4.6 의료조정자를 쉽게 구분할 수 있는 방법으로 흰색 안전모와 앞, 뒤에 번쩍거리는 붉은색 글씨로 "의료조정자"라고 쓰여진 눈에 잘 띄는 코트나 조끼를 의료조정자는 입어야 한다.

9.4.7 Ⅰ등급(즉시 치료) 부상은 다음의 부상형태를 포함한다.
　　ⓐ 대형 출혈
　　ⓑ 심각한 질식
　　ⓒ 가슴과 목-턱뼈 등 안면부 부상
　　ⓓ 혼수상태의 두개골 외상과 급작스런 쇼크
　　ⓔ 복합골절
　　ⓕ 심한 화상(30% 이상)
　　ⓖ 충돌 부상
　　ⓗ 기타형태의 쇼크
　　ⓘ 척추부상

9.4.8 다음과 같은 행동이 권고된다.
　　ⓐ 응급치료(숨통 이물질 제거, 지혈패드를 사용한 출혈 방지, 회복장소로 부상자 이동)
　　ⓑ 인공호흡으로 소생
　　ⓒ 연료 또는 연료가 묻은 옷이 있는 지역을 제외한 곳에서 산소공급
　　ⓓ 대피소로 부상자 안치

9.4.9 Ⅱ등급(차후 치료) 부상은 다음의 부상형태를 포함한다.
　　ⓐ 질식이 없는 흉부 외상
　　ⓑ 팔다리의 폐쇄골절
　　ⓒ 부분 화상(30%이하)
　　ⓓ 혼수상태나 쇼크가 없는 두개골 외상
　　ⓔ 부드러운 부분의 부상

9.4.10 생명을 유지하기 위해 즉각적인 비상 구급치료를 요하지 않는 부상자의 치료는 Ⅰ등급 부상자들이 안정을 취한 후로 미룰 수 있다. 최소한의 현장치료 후에 Ⅱ등급 부상자를 수송하여야 한다.

9.4.11 Ⅲ등급(경미한 치료) 부상자들의 치료. 이런 종류의 부상자는 단지 경미한 치료만을 요한다. 사고/준사고는 여객이 경미한 부상을 입거나 부상이 없는 경우로 발생하거나 부상자가 발생하지 않을 수도 있다. 이런 부상들은 기타 급선무와 상황진행에 방해를 할 수 있으므로 사고/준사고 현장에서 재검진을 받기 위한 지정된 대기지역으로 수송을 하는 것이 중요하다.

9.4.12 치료, 안정과 Ⅲ등급부상자의 구별을 위한 준비를 하는 것이 중요하다. 이것은 공항운영, 항공기 운영자(포함된 곳에서) 또는 국제구조기구(적십자 등)등에서 준비하여야 한다. 빈 격납고, 여객청사내의 지정장소, 소방대 또는 적절한 규모의 가용시설(호텔, 학교)등과 같은 특별 처리지역이 이런 목적으로 사전 지정되어야 한다. 이런 지역으로 선택된 곳은 냉/온방시스템, 전기 및 동력, 급수, 전화 및 화장실 시설을 갖추고 있어야 한다. 사고가 발생했을 때 이동거리와 수요공간(부상자 수를 포함)의 기준에 따라 가장 적절한 지역이 선택될 수 있도록 사전선택된 지역을 활용하여야 한다. 모든 항공기 운영자 직원과 공항 입주자들은 그런 지정된 시설의 위치를 알고 있어야 한다.

9.5 부상자들 흐름 통제

9.5.1 부상자는 적절한 장소에 있으며 쉽게 구별이 되는 4개 지역을 통과하여야 한다.

　　ⓐ 모집지역-잔해에서 심각한 부상자들의 초기 모집을 수행하는 지역. 사고형태와 사고지역 주변의 환경에 따라 이 지역 설치의 필요성이 결정된다. 부상자의 관리는 이 지역에서 구조 및 소방요원에서부터 의료업무 기관으로 보통 이양된다. 그러나 대부분의 경우에 이양은 분류지역에서 이행된다.
　　ⓑ 분류지역-분류지역은 화재나 연기에 노출을 피하기 위해 사고지점에서 맞바람이 부는 쪽으로 최소 90m 정도 떨어져 있어야 한다. 필요하다면 하나이상의 분류지역이 설치될 수 있다.
　　ⓒ 치료지역-초기에 치료지역은 하나 준비되어 있다. 차후에 3개의 부상등급에 따라 3개의 지역으로 구분되어야 한다. 즉 즉시 치료(Ⅰ등급), 차후치료(Ⅱ등급), 경미한 치료(Ⅲ등급)로 구분된다. 치료지역으로 구별을 위해 색상표를 사용할 수 있다.(붉은색-즉시치료, 노란색-차후치료, 녹색-경미한 치료). 색깔이 있는 교통삼각뿔, 깃발 등이 사용될 수 있다.
　　ⓓ 수송지역-기록과 급파, 생존자의 후송을 위한 수송지역은 치료지역과 출구도로 사이에 위치하여야 한다. 그러나 하나이상의 수송지역이 있다면 지역 간에 통신장비를 설치하는 것이 필수적이다.

9.5.2 Ⅰ·Ⅱ등급 부상자의 안정과 치료를 위한 이동시설이 권고된다. 이런 시설은 30분 정도 운영하여야 한다. 이들 시설의 구조는 현장으로의 신속한 이송과 부상자를 받는데 신속한 행동을 할 수 있도록 되어있어야 한다. 이들 시설은 다음과 같이 구성되어야 한다.
　　ⓐ 일반 또는 소생 앰뷸런스. 소생앰뷸런스는 Ⅰ등급 부상자에게 좋은 구호소이다. 부상자는 여기에서 치료를 받을 수 있고 차후에 곧바로 병원으로 후송된다.
　　ⓑ 심각하거나 극도로 긴급한 환자를 수용할 수 있는 붉은색 텐트. 난방과 전등시설이 갖추어진 이 시설은 필요한 의료장비와 함께 현장으로 수송될 수 있다.
　　ⓒ Ⅱ등급 부상자를 수용할 수 있는 노란색 텐트. 수송할 수 있는 이동병원 또는 앰뷸런스는 모든 부상자들에게 안정된 치료를 제공하기 위해 사용될 수 있다

제10장 보행 가능한 생존자의 치료

10.1 일반사항

10.1.1 이런 목적을 위해 선택된 공항당국, 항공기 운영자(관련된 곳에서)와 기타 사전 지정된 기관들은 다음과 같은 책임이 있다.
　　ⓐ 공항비상계획에서 사전지정 된 장소로부터 비상사태를 위한 가장 적절한 대기지역을 선택한다.
　　ⓑ 사고현장에서 지정된 대기지역으로 부상당하지 않은 사람들을 위한 수송수단 제공
　　ⓒ 부상당하지 않은 사람들을 검사하고 치료하기 위한 구급전문가로 구성된, 특히 신경 외상과 질식환자를 위한 의사, 간호사 또는 팀을 준비.
　　ⓓ 책임목적을 위한 완전한 여객과 승무원명단 제공
　　ⓔ 부상당하지 않은 사람들과 인터뷰하고 이름, 주소, 차후 72시간 이내에 연락할 수 있는 전화번호 기록

ⓕ 친척과 필요하다고 생각되는 친족에게 연락

ⓖ 지정된 국제구조기구(적십자 등)와 상호조정

ⓗ 비인가자들이나 상황진행에 공식적으로 관련이 없는 자들에 의한 방해를 차단

10.1.2 사고현장에서 지정된 대기지역으로 "보행가능한 부상자"를 버스나 기타 운송수단에 의해서 즉시 후송할 수 있는 사전준비가 마련되어야 한다. 이 계획은 비상사태의 통보 후에 바로 이행되어야 한다. 구급훈련을 받은 간호사나 요원이 대기지역까지 이들과 동행하여야 한다. 모든 여객과 승무원은 신경외상과 질식검사를 받아야 한다. 혹독한 추위에는 그들의 보호와 안정을 위해 추가적인 준비를 필요로 한다.

10.1.3 탈출슬라이드를 이용하여 항공기를 탈출한 여객은 맨발이거나 또는 적절한 옷을 입고 있지 않을 수 있다. 물이나 습지지역에서 항공기 사고가 발생한 곳에서는 사람들은 젖을 수 있고 안정을 못 찾을 수 있다. 이런 문제는 의류, 신발과 즉시 사용할 수 있는 담요를 제공해야 할 것이 예측된다. 저체온증을 막기 위해 온기와 의류를 제공할 수 있는 특별한 대기지역을 준비하는 것이 필요하고, 지정된 이동 대기 장소로 후송되기 전에 검사를 하기 위한 장소로 사용될 수 있다.

10.1.4 국제구조기구와 군 장비는 앞에서 말한 필요사항들을 제공한다.

제11장 사망자 관리

11.1 사망자처리(검정색 꼬리표)

11.1.1 항공기사고 현장에서 사망자를 처리할 때는 증거가 보존되어야 한다. 가장 믿을 만한 증거를 제공하기 위해서는 사고현장이 방해받지 않도록 잘 보존하여 원인과 비슷한 사고발생을 방지할 수 있는 장래 교정활동을 결정하도록 하는 것이 중요하다. 계획은 비상사태 현장에서 사망자를 관리하는 비상대책을 포함하여야 한다. 계획은 법의학 의사와 연락하고 조정하는 책임이 있는 직원을 지정할 필요가 있다. 공항소방요원 및 기타 구조요원은 항공기 사고조사에 사용되는 기술 및 절차와 기본적인 필요성을 이해하고 있어야 한다. 잔해는 적절한 사고조사기관이 도착할 때까지 손대지 않고 보존하여야 한다.

11.1.2 사망자 주변지역은 완전한 보안이 유지되어야 한다. 다수의 사망자 또는 절단된 시체가 있는 지역은 법의학 의사와 항공기 사고조사자 또는 지명된 사람이 오기 전까지 방해받지 않은 상태로 보존되어야 한다.

11.1.3 시체의 잔해를 나르는 들것을 운반하는 사람들이 1회용 비닐장갑과 가죽장갑을 사용할 수 있도록 공급하여야 한다. 1회용 비닐장갑이 적절하지만 이것들은 항공기 파편이나 잔해에 의해 쉽게 찢어지고 헤어진다. 가죽장갑은 찢어지거나 헤어지지는 않는데 신체분비물을 흡수하고 촉각을 떨어뜨린다. 비닐장갑과 가죽장갑 한 켤레씩을 들것 운반자에게 공급하거나 두 명을 한 팀으로 하여 작업시키는 것이 권고된다. 신체조각을 모으는데 사용한 모든 장갑은 나중에 소각시켜야 한다.

11.1.4 잔해의 신체나 신체일부를 옮겨야할 필요가 있으면 잔해 안에 있는 신체나 신체일부의 위치를 나타내는 사진을 찍도록 하고 옮기기 전에 그들 각자의 위치를 스케치하여야 한다. 추가로 꼬리표를 각 신체나 신체일부에 부착하고, 대응꼬리표를 잔해에서 신체일부가 발견된 곳에 부착하여야 한다. 모든 꼬리표를 기록하여 유지하여야 한다. 조종석 부분에는 어떤 방해도 받지 않도록 특별한 주의가 고려된다. 비행통제장치를 옮겨놓을 필요가 있을 때는 옮기기 전에 사진, 그림 또는 메모 등의 작업을 수행하여야 한다.

11.1.5 사망자는 유리시켜야하고 법의학 의사나 적절한 기관이 도착하기 전에 잔해로부터 개인물품을 제거하여 화재나 기타 요소로부터 손상되는 것을 방지하여야 한다. 신체가 옮겨져야 할 때는 사전에 이야기한 주의사항들이 실행되어야 한다. 개인물품 뿐만 아니라 모든 신체를 담을 수 있는 충분한 시체운반용부대(바디백)를 준비하여야 한다.

11.1.6 시체운반용부대(바디백)는 보통 관 공급자, 장의사와 장의용품 장비 공급업체에서 구할 수 있고 근처의 군대에서도 구할 수 있다. 각 공항마다 시체운반용 부대(바디백)를 비축하는 것도 바람직하다.

11.1.7 신체 신원확인과 사망원인 결정은 지정된 기관과 동시에 수행한다. 이 작업은 보통 법의학 팀과 기타 전문가들과의 공조로 이루어진다.

11.1.8 많은 수의 사망자를 낸 사고는 보통 시체공시소 시설에 부담을 너무 많이 지운다. 지체가 되거나 온도가 피부조직의 손상을 유발할 수 있는 지역에서는 냉동저장시설이 사용되어야 한다. 이것은 영구 냉동시설과 냉동트레일러에 의해 제공될 수 있다. 시체검시를 위한 지역은 냉동저장시설 근처에 있어야 하고 높은 등급의 보안이 유지될 수 있도록 준비하여야 한다. 전력과 급수, 초기 시체분류를 위한 넓은 작업시설이 요구된다.

11.1.9 시체공시소는 격리되어 있어야 하고 친척들이나 일반들이 접근하는 지역과 멀리 떨어져 있어야 한다.

11.1.10 사망자의 신원을 확인한 다음 가까운 친족에게 연락을 하여야 한다. 항공기 운영자, 공공서비스기관(국제구조기구와 경찰 등)과 같은 기관들이 활용된다.

11.1.11 사고조사팀은 보통 시체검시, 승무원들과 특별한 경우에는 여객의 독극물 분석을 요구하는 권한과 필요성을 가지고 있다. 이런 테스트에 대한 필요성은 신체를 방면하기 전에 결정되어야 한다.

11.1.12 비상사태가 실시되자마자 소방 및 구조에 참가하는 모든 요원들은 브리핑을 받아야 한다. 적절한 기관은 그들의 관찰을 기록하여야 한다. 원래의 위치에서 이동된 신체와 일부분의 꼬리표에 대한 상세한 내용뿐만 아니라 스케치, 다이어그램, 사진, 기록필름과 테이프와 비디오 기록은 조사자들에게 가치 있는 도구들이다.

11.1.13 책임지고 있는 법의학요원은 눈에 잘 띄는 글씨로 앞,뒤에 "법의학 반장"이라고 쓰여진 어두운 갈색(다크브라운) 안전모와 조끼 기타 의상을 입어야 한다.

제12장 통신

12.1 통신서비스

비상계획에 관련된 모든 공항기관들이 사용할 수 있는 쌍방향 통신이 준비되어야 한다. 계획에는 비상사태에 대응하는 공항외부 기관과의 통신망을 유지하는 것도 포함되어야 한다. 참가하는 모든 기관들과 지속적인 통신이 가능한 장비를 갖춘 지휘소와 비상운영센터가 계획에 포함되어야 한다. 계획 절차 중에 통신 백업모드가 확인되어야 한다.

12.2 통신망

12.2.1 공동작용 통신망은 하나 이상의 관할권으로부터 기관들이 포함되어 있는 주요 운영에는 필수적인 사항이다.

12.2.2 공동작용 통신망은 충분한 라디오 수신기, 전화와 기타 통신장비로 구성되어야 하며, 통신의 1차 및 2차 수단으로 유지되어야 한다. 이들 통신망은 비상운영센터와 지휘소를 참가하는 모든 기관들 뿐만 아니라 각각의 기관들과 연결되어야 한다.

12.2.3 통신망은 다음 기관들 간의 효율적인 직접통신을 위한 1차적인 또는 필요한 곳에서는 대체수단을 제공하여야 한다.
ⓐ 경보기관(관제탑 또는 운항서비스센터, 공항경영자, 고정기지 운영자 또는 항공사)과 공항에 있는 구조 및 소방대
ⓑ 항공교통관제탑, 운항서비스센터, 적절한 화재담당 경보실/출동센터와 항공기 비상사태지역으로 출동하거나 사건/사고현장으로 출동하는 화재 및 구조요원
ⓒ 대응하도록 되어 있는 모든 보조 요원들을 위한 경보절차를 포함한 공항 내외에 위치한 적절한 상호지원기관
ⓓ 각각의 RFF차량의 요원들 사이에 통신기능을 포함한 RFF 차량

12.3 통신장비

12.3.1 비상사태에 요원과 장비의 신속한 대응을 보장하기 위한 충분한 수의 통신장비를 제공하는 것이 중요하다. 다음의 통신장비는 비상사태에 즉각적인 사용이 가능하도록 하여야 한다.

12.3.2 휴대용 무전기. 충분한 수의 휴대용, 쌍방향 무전기가 모든 참가 기관들이 지휘소와 통신할 수 있도록 사용이 가능하여야 한다.

12.3.3 비상주파수의 혼잡을 피하기 위하여 엄격한 통신원칙이 지켜져야 한다. 각 기관은 각자의 주파수를 운영하여야 하고 지정된 지휘주파수가 있어야 한다.

12.3.4 항공기 또는 필요하다면 지상 통제소와 직접 통신할 수 있는 무전기가 지휘소에는 설치되어야 한다. 이들 무전기는 다양한 주파수에서 사용할 때 나오는 소음과 혼란을 감소하기 위하여 헤드폰이 장착되어 있어야 한다.

12.3.5 조종실과 지상라인을 사용하여 조종사 또는 항공기 조종실 사이에 직통 통신이 설치되어야 한다. 이것은 적절한 커넥터, 전선, 송화기와 헤드폰 등을 필요로 한다. 공항 구조 및 소방업무와 개별 항공기 운영자 사이의 공동운영 및 상호조정이 이런 종류의 통신성능을 구비하는데 필요

하다. 보통 통신성능은 인터폰 잭을 꽂아서 쓰는 지상서비스 헤드폰을 사용함으로써 얻을 수 있다.

12.3.6 충분한 수의 전화선(등록과 비등록 된 모두)이나 휴대전화가 공항 내 뿐만 아니라 공항외부 기관들과 직접 통신할 수 있도록 지휘소에서 사용가능 하여야 한다. 직통선은 시간을 절약하고 무전기 통신채널의 과부하 가능성을 줄여준다.

12.3.7 의료시설 및 앰뷸런스는 의료계 내에서 진보된 생명지원 시스템을 효과적으로 이용할 수 있도록 하는 통신성능을 필요로 한다.

12.3.8 필요한 통신장비와 자가발전기를 갖춘 정교한 차량은 좋은 통신시스템의 장점이 될 수 있다. 장비가 잘 갖춰진 통신차량은 효율적이고 잘 관리되는 지휘소의 필수 불가결한 부분이다. 계획에는 항상 훌륭한 차량 운전자/운영자가 포함되어야 한다.

12.3.9 운영센터와 이동지휘소에는 시간삽입장치와 함께 모든 통신내용을 차후 분석을 위해 녹음 하는 기록장치를 설치하는 것이 바람직하다. 활자화된 통신내용을 포함하여 모든 비상통신내용을 기록하는 것이 바람직하다.

12.3.10 일시적인 통신장애가 있을시 사용자는 다른 종류의 통신수단을 증가시키도록 지휘소에 위임하여야 한다. 휴대용 메가폰이 사용 가능하다.

12.4 계류장과 청사지역 비상사태

12.4.1 통신시스템은 청사시역에서 발생하는 사고/사건에 비상장비를 신속하게 제공할 수 있도록 공항당국이나 항공기 운영자가 설치하여야 한다. 계류장사고는 항공기 내 화재, 연료 누유 및 화재, 항공기 및 차량 충돌 및 의료비상사태를 포함한다.

12.4.2 가능한 많은 계류장 요원 그러나 최소한의 모든 감독요원은 중앙통제시설과 직접적인 통신망을 확보하기 위하여 쌍방향 무전기를 소지하여야 한다.

12.4.3 모든 항공기 탑승게이트나 젯트웨이는 탑승층과 계류장 층에 전화기를 장착하여야 한다. 비상전화번호는 선명하게 표출되어야 한다.

12.5 검사와 확인

12.5.1 모든 무전기와 전화망의 운영상태를 확인하기 위해 통신 시스템은 매일 검사하여야 한다.

12.5.2 기관사이의 정확한 최신전화번호를 비상사태에 대응하는 모든 기관들과 요원들이 사용할 수 있도록 하여야 한다. 이들 전화번호가 정확한지를 확인하기 위해 매월 점검하여야 한다. 갱신된 리스트를 모든 비상계획 참여자들에게 배포하여야 한다.

제13장 공항 비상계획 훈련

13.1 목적

13.1.1 공항 비상계획훈련의 목적은 다음과 같은 사항을 확인하기 위해서이다.
  ⓐ 관련된 모든 요원들의 대응
  ⓑ 비상계획 및 절차
  ⓒ 비상장비 및 통신

13.1.2 그러므로 계획에는 공항비상계획을 시험하여야 한다는 요구사항을 절차에 포함시키는 것이 중요하다. 이 시험은 가능한 많은 불충분한 점을 교정하여야 하고 관련된 모든 요원과 기관들이 공항환경, 다른 기관 및 비상계획에서의 그들 역할에 익숙토록 하여야 한다.

13.1.3 공항비상계획은 공항과 지역 소방대, 보안, 의료와 기타 자원들이 공항비상사태에 효율적이고 상호조정된 대응에 참가할 수 있도록 기본 골격을 제공한다. 공항비상계획 훈련의 다양한 형태를 사용하여 공항운영자와 지역 비상자원 관리자는 먼저 필요성과 비상사태 위치에 근거한 대응에 관한 통합된 비상계획을 산출하고, 두 번째로 최소의 시간 안에 효율적인 비상대응을 수행하는 데 필요한 절차와 조정을 훈련한다. 추가로 공항운영자는 계획을 연구하고, 개정하고, 다시 연구하고 시험하기 전까지 공항의 계획에 확신을 가질 수 없다. 계획에 심각한 오류가 있을 수 있으므로 시험은 필수적이다. 예를 들면 계획에 포함된 일부 개인들이 계획에 대하여 오해나 의견 차이를 가지고 있을 수 있고, 서류상으로는 적절한 것으로 보이는 절차가 실제에서는 맞지 않을 수 있고, 예정시간, 거리, 또는 가용자원이 정확하지 않아 문제를 야기할 수 있다. 계획을 시험하는 것은 공항에서 비상 대응하는 요원들에게 서로를 잘 알 수 있고 다른 기관이 어떻게 활동하는지 알 수 있는 기회를 제공한다. 공항 외부에서 비상 대응하는 요원들에게 공항직원들을 만나서 알 수 있고, 공항시설, 자원, 교통형태 및 위험지역과 친숙해질 수 있는 기회를 제공한다. 훈련은 주간, 해질녘, 야간과 다양한 기상 및 시계상태하에서 실시되어야 한다.

13.2 공항비상계획훈련 형태

13.2.1 공항비상계획을 시험하는 방법은 세 가지가 있다.
  ⓐ 전체훈련
  ⓑ 부분훈련
  ⓒ 도상훈련

13.2.2 이들 시험방법은 다음과 같은 스케줄에 따라 이루어진다.
  ⓐ 전체훈련 : 최소 2년에 한 번
  ⓑ 부분훈련 : 전체훈련이 열리지 않거나 숙달을 할 필요가 있을 시 매년 한 번
  ⓒ 도상훈련 : 전체훈련이 열리는 6개월 동안은 제외한 매 6개월마다 한 번

13.3 도상훈련

13.3.1 도상훈련은 전체훈련 시 발생되는 비용이나 서비스의 중단 없이 비상대응자원의 완성과 성능을 시험하는 것이다. 이 훈련은 전체훈련에 앞서 실시하는 상호조정 훈련으로 열리거나, 절차, 정책, 전화번호, 무전기 주파수와 주요 인물의 교체를 재확인하기 위하여 열릴 수 있다.

13.3.2 도상훈련은 회의실, 공항을 나타내는 큰 지도, 참가하는 기관의 선임 대표자들만을 필요로 하는 가장 단순한 형태의 훈련방법이다. 예상된 사고위치가 지도상에서 선택되고, 각 참가자들은 그들의 기관이 어떻게 대응할 것인가를 설명한다. 이 훈련은 통신 주파수혼란, 장비부족, 전문용어 및 관할지역의 혼란 등과 같은 운영상 문제점들을 쉽게 드러낸다. 이 훈련은 6개월마다 실시되어야 하나 다른 훈련들과 겹쳐서는 안 된다.

13.4 부분훈련

부분비상훈련은 새로운 요원을 교육시키고, 새로운 장비나 기술을 평가하고, 정기적인 훈련을 수행하기 위하여 일부 참가기관이 요구된다. 이들 훈련은 한정된 범위 때문에 경제적이고 높은 수준의 수행능력을 유지하기 위하여 가능한 자주 반복될 수 있다. 이 훈련들은 구조 및 소방서비스 또는 의료기관 같은 하나의 기관만 포함되거나 필요에 따라서는 몇 개 기관으로 구성된 하나의 통합팀을 포함할 수 있다. 이들 훈련은 전체훈련기간 중에 발견된 오류 등을 교정할 수 있도록 하기 위하여 전체 훈련이 열리지 않는 매년도마다 최소 한 번씩 개최하여야 한다.

13.5 전체훈련

13.5.1 공항비상계획은 2년을 초과하지 않는 간격으로 모든 시설과 관련기관들을 시험할 수 있는 전체훈련을 포함하여야 한다. 훈련은 전체 브리핑과 평가 및 분석을 수반하여야 한다. 훈련에 참가하는 모든 기관의 대표들은 평가에 적극적으로 참여하여야 한다.

13.5.2 전체비상훈련 계획의 첫 번째 단계는 모든 공항과 관련된 지역기관들의 지원을 받는 것이다. 고려되어야할 부서와 요원들은 3.1에 열거되어 있다.

13.5.3
  ⓐ 목표. 공항전체훈련을 수행하는데 있어 가장 기본적이고 첫 번째 단계는 공항 및 지역비상대응 계획가 및 실무자가 무엇을 달성해야 하는지 정확히 결정하여야 하는 것이다. 기금과 인원을 확보하기 어려우므로 관리자는 세부적인 목표를 달성할 수 있도록 계획을 수립하여야 한다.
  ⓑ 목표선택. 비상훈련을 위해서 여러 개의 목표가 설정되어 있을 수 있다. 예를 들면, 야간상황 하에서 대응요원의 행동을 시험하기 위하여 밤에 훈련을 하는 것도 바람직할 수 있다. 비슷하게 항공기 화물칸에 있는 위험물질의 발견을 위한 행동에 대하여 지역비상대응팀의 능력을 시험하는 것도 바람직하다.
  ⓒ 목표의 한계설정. 훈련도중 하나이상의 목표를 달성할 수 있다. 여러 가지 목표를 혼합하는데에는 뜻하지 않은 함정이 성취될 수 있는 것보다 설정되기가 쉽다. 목표설정의 일부분으로 계획가는 조사되어야 되는 문제의 범위를 한정하거나, 대응요원을 혼란스럽게 하거나 실패하게 하는 위험을 감수하여야 한다. 실제 비상훈련은 혼란과 실패를 야기할 수 있으나 훈련연습 중

에 혼란과 실패가 부정적인 학습경험을 도출할 수 있다. 이것은 공항기획가가 잘못 사용된 기회를 나타내는 것이며 실제 비상사태에 대응하는 기관의 능력을 감소시킬 수 있다.

ⓓ 결과 평가. 훈련 후에 알게 된 자세한 기술, 발견된 새로운 주변상황, 시도해본 통신시스템, 비상계획에 포함되어 있는 추가적인 상호지원 기관, 사용된 새로운 장비와 기타 장단점을 검토하고 확인하여야 한다.

13.5.4 모든 기관의 지도부는 공항비상계획에 완전히 익숙하여야 하고 일반계획과 상호 조정하여 개별 기관에 대한 계획을 수립하여야 한다. 기관 지도부는 정기적으로 만나서 그들 기관의 책임에 대한 이해와 다른 기관과의 상호조정시 필요사항을 개발하여야 한다.

13.5.5 공항훈련의 실제감을 더해주고 항공기에서 부상자를 구출하는 문제에 대하여 모든 참가자가 친숙해질 수 있도록 대형항공기를 사용하여야 한다. 만일 항공기를 사용할 수 없으면 버스나 비슷한 대형 차량이 이용될 수 있다.

13.5.6 비상훈련은 공항운영 방해를 최소로 하면서 최대의 실제감을 줄 수 있는 장소에서 하여야 한다. 다양한 시나리오가 연출될 수 있다. 훈련은 공항의 낮이나 밤에, 활주로나 안전지대에서, 또는 주변 지역에서 시행할 수 있다. 사고에 포함된 시나리오는 다음 사항을 포함한다.

ⓐ 항공기/구조물
ⓑ 항공기/항공기
ⓒ 항공기/지상차량

모든 항공기 사고의 80% 정도가 활주로, 활주로말단 안전지역 또는 접근 및 착륙지역에서 발생하므로 대부분의 훈련은 앞서 말한 지역에서 이루어져야 한다. 항공기를 사용할 수 없는 지역에서는, 훈련 장소에 작은 화재를 발생시켜 소방차량에 실제감을 더해줄 수 있다. 자원 부상자들은 의료진들에게 실제감을 제공하기 위하여 뮬라즈를 하여야 한다.

13.5.7 계획된 전체 비상훈련 최소 120일전에 공항당국은 주요 참가기관들의 모든 핵심지휘자들과 회의를 가져야 한다. 이때, 훈련 목표의 개요를 설명하고, 시나리오를 구상하고, 과업을 할당하고, 모든 기관의 요원들의 의무를 한정하여야 한다. 시간 스케줄과 체크리스트는 다음과 같다.

D-120일 참가기관들의 지휘자들이 모여서 목표를 설정하고, 시나리오를 구상하고, 작업을 할당하고 비상계획 조정자를 선택하기 위하여 회의를 소집한다.

D-90일 조정에 대한 첫 번째 진행보고

D-70일 모든 참가기관들의 1차 회의(개별 기관 대표자들)

D-60일 전체 비상훈련 장소 또는 대기지역 조정. 시나리오 완성

D-50일 뮬라즈팀을 위한 훈련 개시. 개별기관 대표자들의 2차 회의. 뮬라즈팀장이 병원, 구조 및 소방요원, 민방위대, 군부대에서 선택될 수 있다.

D-40일 수송, 식량, 들것, 자원봉사자들을 위한 조정 완료

D-30일 개별기관 대표자들의 3차 회의. 사전 준비통신훈련 개시.

D-21일 개별기관 대표자들의 4차 회의. 사전 팀 훈련을 하지 않은 요원들을 위한 보충 및 자원부상자들을 위한 조정 완료

D-14일 평가팀을 포함하여 모든 참가자들을 위한 최종회의 및 브리핑

D-7일 과업을 검토하기 위한 지휘자들의 최종회의

D-0일 훈련

D+1~7일 모든 참가자들이 관람자들의 보고를 들을 수 있도록 훈련에 따른 평가

D+30일 관람자들과 참가자들이 제출한 평가서를 검토하기 위한 지휘자 회의, 훈련 중에 나타난 실수와 단점들을 보완하기 위한 절차 수정.

13.5.8 시나리오를 준비하는데 있어서 항공기 운영자의 실제 이름과 실제 항공기종은 피해야 한다. 이것은 민간항공회사 또는 기관들의 난처함을 방지하기 위함이다.

13.5.9 전체비상훈련에서 최대 이득을 얻기 위해서는 전체 절차를 검토하는 것이 중요하다. 대형사고 절차에 익숙한 직원들로 구성된 관람자 평가팀이 구성되어야 한다. 팀리더가 지명되어야 하고, 모든 회의에 참석하여야 한다. 팀은 최종회의(훈련 전 7일)에 참석하여야 하고, 책임지고 있는 기관과 협의하여 훈련상 중요한 문제점들을 소개할 수 있어야 한다. 평가팀의 각 요원들은 훈련 전체를 관람하여야 하고 적절한 비상훈련 평가서를 작성하여야 한다. 훈련 후 편리한 시간에(7일이 경과되지 않은), 평가회의를 개최하여서 팀원들이 그들의 관전평과 공항비상계획 절차 및 관련된 공항비상계획 서류들의 개선을 위한 권고안을 발표하도록 한다.

제14장 공항비상계획의 검토

14.1 일반사항

14.1.1 계획평가. 훈련은 공항운영자와 훈련계획가들에게 훈련의 효과와 효율성을 평가할 수 있는 기회를 제공한다. 평가의 유용성을 최대화하기 위하여 계획가는 평가시스템을 신중하게 설계하여야 한다.

14.1.2 계획. 훈련의 목적과 일치하게 계획가는 피드백을 포함시키고, 이익을 증명하고, 훈련이 실시되기 전에 평가자의 서비스를 얻을 수 있는 평가시스템을 개발하여야 한다.

ⓐ "피드백". 표 14-1은 프로젝트 계획과 이행에 대한 프로젝트관리시스템을 나타낸 것이다. 프로젝트는 계획되고, 이행되고, 평가(피드백 실시)된다. 순환이 다시 시작된 후에 필요한 곳에서 피드백은 변경을 시킬 수 있다.

ⓑ 이익. 어떠한 규모의 공항 비상대응훈련을 위한 효과적인 평가시스템을 계획하는 것은 훈련 자체의 문제점을 감지하는 것뿐만 아니라, 더욱 중요한 것은 개선할 필요가 있는 공항이나 지역 비상대응계획을 찾아내는 것이다.

ⓒ 평가관. 훈련은 눈에 잘 띄는 옷을 입고 있는 평가관 그룹에게 완전히 공개되어야 한다. 평가관은 훈련의

계획이나 실행하는데에 포함되어서는 안 된다. 보통 정부기관, 다른 공항과 민간항공기구등이 공항훈련과 공항들에게 이익을 줄 수 있는 경험 있는 평가관들을 제공할 수 있다. 평가관들은 훈련 전에 신분을 증명할 필요가 있고 평가와 보고지침을 포함한 공항계획에 익숙하여야 할 필요가 있다.

14.1.3 준비. 공항운영, 비상대응과 비상훈련에 경험 있는 평가관은 훈련계획가가 실시하는 훈련을 필요로 하지는 않는다. 그러나 훈련의 규모와 목적을 자세하게 나타내는 사전 회의는 평가관으로 하여금 업무를 효율적으로 할 수 있도록 하여 궁극적으로 공항에 큰 이익이 된다.

ⓐ 평가관 준비. 평가관은 훈련이 시작되기 전에 정보자료와 평가서를 받아야 한다. 평가관에게 지휘, 통제와 통신을 평가하는 업무를 위임하고 비상대응의 주요 요소를 자세히 관찰할 수 있도록 비상대응지역을 안전하게 하여야 한다. 다른 평가관은 전 훈련을 평가할 수 있도록 위임받아야 한다. 평가관은 현장을 돌아다니면서 모든 기능지역과 대응노력을 관찰한다. 계획가가 평가를 하기 전에 결정을 하여야 하는 외부 평가관이나 보안 또는 의료와 같은 특정분야의 전문가를 선택하는 것이 선호된다.

ⓑ 평가용지. 평가용지는 비상훈련의 평가에 상당히 도움이 된다. 설명을 붙일 수 있는 충분한 공간과 함께 각 기능지역을 나타내는 부분으로 나뉘어져 있다면 아주 효과적이다. 질문은 일반적이여야 하는데 너무 자세한 내용이면 평가관의 시간을 소모할 수 있고 훈련 전체적인 부분을 관찰하는 것을 방해할 수 있기 때문이다.

ⓒ 브리핑. 계획가는 평가관에게 훈련 이틀 전에 그들의 기능과 마지막 변경사항을 브리핑하여야 한다. 이때에 계획가는 최종 훈련정보와 평가용지를 평가관들에게 주고, 구별이 잘되는 조끼, 복장, 모자, 뱃지 또는 기타 신분증명 수단들을 배포한다. 평가관들은 또한 언론과 대응기관의 브리핑에도 참여하여 계획에 대하여 질문을 하고 훈련참가자들을 확인하고, 각 비상대응기관들을 구별해주는 표시 또는 복장에 익숙해지도록 하여야 한다.

14.1.4 피드백. 훈련의 일반적인 세 가지 피드백 시스템은 현장 또는 즉시 피드백, 평가회의 그리고 서면보고서등이 있다. 이들 시스템중의 하나 또는 그 이상이 사용된다.

ⓐ 현장 또는 즉시피드백. 현장피드백은 훈련이 끝난 후에 즉시 모든 참가기관들의 대표자들을 모아서 훈련에 대한 기억이 생생할 때 그들의 의견을 듣는 것이다. 평가관들이 몇 시간 동안의 상세한 활동내역을 5분 구두보고로 요약하는 과정에서 많은 상세한 내용들이 누락될 수 있다. 평가관들은 다른 대응요원들의 설명과 비교할 때까지는 다른 자세한 내용은 간과할 수 있다. 현장피드백의 가장 큰 장점은 모든 사람들의 관심이 절정에 있다는 것이고 아주 심각한 문제가 즉시 발견될 수 있다는 것이다. 현장 피드백을 수행하기 위해서는 공항운영자와 훈련계획가는 발언기회를 방해하지 않는 것을 보장하는 규칙을 세워야 한다. 속기사 또는 음성기록자는 차후 검토를 위해 회의내용을 기록하여야 한다.

ⓑ 피드백 회의. 피드백 회의는 훈련과 계획에 참여했던 다양한 대응기관들의 계획가와 관리자들을 포함한다. 계획가는 훈련 후 일주일이 넘지 않는 기간 내에 스케줄을 잡아야 한다. 관리자는 그들의 직원들과 피드백 회의를 열고 회의에서 토론할 중대한 정보를 수집하는데 최소 일주일은 필요하다. 지역 비상사태 조정자는 지역 자원의 활용에 있어서 공항에 이익을 주고 공항의 경험으로부터 지역의 이익을 보장하기 위하여 피드백 회의에 참석하여야 한다.

ⓒ 서면 보고서. 훈련과 평가에 경험 있는 평가자들은 그들의 관찰내용을 보고서로 작성하여야 한다. 계획가는 또한 다른 사람들에게도 보고서를 요청하여야 한다. 참가자들이 외부의 의견에 민감할 수 있는 현장 피드백회의에서 나온 의견보다 서면 보고서가 훨씬 솔직할 수 있다. 공항당국은 실제 항공기 사고에 참가했던 다른 공항당국들과 전체 비상훈련을 수행했던 공항당국들과의 접촉에 노력을 기울여서 공항비상계획을 수정하고 향상시킬 수 있는 자료와 절차를 수집하여야 한다.

14.2 사고에 뒤따르는 검토

사고에 뒤따르는 실제적인 것으로 대응기관은 그들의 참가하는 모든 요원들로부터 구두 및 서면보고서를 받아서 전체 대응운영을 망라하는 서류를 작성하여야 한다. 그 다음에 도상회의가 열려야 하며, 필요하다면 미래 비상사태를 위해 대응능력을 향상시킬 필요가 있다고 판단되는 비상계획을 수정하여야 한다.

부록 1 용어정리

• **항공기 사고**

항공기 운영 중에 발생한 것으로 관련된 사람이 죽음이나 심각한 부상을 당하거나 항공기가 심각한 손상을 입은 경우

• **항공기 준사고**

사고를 제외하고 항공기 운항 중에 발생한 사건으로서 개선되지 않을 경우 안전운항에 악영향을 미치거나 미칠 수 있는 경우를 말한다. 준사고는 인원의 심각한 부상이나 항공기의 손상을 유발하지는 않는다.

• **항공기 운영자**

항공기 운항에 종사하거나 그에 관련된 사람, 단체 또는 기업

• **항공사 조정자**

항공기나 항공사의 재산이 관련된 비상사태 기간동안 항공사의 책임을 나타내기 위하여 항공사가 지정한 대표기관

• **공항 비상계획**

공항이나 그 주변에서 발생하는 비상사태에 대응하는데 있어서 공항운영자와 주변지역의 다른 기관과 상호 협조 및 조정을 위한 절차를 말한다.

• 공항 비상훈련

계획의 효율성을 개선하기 위한 비상계획의 시험 및 결과의 검토

• 공항 비행정보 서비스

공항 비행정보 서비스, 수색 및 구조, 통제하지 않는 공항의 항공기에 대한 경보서비스와 비상상황 시 항공기에 지원을 제공하는 항공교통 서비스 기관

• 공항관리자

공항의 운영과 안전에 관리적 책임을 가지고 있는 사람. 관리자는 공항 구조 및 소방서비스에 행정적 통제를 할 수 있으나, 구조 및 소방문제의 운영적인 측면에서는 권한을 갖지 않는다.

• 에어사이드

지형과 건물 또는 통제되는 접근지역에 가까운 비행장의 이동지역

• 항공교통관제업무

비행정보서비스, 경보서비스, 항공교통업무, 항공교통관제, 지역통제, 접근관제 또는 비행장관제업무등 다양한 의미

• 공항 관제탑

공항교통을 위한 항공교통관제를 제공하기 위해 설치된 시설

• 경보 및 출동센터

비상업무의 신속한 출동을 위해 많은 대도시 지역에서 사용중인 시설. 이 시설은 단순한 세자리 전화번호를 사용하여 일반인들이 접촉할 수 있다.

• 생물학 매개체

사람, 식물, 동물에 병을 일으키거나 물질의 부식을 일으키는 미생물

• 혈액신장기

육체적 혈액손실을 보충하기 위해 정맥주사로 주입되는 살균용액

• 치료지역

부상자에게 첫 번째 의료치료를 제공하는 장소

• 모집지역

초기에 심각한 부상자를 모으는 장소

• 지휘소(CP)

현장지휘자가 자리를 잡고 있고, 지휘, 조정, 통제와 통신이 집중된 비상사태 현장의 지휘장소

• 긴급경보

관련 비상업무기관에게 임박한 또는 실제 비상사태를 동시에 알려주는 시스템

• 위험물

이 용어는 모든 수송수단에 국제적으로 사용되고 "위해물질" 과 "제한물품"의 동의어로 쓰인다. 이 용어는 폭발물, 압축 또는 액화가스(발화성이 있거나 독성이 있는), 발화성 액체 및 고체, 산

화물, 독성물질, 감염물질, 방사능 물질 또는 부식성물질을 포함한다.

• 지정된 여객 대기지역

부상당하지 않은 항공기 탑승객들을 수송하기 위한 장소

• 비상운영센터

공항비상사태발생시 대응조치를 지원하고 조정 등의 업무를 수행하기 위해 지정된 공항 내 장소훈련. 계획의 효율성을 개선하기 위하여 공항비상계획을 시험하고 결과를 검토

• 법의학 의사(의료시험관/검시관)

주요 의무가 자연요인이 아닌 다른 추정요인이 있는 죽음의 원인을 검시를 통하여 조사하고 알아내는 공무원. 획득된 자료는 의료사실을 법적인 문제와 연결시켜 처리한다.

• 전체 비상훈련

실제 비상상황에서 사용할 수 있고 사용되는 모든 자원의 취합과 활용.

• 격자지도

지리적 위치를 확인하기 위해 작성된 장방형 좌표형 격자모양을 지도위에 겹쳐놓은 것

• 비행 중 비상사태

항공기가 비행 중에 탑승객이나 완선한 운영상에 영향을 미칠 수 있는 비상사태

• 내부방어선

효율적인 지휘, 통신 및 조정통제를 하고, 비상대응 차량 및 요원의 신속한 진출입을 포함한 비상사태시 안전한 운영을 보장하는 지역

• 조사

정보의 수집 및 분석, 원인결정을 포함한 결론 도출, 필요할 때 안전한 권고를 하는 것을 포함한 사고방지를 위해 수행되는 절차

• 의료수송지역

의료수송직원의 감독 하에 부상자들을 의료시설로 수송하기 위하여 대기하는 곳에서 선별지역의 일부분

• 이동 비상병원

사고현장에서 의사가 심각한 부상자에게 치료를 제공할 의료장비를 제공할 수 있도록 장착된 특수한 차량

• 이동숙소

사고현장으로 신속히 이송되도록 지정되어 있고 부상자들을 자연력으로부터 보호하기 위해 사용되는 피난시설. 부속시설로 전기와 온방시설을 갖추고 있다. 수송방법은 이 피난시설의 주요 요소로 간주되고 있다.

• 물라즈

비상사태훈련에서 실제적인 부상상황을 연출하기 위해 자원 부상자들에게 부착하는 피부 상처, 종양, 부상 또는 기타 병리 상태의 모조품

• 이동지역

항공기의 운동지역과 계류장으로 구성된 항공기가 이륙하고, 착륙하고 유도되는 데 사용되는 비행장의 일부분

• 상호지원비상협정

초기 통보와 대응역할에 대하여 주변지역의 적절한 기관들이 설정한 협정

• 현장지휘자

전체적인 비상사태운영에 대하여 책임을 지고 있는 사람

• 외부방어벽

인가받지 않았거나 통제받지 않은 간섭으로부터 벗어나 있는 즉각적인 지원운영을 보장하는 내부방어벽의 바깥지역

• 부분훈련

효율성을 개선하기 위한 필요에 따라 공항비상계획의 하나 또는 그 이상이 참가하는 훈련

• 집결지

비상사태에 대응하는 요원/차량이 대기지역 또는 사고/사건지역으로의 방향을 받기위하여 초기에 진출하는 도로교차로, 십자로 또는 기타 특정지역 같이 사전 약속된 지점

• 안정

환자의 생존을 보장하고 장래 치료를 원활히 하기 위해 기본적인 생리적 균형을 되찾기 위해 사용된 의학적 방법

• 대기지역

대응요원, 차량과 기타 장비들이 비상사태 기간중에 사용될 수 있도록 준비를 하고 있는 사전 약속된 전략적 지역

• 도상훈련

가장 단순하고 비용이 적게 드는 훈련. 비상대응자원의 통합과 능력을 시험하기 위해서 사용되므로 야외에서 직접 훈련을 하기 전에 기획하고 평가하고 다양한 대응방법을 개선하는 단순한 방법.

• 꼬리표부착

즉시치료(Ⅰ등급), 지연치료(Ⅱ등급), 경미한치료(Ⅲ등급) 또는 사망 등에 필요한 부상자를 구별하는 데 사용하는 방법

• 사상자 분류

부상상태와 정도에 따라 부상자를 분류하는 것

• 사상자 분류구역

부상사태와 정보에 따라 부상자를 분류하는 것

• 사상자 분류 꼬리표

부상상태와 정도에 따라 부상자의 분류에 사용되는 꼬리표

• 해일

지진활동에 의해 발생되는 거대한 파도

부록 2 공항비상계획의 개요

1. 이 지침은 공항비상계획의 수립에 있어서 일관성을 보장하기 위한 것이다. 공항당국은 공항의 특성과 운영에 적용할 수 있는 비상사태를 위한 계획 및 절차를 수립하는데 책임이 있고, 이 지침의 범위 내에서 다음 사항을 수행하여야 한다.
   ⓐ 공항당국과 기타 참가 기관들의 책임을 결정
   ⓑ "cascade"정보를 책임지고 있는 사람/기관을 포함한 "cascade" 호출시스템을 구분할 수 있는 효율적인 통신라인과 적절한 통신시설을 설치. 가능한 24시간 유지되어야 한다.
   ⓒ 공항에서 비상기간동안 사용할 수 있는 고정된 비상운영센터와 이동지휘소를 사용할 수 있도록 준비
   ⓓ 소방서, 보안, 의료, 민방위, 정부기관과 지방 아마추어무선기구등과 같은 지역 지원기관으로부터 지원을 통합
   ⓔ 비상활동과 관련된 항공관제업무기관(공항관제탑 또는 공항비행정보업무기관)의 기능을 설명
   ⓕ 사고/사건에 대응을 위한 지침제공

2. 공항비상계획 서류는 지역 공항 및 지역사회 상황에 관련된 주요 문제의 증명이 용이하도록 기록되어야 한다.

3. 비상계획 및 절차는 공항에 영향을 미치는 비상사태에 참여하거나 참여할 수 있는 공항 내외의 모든 기관이나 인원의 책임을 결정하고 조정할 수 있는 공항 또는 적절한 기관이 발행하여야 한다.

4. 비상계획 및 절차 수립에 있어, 준비는 단순하고 공항비상계획에 관련된 모든 이들이 쉽게 이해할 수 있어야 한다.

비상계획문서의 구성양식

제1부 비상전화번호

제1부는 다음을 포함하여 현장에서 필요한 필수적인 전화번호로 제한되어야 한다.
   ⓐ 항공교통관제기관
   ⓑ 구조 및 소방기관(소방대)
   ⓒ 경찰 및 보안기관
   ⓓ 의료기관
      ① 병원
      ② 앰뷸런스
      ③ 의사 – 사무실/집
   ⓔ 항공기 운영자
   ⓕ 정부기관
   ⓖ 민방위
   ⓗ 기타

제2부 공항에서의 항공기 사고
   ⓐ 항공교통관제기관의 역할(공항관제탑 또는 공항 비행정보업무기관)

ⓑ 구조 및 소방대의 역할
ⓒ 경찰 및 보안기관의 역할
ⓓ 공항당국의 역할
　　① 차량 호위
　　② 유지보수
ⓔ 의료기관의 역할
　　① 병원
　　② 앰뷸런스
　　③ 의사
　　④ 의료요원
ⓕ 관련된 항공기 운영자의 역할
ⓖ 비상운영센터 및 이동지휘소의 역할
ⓗ 정부기관의 역할
ⓘ 통신망(비상운영센터와 이동지휘소)
ⓙ 상호지원 비상협정에 포함된 기관의 역할
ⓚ 수송기관의 역할(육, 해, 공)
ⓛ 홍보기관의 역할
ⓜ 구조물이 포함되어 있을 때 지역소방서의 역할
ⓝ 기타 모든 기관의 역할

제3부 공항 밖에서의 항공기 사고
ⓐ 항공교통관제기관의 역할(공항관제탑 또는 공항 비행정보 업무기관)
ⓑ 구조 및 소방대의 역할
ⓒ 지역 소방서의 역할
ⓓ 경찰 및 보안기관의 역할
ⓔ 공항당국의 역할
ⓕ 의료기관의 역할
　　① 병원
　　② 앰뷸런스
　　③ 의사
　　④ 의료요원
ⓖ 상호지원 비상협정에 포함된 기관의 역할
ⓗ 관련된 항공기 운영자의 역할
ⓘ 비상운영센터 및 이동지휘소의 역할
ⓙ 정부기관의 역할
ⓚ 통신망(비상운영센터와 이동지휘소)의 역할
ⓛ 수송기관의 역할(육, 해, 공)
ⓜ 홍보기관의 역할
ⓝ 기타 모든 기관의 역할

제4부 비행중인 항공기의 이상(완전비상사태 또는 지역대기)
ⓐ 항공교통관제기관의 역할 (공항관제탑 또는 공항 비행정보업무기관)
ⓑ 구조 및 소방대의 역할
ⓒ 경찰 및 보안기관의 역할
ⓓ 공항당국의 역할
ⓔ 의료기관의 역할
　　1) 병원
　　2) 앰뷸런스
　　3) 의사
　　4) 의료요원
ⓕ 관련된 항공기 운영자의 역할
ⓖ 비상운영센터 및 이동지휘소의 역할

ⓗ 기타 모든 기관의 역할
제5부 구조물 화재
ⓐ 항공교통관제기관의 역할 (공항관제탑 또는 공항 비행정보업무기관)
ⓑ 구조 및 소방대의 역할 (지역소방서)
ⓒ 경찰 및 보안기관의 역할
ⓓ 공항당국의 역할
ⓔ 의료기관의 역할
　　① 병원
　　② 앰뷸런스
　　③ 의사
　　④ 의료요원
ⓕ 관련된 항공기 운영자의 역할
ⓖ 비상운영센터 및 이동지휘소의 역할
ⓗ 홍보기관의 역할
ⓘ 기타 모든 기관의 역할

제6부 폭탄위협을 포함한 사보타지(항공기 또는 구조물)
ⓐ 항공교통관제기관의 역할 (공항관제탑 또는 공항 비행정보업무기관)
ⓑ 비상운영센터 및 이동지휘소의 역할
ⓒ 경찰 및 보안기관의 역할
ⓓ 공항당국의 역할
ⓔ 구조 및 소방업무의 역할
ⓕ 의료기관의 역할
　　① 병원
　　② 앰뷸런스
　　③ 의사
　　④ 의료요원
ⓖ 관련된 항공기 운영자의 역할
ⓗ 정부기관의 역할
ⓘ 격리된 항공기 주기장
ⓙ 탈출
ⓚ 개나 훈련 요원의 탐색
ⓛ 수하물 및 기내 화물의 처리 및 확인
ⓜ 폭탄의 처리 및 분해
ⓝ 홍보기관의 역할
ⓞ 기타 모든 기관의 역할

제7부 항공기의 불법적 납치
ⓐ 항공교통관제기관의 역할 (공항관제탑 또는 공항 비행정보업무기관)
ⓑ 구조 및 소방업무의 역할
ⓒ 경찰 및 보안기관의 역할
ⓓ 공항당국의 역할
ⓔ 의료기관의 역할
　　① 병원
　　② 앰뷸런스
　　③ 의사
　　④ 의료요원
ⓕ 관련된 항공기 운영자의 역할
ⓖ 정부기관의 역할
ⓗ 비상운영센터 및 이동지휘소의 역할
ⓘ 격리된 항공기 주기장

ⓙ 홍보기관의 역할
ⓚ 기타 모든 기관의 역할

제8부 공항에서의 준사고

공항에서의 준사고는 제2부 "공항에서의 항공기 사고"에 상세히 설명된 일부 또는 전체의 역할을 필요로 한다. 공항당국이 고려 해야할 사건의 예는 램프지역의 연료 누유, 여객 탑승교, 연료 저장시설, 화물처리지역의 위험물품 발견, 구조물의 붕괴, 차량/항공기 추돌 등이다.

제9부 기관 직원–현장 역할

다음에 제한 받지 않고 지역필요성에 따라 포함
ⓐ 공항 내
① 공항 소방대장
② 공항당국
③ 경찰 및 보안 – 담당책임자
④ 의료 조정자
ⓑ 공항 외
① 지역소방대장
② 정부기관
③ 경찰 및 보안 – 담당책임자

현장지휘자는 사전 준비된 상호지원 비상협정 내에서 요구에 따라 지정된다.

사고현장에서 지휘자를 구별하는 것에 혼란이 온다면 심각한 문제라는 것을 경험상 알고 있다. 이땐 안전모와 조끼 또는 의복을 입도록 하는 것이 권고된다. 권고되는 색들은 다음과 같다.

붉은색 – 소방대장
파란색 – 경찰대장
흰색(붉은 글씨) – 의료조정자
오렌지색 – 공항 행정관
라임그린색 – 수송담당관
어두운 갈색(다크브라운) – 법의학대장

현장지휘자는 전체 비상운영의 지휘권이 있는 사람으로 임명한다. 현장지휘자는 쉽게 구별이 되어야 하며, 위의 사람들이나 대응기관 직원 중의 한명이 될 수 있다.

부록3 공항의료업무

일반사항

1. 적절한 의료업무와 공급이 공항에서는 가능하여야 한다. 의료서비스의 준비는 인력자원과 물건들이 일상적으로 사용되는 대도시 근처의 공항이나 대형공항에서는 큰 어려움이 없을 것이다. 지역 내에서 비상의료지원 시스템과의 상호조정이 이루어져야 한다. 공항에서 지정된 의료조정자는 의료장비의 준비와 검사에 책임을 지고 있다.

2. 주거지역 가까이에 위치하지 않은 소규모 공항에서는 의료업무의 준비에 어려움이 있을 수 있다. 그러나 이들 공항은 공항을 이용하는 가장 큰 항공기를 염두에 두고 항공기 사고 시 적절한 의료장비를 제공할 수 있는 비상의료업무를 운용하여야 한다.

3. 공항지역의 의료품은 공항비상계획의 일부분이 되어야 한다. 다음의 사항을 고려하여야 한다.
ⓐ 공항 내외부의 인력자원, 즉 의사, 구급치료 자격이 있는 팀, 들것 나르는 사람, 간호사
ⓑ 공항 내외부의 의료 장비 및 시설, 즉 병원, 앰뷸런스

4. 위의 재원들이 공항에서 멀리 떨어진 지역에서만 가져와야 하는 공항에서, 의료장비 및 시설을 현장으로 수송할 헬리콥터 등을 사용하여 필요한 대응을 획득할 수 있도록 폭 넓은 비상계획을 공항비상계획에 포함시켜야 한다.

공항에서의 비상의료업무

5. 권고 기준. 공항에서의 비상의료업무는 의료요원과 공항 규모에 알맞은 의료시설이 공항에 설치되어야 하고 상호지원 비상협정이 개발되어야 한다는 개념을 바탕으로 하고 있다. 가능한 항공기 사고 뿐만 아니라 공항에 일상적으로 발생(근무 중 사고, 심장마비 등)하는 의료비상사태를 처리하도록 충분한 의료 공급이 공항시설에서 유지되어야 한다.

6. 공항직원의 비상의료 훈련. 구조의무가 있는 모든 직원과 "민원접촉" 공항직원은 구급 및 CPR(인공호흡)훈련을 받아야 한다.

7. 구조 및 소방요원은 심하게 부상당한 사람을 안정시킬 수 있는 능력이 있어야 한다. 공항 구조 및 소방서비스 또는 다른 공항내 직원의 근무조당 최소 2명의 풀타임 직원이 지역 의료기관이 결정한 비상의료 처리수준까지 훈련을 받아야 한다. 추가로 가능한 많은 구조 및 소방요원이 의료숙련의 최소기준과 가장 높은 구급처리 자격이 있는 요원 또는 그와 비슷한 수준까지 도달할 수 있도록 훈련을 받는 것이 권고된다. 그들은 그들의 즉각적인 배치장소에서 충분한 의료서비스가 현장에서 가능하거나 적절한 의료시설로 부상자를 수송할 수단이 제공될 때까지 환자들의 안정을 취할 수 있도록 충분한 의료장비를 가지고 있어야 한다.

8. 가능한 많은 공항 구조 및 소방요원들은 적절한 의료 기관에서 교육시키는 CPR(인공호흡)훈련을 받아야 한다. 정기적인 CPR기술의 훈련과 연습은 수준을 유지하는 데 필수적이다.

9. 공항에서의 일상적인 의료문제는 공항상주 비상요원의 의료능력의 수준을 향상시키고 확보하게 해줄 수 있다. 비상의료기술의 능력은 끊임없는 연습을 통해서만 유지될 수 있다는 것을 알아야 한다. 만일 매일 진보된 생명지원 시스템을 제공하지 않는다면 능력은 감소하거나 사라질 것이다.

10. 공항은 구조 및 소방요원을 제외하고 비상사태로 인해 발생하는 부상자들을 도와주기 위해 공항직원들부터 즉각적인 대응을 제공하기 위한 자원자를 모집할 수 있다. 자원자들은 인가된 기관으로부터 구급 및 구조대응에 대한 교육을 받아야 한다. 비상사태 시에 자원자들은 의료조정자가 올 때까지 소방대장과 같은 현장 지휘자의 감독 하에 있어야 한다. 각각의 기관은 보수와 책임에 관한 사항을 제출하여야 한다.

11. 비상 의료보급품 및 장비. 공항당국은 공항을 사용하는 가장 큰 항공기의 여객 및 승무원의 인원을 처리할 수 있는 충분한 의료품을 공항 및 그 주변에서 사용 가능토록 준비하여야 한다. 그러나 한 대 이상의 항공기가 항공기 사고에 포함될수 있다는 것도 전례를 보면 알 수 있다. 결과적으로 이런 가능성들을 고려하여 의료품을 준비하여야 한다. 그런 의료품의 종류와 양은 통계정보를 사용하여 공항의 주요 의료기관이 결정하여야 한다.

12. 항공기 사고로부터 수집한 통계자료에 따르면 항공기 탑승객의 약 75% 정도가 생존부상자로 예측된다. 이들 치료를 위한 필요사항이 다음과 같이 배분될 것임을 예측할 수 있다.
    20%-즉시치료(붉은색-Ⅰ등급)
    30%-지연치료(노란색-Ⅱ등급)
    50%-경미한 치료(녹색-Ⅲ등급)
공항에 발생하는 항공기 사고로 발생한 부상자의 추정 최대숫자는 이 부록의 표 3-1에 나와 있다.

표 3-1 공항에서의 항공기 사고시 부상자의 최대숫자 예측

항공기 탑승객	부상자수	부상자의 20% 즉시치료 Ⅰ등급	부상자의 30% 지연치료 Ⅱ등급	부상자의 50% 경미한 치료 Ⅲ등급
500	375	75	113	187
450	338	68	101	169
400	300	60	90	150
350	263	53	79	131
300	225	45	68	112
250	188	38	56	94
200	150	30	45	75
150	113	23	34	56
100	75	15	23	37
50	38	8	11	19

이 수치는 공항이나 그 주변에서 발생하는 항공기 사고 시 생존 부상자의 최대 수는 항공기 탑승객의 약 75% 정도 된다는 가정 하에 기초를 두고 있다.

13. 공항에서는 사고현장을 수송될 수 있도록 적절한 차량(트레일러)에 적절히 저장되어 있는 들것, 담요, 백보드와 고정된 매트리스 등을 사용할 수 있어야 한다. 담요는 부상자가 쇼크나 안 좋은 기상 상태에 노출되는 것을 경감시키기 위하여 필요하다. 항공기 사고에서 외상 환자들은 심각한 골절상을 입을 수 있으므로, 부상자를 항공기에서 이동시킬 때 발생할 수 있는 추가적인 뼈 손상의 가능성을 감소시키기 위하여 백보드와 목보호대를 사용하여야 한다. 백보드는 접근로와 상업 또는 사업항공기의 복도에 맞게 설계된 형태여야 한다. 백보드는 환자를 보드위에서 안전하게 할 수 있도록 묶을 수 있는 가죽 끈이 있어야 한다. 이송하는 요원이 쉽게 들 수 있도록 백보드의 하단 쪽에 크리트가 부착되어 있어야 한다.

14. 충분한 비상산소와 호흡장비가 연기에 질식한 환자들을 치료하기 위해 사용할 수 있어야 한다.

15. 공항의 의료 비상사태와 관련된 비사고의 대다수는 심장에 관련된 사항이 포함되어 있기 때문에 향상된 인명지원 시스템을 사용할 수 있어야 한다.

16. 이동 비상병원 또는 부풀게 할 수 있는 텐트 또는 구호소는 즉시치료(Ⅰ등급-붉은색), 지연치료(Ⅱ등급-노란색) 부상자의 현장치료를 위해 사용된다. 부상자는 현장에서 처리될 수 있고, 안정을 취하고, 적절한 병원까지 수송될 수 있다.

17. 소생 앰뷸런스는 즉시치료(Ⅰ등급-붉은색)환자를 위한 좋은 구호소로 사용될 수 있다.

18. 부풀릴 수 있는 텐트는 조명과 온방장치를 가지고 있어야 한다. 대형 텐트는 보통 10명의 심각한 환자를 수용할 수 있고, 기타 필요장비와 함께 대형 다목적 차량에 의해 수송된다.

19. 대형항공기가 포함된 비상사태에 대응하기 위해서 3-1리스트에 설명된 일반적인 비상의료품과 장비는 공항에서 사용할 수 있고 외부에서도 사용할 수 있다. 3-1리스트는 현재에 B747, DC-10, 에어버스와 같은 상업항공수송에 사용되는 대형 기종에 대응할 수 있도록 준비된다. 단지 소형항공기만의 운영이 장래에 계획되어 있다면 조건에 맞는 의료품과 장비가 공항에서 운영이 예상되는 대형항공기에 적용할 수 있도록 준비되어야 한다.

20. 다음 물건들은 3-1 리스트에 포함된 일부 항목들을 설명한 것이다.
    고정된 매트리스(진공매트리스로 불리기도 함) : 이 기구는 매트리스처럼 생긴 플라스틱가방으로 구성되어 있고 아주 작은 공들로 가득 채워져 있다. 매트리스를 공기압력으로 압축시키고 회반죽처럼 단단하게 하기 위하여 흡입기(기계적인 또는 기타)가 공기를 빼기 위해 사용된다. 매트리스를 압축하기 전에 부분적으로 싸여진 신체일부는 완전히 싸여진다. 머리, 팔다리와 척추는 움직일 수 없게 되어 옆 부분의 밧줄을 사용하여 어느 형태의 이송도 가능케 한다. 이 기구는 엑스레이를 통과한다. 규격은 다양하지만 보통 길이는 1.80에서 1.90m 사이이고 폭은 0.80에서 0.90m 사이이다.
    백보드 : 긴 백보드와 짧은 백보드로 구분된다. 긴 백보드의 대략적인 크기는 그림 A3-1A에 나타나 있다. 1.9m의 백보드가 나와 있지만, 1.83m 길이의 백보드가 51cm 폭과 91.5cm 높이의 가장 작은 항공기의 비상문에서 사용할 수 있어야 한다. 7.5cm 폭의 벨크로 접착테이프가 붙어있는 가죽 끈이 다리, 엉덩이, 윗가슴과 머리를 묶기 위해 필요하다. 짧은 백보드의 대략적이 크기는 그림 A3-1B에 나타나 있다. 7.5cm 폭의 벨크로 접착테이프가 붙어있는 가죽 끈이 아래 가슴과 위 가슴을 묶기 위해 필요하다.

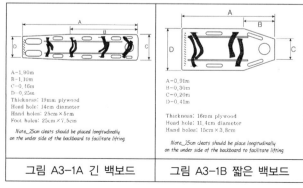

A-1.90m
B-1.10m
C-0.16m
D-0.25m
Thickness: 19mm plywood
Head hole: 14cm diameter
Hand holes: 25cm×5cm
Foot holes: 25cm×7.5cm

Note_25cm cleats should be placed longitudinally on the under side of the backboard to facilitate lifting

A-0.91m
B-0.30m
C-0.20m
D-0.41m

Thickness: 16mm plywood
Head hole: 11.4cm diameter
Hand holes: 15cm×3.8cm

Note_25cm cleats should be place longitudinally on the under side of the backboard to facilitate lifting

| 그림 A3-1A 긴 백보드 | 그림 A3-1B 짧은 백보드 |

3-1 리스트 – 일반적인 비상 공급품 및 장비

수량	종류
500	분류라벨
100	가장 일반적으로 사용되는 앰뷸런스에 적합한 들것
10	척추골절환자를 위한 고정 매트리스
10	척추골절환자를 위한 백보드
50	다양한 형태의 골절상을 위한 일반적 또는 부풀릴수 있는 부목
50	10개 꼬리표 1쉘, 지혈패드, 지혈대, 호흡튜브, 가위, 붕대, 소독된 화상팩 등으로 구성된 구급킷
20	20명의 부상자를 위한 현장 삽관법, 주입과 산소장비를 포함하고 있는 소생체스트
2～3	심전도 기록계 또는 심전도 장비
2～3	수동 또는 기계적 호흡기
10	동맥주입 팩(보통 염수 또는 헤마셀)
2～3	흡입장비
2	마취약 실린더
300～500	사망자를 위한 플라스틱가방 또는 관

21. 비상 의료통신 시스템. 통신은 공항 비상의료 계획의 1차적인 필수사항이다. 공항 의료서비스 통신시스템은 비상기간 동안 경고 정보를 알려주고 지원 운영을 확보하기 위한 적절한 통신을 보장하여야 한다. 통신이 없이는 병원은 수용해야할 부상자의 수와 증상을 알 수가 없고 앰뷸런스는 필요한 치료를 할 수 있는 시설로 갈 수가 없으며, 외부로부터 사용할 수 있는 공급품을 요구할 수 없으며, 의료 요원들을 그들을 가장 필요로 하는 장소로 갈 수가 없다.

22. 참가 병원은 쌍방향 통신망을 이용하여 다른 기관과 통신할 수 있는 성능을 가지고 있어야 한다. 각 병원은 개별 병원을 호출할 수 있는 성능을 가지고 있고 또는 상황이 발생하면 전 병원을 동시에 호출할 수 있는 성능을 가지고 있어야 한다. 이 성능은 특정 혈액이나 장비가 부족했던 비상사태를 경험한 병원에게는 아주 중요한 것이다. 의료조정자는 참가하는 병원들과 직접 통신할 수 있는 성능을 갖추도록 하는 것이 권고된다.

23. 비상의료 수송시설. 부상자를 사고현장에서 병원으로 후송하는 것은 병원의료요원, 의료전문분야, 사용할 수 있는 침대를 고려하여야 한다. 각 공항은 일반적인 의료비상사태에 최소 하나의 앰뷸런스를 호출하여 사용할 수 있어야 한다. 앰뷸런스를 가지고 있는 공항외부와의 서면 협정이 비상수송서비스를 제공받기 위하여 준비되어야 한다.

24. 헬리콥터와 고정익 항공기와 같은 항공수송장비는 비상탈출이나 의료서비스 및 장비를 병원에서 현장으로 수송하기 위하여 고려될 수 있다.

25. 많은 부상자를 공항외부의 의료시설로 수송할 필요가 있기 때문에 현장에 도착하는 앰뷸런스는 집결지 또는 대기지역과 지정된 수송 직원에게 보고를 하여야 한다. 이 직원은 수송이 필요한 부상자의 수, 필요한 앰뷸런스의 수와 종류, 부상자를 수용할 각 의료시설의 가용성 및 수용능력들을 확인하는 데 책임을 지고 있다. 복합 부상 사고의 경우에 수송책임자(또는 팀의 멤버)는 탑승, 부상자의 이름과 상처 기록, 개별 차량과 부상자의 병원으로의 노선 등을 감독한다.

26. 대형 비상상황에서 다른 형태의 수송은 앰뷸런스를 대체할 수 있다. 밴, 버스, 자동차, 스테이션 왜곤, 또는 기타 적절한 공항 차량들이 사용될 수 있다. 부상당하지 않은 사람을 지정된 대기지역으로 이동을 시키기 위한 즉각적인 수송에도 사용할 수 있어야 한다.

27. 공항 및 주변지역의 격자지도(가장 최근에 개정된)가 모든 구조 차량에 제공되어야 한다. 모든 의료시설들은 격자지도상에 명백히 표시되어 있어야 한다.

공항 의료치료시설(의료진료소 또는 구급실)

28. 필요성에 영향을 미치는 일반 요소. 공항 구급실 또는 공항 의료진료소의 필요성에 영향을 미치는 일반적인 요소들이 많이 있다. 고려되어야 할 요소들은 다음을 포함하고 있다.
    ⓐ 연간 이용 여객이 수 및 공항에 상주하는 직원의 수
    ⓑ 공항과 그 주변지역의 산업활동
    ⓒ 적절한 의료시설로부터의 거리
    ⓓ 상호지원 의료서비스 협정

29. 일반적으로 공항 의료진료소는 공항직원이 1,000명 이상일 경우에 운영을 하고 공항 구급실은 모든 공항에서 운영하도록 권고되고 있다. 공항 의료진료소 또는 구급실 요원과 시설은 공항비상계획에 통합되어야 한다.

30. 공항 직원에게 비상의료 치료를 제공하는 것에 추가하여 공항 의료진료소는 지역사회에 비상시설이 없다면 공항 주변의 지역사회에 비상치료를 확대할 수 있다.

31. 공항 의료진료소는 지역 비상서비스 기구 및 계획에 포함될 수 있다. 공항외 지역의 대형비상사태의 경우에 공항 의료진료소는 의료지원의 지휘를 위한 조정자로서 기능을 수행할 수 있다.

32. 공항 의료시설의 위치. 시설은 공항터미널, 일반 공공시설, 비상수송장비(앰뷸런스, 헬리콥터 등)에 쉽게 접근할 수 있어야 한다. 부상당한 사람을 공항 청사건물의 혼잡한 지역을 통과하여 이송하여야 하는 문제를 피하여 부지선정을 하여야 한다. 가능한 편리한 경로를 통해서 비상차량이 시설에 접근하기 위해서 공항으로 진출입하는 일반 접근 도로를 우회할 수 있다. 의료시설은 공항청사건물의 에어사이드로부터 접근이 이루어지도록 위치를 잡도록 권고되는데 이것은 비상장비를 방해하는 비공인된 차량을 통제하기가 용이하기 때문이다.

33. 공항 의료시설 직원. 훈련된 직원의 수와 각 개인이 필요한 전문성의 등급은 공항의 특별한 요구사항에 달려 있다. 공항 의료진료소의 직원은 공항 비상계획을 위한 의료서비스 계획의 핵심을 이루고 있다(또한 계획의 의료분야 이행에 대한 책임이 있다). 적어도 공항구급실에는 높은 등급의 자격이 있는 구급요원이 직원으로 구성되어야 한다.

34. 일반적으로 공항운영시간중의 다음을 처리할 수 있도록 훈련받은 최소 한 명이 근무를 하여야 한다.
    ⓐ 인공호흡(CPR)
    ⓑ 외상으로부터의 출혈
    ⓒ 하임리히 처리(숨막힘)
    ⓓ 골절 및 비골
    ⓔ 화상
    ⓕ 쇼크

ⓖ 조산을 포함한 비상 산아 및 신생아의 치료

ⓗ 상처에 영향을 미칠 수 있는 일반적인 의료 상태(알레르기, 고혈압, 당뇨, 페이스메이커 등)

ⓘ 방사능 물질, 독성 또는 독극물질의 누출에 따른 처리와 보호를 위한 기본방법

ⓙ 정신분열증상의 처리

ⓚ 독성, 부식, 과민성 쇼크를 위한 인지 및 구급

ⓛ 부상자 수송기술
  이 사람은 필요시에 병원수송을 명령할 권한이 있고 필요한 수송수단을 준비할 권한이 있다.

35. 공항당국은 구급실을 위한 배정과 장비설계를 특정공항의 예상되는 수요에 맞춰야 됨에 따라 비상의료 의사의 자문과 지시를 받아야 한다.

36. 공항 의료진료소 장비와 의료품은 진료를 담당하고 있는 의사 또는 의사팀에 의해서 결정되어야 한다. 항공기 비상사태에 대응하는 것이 주요한 문제임을 기억하여야 한다.

37. 공항 의료시설은 심장정지와 기타 형태의 부상과 산업의약과 관련된 질병을 다룰 수 있도록 장비를 갖춰야 한다. 만일 약이 유지되어진다면 완전한 안전을 보장하도록 준비하여야 한다.

38. 충분한 비상산소와 호흡장비가 연기에 질식한 환자를 다룰 수 있도록 준비되어야 한다.

39. 공항에서 사고와 관련 없는 의료비상사태의 대다수가 심장 문제를 포함하고 있기 때문에 산소, 산소공급기와 기타 심장치료에 관련된 장비들을 포함한 첨단 생명지원 시스템이 사용될 수 있어야 한다. 추가로 구급장비(의약품, 여러 종류의 붕대와 부목, 수혈장비, 화상 및 분만 기구를 포함), 체인, 로프, 쇠지레와 금속절단기 등을 사용할 수 있어야 한다.

의료시설이 없는 공항

40. 의료시설(진료소 또는 구급실)이 없는 공항에서 공항당국은 공항운영시간동안 모든 활동을 처리할 수 있는 향상된 구급법을 교육받은 충분한 인원을 가용할 수 있도록 준비하여야 한다. 이들 공항에서 구급을 위한 장비는 최소한 비상의료 가방을 구성되어야 한다. 이 가방은 지정된 공항 비상사태 차량에 의해서 운반되어 쉽게 사용할 수 있어야 하고 적어도 다음 사항들을 포함하고 있어야 한다.
  –4개의 스파이크가 달린 하나의 플라스틱 시트(1.80m×1.80m)
  –7개 지혈제(1팩은 3개, 1팩은 4개)
  –붕대 2필드(45cm×56cm, 56cm×91cm)
  –10개 복부패드(2개짜리 5팩)
  –40개의 10cm×10cm 거즈패드(10개짜리 4팩)
  –2개의 지혈대
  –1개의 인공통풍로
  –3개의 일회용 통풍로(각각 2번, 4번, 5번)
  –2개의 도뇨관과 함께 1개의 진공 주사기(12번, 14번FR)
  –2개의 대형 붕대가위
  –25번GA 1.6cm 바늘에 20개의 일회용 주사기

  –12개의 에이스 붕대(15cm 2개, 7.5cm 4개, 5cm 6개)
  –12개의 알콜 스폰지 팩
  –거즈 붕대 4롤(7.5cm 2개, 5cm 2개)
  –접착테이프 2롤
  –4개의 바세린거즈 붕대(15cm×91cm)
  –100개들이 밴드 상자
  –1개의 혈압커프와 거즈
  –2개의 클립보드(22cm×28cm)
  –6개의 연필
  –충분한 수의 부상자 인식표
  –부풀릴 수 있는 부목 1셀
  –1개의 호흡튜브
  –1개의 짧은 척추보드
  –1개의 후레쉬
  –2개의 목보호대
  –1개의 바이트스틱 쐐기
  –1개의 일회용 산과 도구
  –1개의 고정 매트리스

부록 4 항공기 사고조사를 위한 증거 보존

1. 공항 소방대원 및 기타 구조요원은 항공기 사고조사의 기본적 필요성과 사고조사에 사용되는 기술 및 절차를 이해하여야 한다. 가능한 잔해는 항공기 사고조사 팀이 도착할 때까지 손대지 않고 보존하여야 한다. 그러나 구조 또는 화재진압 활동에 절대적으로 필요할 경우 잔해를 건드릴 수는 있다. 그것은 최소한으로 하여야 한다.

2. 사망자의 몸체는 발견된 장소에 그대로 두어야 한다. 시체나 잔해의 일부를 옮길 필요가 있을 때는 이동시키기 전에 그들의 위치에 대한 스케치 계획을 가능한 만들어야 한다. 가능한 네 가지 각도의 사진을 잔해안의 시체나 일부분의 위치를 나타내기 위하여 찍어야 한다. 추가로 꼬리표를 옮겨진 각각의 시체나 일부분에 부착하고, 대응표식이나 꼬리표를 잔해안에서 발견된 지점에 부착하여야 한다. 조종실 지역은 어떤 것도 건드리지 않도록 사전 조치를 취해야 한다. 만약 자의적으로 또는 고의적으로 위치를 바꿔야 한다면, 발생된 사항은 기록을 하여야 하고, 사고조사기관이 주의를 갖도록 하여야 한다.

3. 잔해 내에서의 격리와 보안조치는 가능한 빨리 수행되어야 한다. 모든 인가받은 요원은 공항비상계획의 요구에 따라 적절한 "비상출입" 증명서를 휴대하고 제시하여야 한다.

4. 모든 보안요원은 적절한 신분증명 절차를 브리핑 받아야 한다. 현장의 적절한 기관과의 쌍방향 무전통신이 신분이 불확실한 사람의 출입을 확인하는데 도움이 된다.

5. 사고현장은 발화성 연료의 잔존, 위험물질 및 잔해의 조각들로 인해 매우 위험한 지역이 될 수 있다. 비상지역 내에서의 모든 필요한 안전절차가 엄격하게 수행되어야 한다. 화재 진압 및 모든 구조 노력을 하는 도중에 훌륭한 판단을 연습하는 것도 포함한다. 참여하는 요원들이 안전장비와 보호의상을 모두 착용을 하여야 한다.

6. 비상사태 후에 소방 및 구조에 참여한 사람들은 보고를 하고 그들의 관찰은 적절한 기관이 기록을 하여야 한다. 시체나 일부분을 옮기면서 붙인 꼬리표에 대한 자세한 설명뿐만 아니라 현장에서 만든 스케치, 다이어그램, 사진, 영화필름과 녹음된 테이프 및 비디오는 조사자들에게 아주 훌륭한 도구가 되고, 이들이 도착하면 조사 책임관에게 인계하여야 한다.

부록 5 상호지원 비상협정

1. 공항이 주변지역과 가까운 거리에 있고 공항외부에서의 항공기 사고 가능성 때문에 비상지원 비상협정의 필요성이 발생한다.

2. 상호지원 비상협정은 초기 통보와 대응임무를 명시하고 있다. 그러나 관련된 기관의 책임은 비상계획에 포함되어 있으므로 명시하지 않는다.

3. 상호지원 비상협정은 사전 준비되어야 하고 공식적으로 인정을 받아야 한다. 공항당국은 만일 좀 더 복잡한 사법적 또는 다수 기관의 협정이 필요하다면 조정기관으로서 역할을 수행하여야 한다. 이 부록의 제4항과 5항에 공항 내외부에서 발생하는 사고에 대한 지역 소방서와의 상호지원 비상협정의 준비를 지원하기 위한 지침이 포함되어 있다.

4. 지역 소방서의 절차–공항의 항공기 사고
   ⓐ 대응이 개시되면 상호지원 소방서는 공항의 집결지나 대기지역으로 곧바로 출동한다. 공항경찰/보안팀이 집결지 또는 대기지역에서 사고현장으로 호위를 제공한다.
   ⓑ 공항이 항공기 운영을 종료하지 않는다면 공항지역에서 호위 없이 이동하는 것은 매우 위험하고 항공기 이동에 마찰을 일으킬 수 있다는 것을 상호지원 소방서가 인지하는 것이 필수적이다.
   ⓒ 사고현장에 도착하면:
      ① 상호지원을 받을 공항 구조 및 소방서의 선임직원이 현장의 전체 지휘권을 가지고 있다.
      ② 소방서 상호지원통신은 사전 지정된 통신 채널에 따라 수행된다.
      ③ 통신발신은 공항 구조 및 소방/지역 소방서 호출번호에 따라 시작된다.

5. 지역 소방서의 절차–공항 밖의 항공기 사고
   ⓐ 공항 밖 항공기 사고에 대한 호출은 보통 항공관제 서비스 또는 경찰로부터 받는다. 그런 경우가 아니라면 지역 소방서는 무전기 또는 전화를 통해서 항공교통관제업무나 경찰에게 사고가 발생했다는 것을 알리고 격자지도상의 근접 지점을 가르쳐 준다.
   ⓑ 사고현장에 도착하면 지역소방서는:
      ① 상호지원 비상협정이 개시되었는지 확인하고
      ② 지휘소를 설치(공항당국의 이동지휘소가 운영될 때까지 임시지휘소가 될 수 있다.)
      ③ 모든 통신이 지정된 항공기 사고 채널에 맞춰졌는지 확인
   ⓒ 지역소방서는 항공교통관제업무 및 경찰서에 다음 사항의 정보를 제공한다.
      ① 사고현장의 정확한 위치

② 지휘소의 위치
③ 소방대가 대응하여야 할 격자지도상의 특정장소/집결지
④ 필요하다면 특수한 장비를 요청

부록 6 수상의 항공기 사고

1. 공항의 대형 수역(강과 호수 같은) 근처에 있거나 해안에 위치하고 있는 곳에서는 수역에서 항공기 사고/사건의 경우에 대비하여 구조 및 소방운영을 위한 특별한 준비를 하여야 한다. 구조 및 소방을 위한 특별한 장비는 소방/구조 보트, 공기부상식 차량, 헬리콥터, 해안경비 보트 또는 수륙양용 차량을 포함할 수 있다.

2. 특이한 지형과 조수간만과 습지 같은 수역상태를 고려하면 이런 상황에 맞는 차량의 형태를 선택할 수 있다. 일반적인 선박뿐만 아니라 헬리콥터, 공기부상차량과 수륙양용 차량은 이런 특별한 서비스를 제공하기 위하여 사용된다.

3. 수중 구조서비스를 개발하는 데 있어 가용할 수 있고 지원을 받을 수 있는 공공구조기관(구 수색 및 구조대, 해안경찰 또는 소방서) 및 민간 구조대(구조대, 전력 및 통신회사, 해양 석유 운영자 또는 선박 및 운하운영자)를 고려하여야 한다. 비상사태 시 간 및 공공서비스기관에게 경보를 알리는 신호 시스템은 사전에 약속되어져야 한다.

4. 많은 항공기들은 기내에 개인별 부유장치를 싣고 있지 않으며, 특히 수중 위로 비행할 계획이 없는 항공기는 더욱 그러하다. 그런 부유장치는 공항을 이용하는 가장 큰 항공기의 최대 여객 수용량의 수요에 충분한 수를 준비하여야 한다. 대형 항공기가 수중위로의 비행에 대비하여 장비를 잘 갖춘 곳에서 공항은 개인별 부유장치 수를 줄일 수 있다.

5. 화재 가능성. 수중에서 사고가 발생한 곳에서는 물과의 접촉으로 인해 발화 근원이 억제되고 가열된 표면이 식음으로서 화재가능성이 줄어들 수 있다. 화재가 발생한 상황에서는 통제와 소화작업은 특별한 장비의 이용을 필요로 한다.

6. 수면에 연료의 누유. 항공기가 수면에 부딪치면서 연료 탱크와 연료관의 파열이 예상된다. 일정량의 연료가 수면 위에 떠있다는 것을 가정하는 것이 타당하다. 수면에서 배출가스를 내는 보트가 이런 상황에서 운영된다면 발화 위험을 내포하고 있는 것이다. 화재가 난 곳에서는 바람 방향과 풍속, 조류를 고려한 후에 접근하여야 한다. 화재는 호스물줄기를 이용한 휩쓸어내는 기술을 이용하여 화재지역에서 몰아낼 수 있다. 포말과 기타 소화용액은 필요한 곳에서 사용될 수 있다. 물에 떠있는 연료를 처리하고 구조작업에 위험을 줄 수 있는 지역으로 이동하는 것을 방지하기 위하여 바람과 조류를 고려하여야 한다. 가능한 연료 덩어리는 고압 노즐로 작게 부수거나 이동을 시키고, 포말 또는 불활성 물질로 덮은 다음 중화시키거나, 흡수, 희석, 제거하기 전에 안전지대에서 연료를 담기 위하여 방재를 설치하여야 한다. 사전계획에 의하여 수질오염 통제기관은 이 작업 기간에 비상지원을 제공할 수 있다.

7. 구명보트. 구명보트는 얕은 수중에서도 운영할 수 있어야 한다. 젯트추진력에 의해 구동되는 보트는 부풀려진 장비에 구멍을 내거나 구조작업 중 생존자에게 상처를 줄 수 있는 프로펠러의 위험을 줄인다. 일반적인 프로펠러에 의해 구동되

는 보트는 팬형태의 보호대나 집풍기를 씌워서 장비에 구멍을 내거나 생존자에게 상처를 주는 위험을 방지할 수 있다. 부풀려서 사용하는 보트는 잔해나 바나클에 의해 구멍이 날 수 있다.

8. 만일 수면이 얼 수 있는 상황이라면, 얼음위에서 작동이 용이한 차량(호버크래프트, 에어보트 등)이 사용될 수 있다.

9. 보트 및 기타 구조 차량은 최소의 시간 안에 행동을 취할 수 있도록 위치해 있어야 한다. 특별한 보트하우스나 출동램프가 대응시간을 줄이기 위해 제공되어야 한다.

10. 보트는 승무원을 위한 적절한 공간과 함께 부유장비를 실을 수 있도록 크기가 충분하여야 한다. 부유장비의 신속한 소산을 위해 충분한 작업공간이 제공되어야 한다. 부풀리는 구명부대는 가장 중요한 부유장비이다; 공항을 이용하는 가장 큰 항공기의 최대 여객수를 수용할 수 있는 충분한 양이 있어야 한다. 일단 이 부유장비가 배포되면, 구조 과정에서 배로 가져온 일정한 수의 들것을 수용할 충분한 공간이 있어야 한다.

11. 적절한 쌍방향 무전장비가 헬리콥터, 공기부양 또는 수륙양용장비와 수역에 기지를 둔 장비와 같은 다른 구조대와 통신을 할 수 있도록 모든 구조장비에 제공되어야 한다.

12. 최소 두 개의 투광조명기가 야간 운영을 위해서 제공되어야 한다.

13. 레이더가 항해와 접촉을 용이하게 위하여 사용되어야 한다.

14. 항공기의 탑승부분이 일부 가라앉는다 해도 생명을 유지하기에 충분한 공기가 내부에 있을 가능성이 크다. 다이버들의 입수는 가능한 가장 깊은 곳에서 이루어져야 한다.

15. 잠수 구조대/다이버 이용 구성. 잠수구조대가 현장으로 급파되어야 한다. 필요할 때 실제현장으로 다이버들의 수송을 용이하게 하기 위하여 헬리콥터가 사용될 수 있다. 이런 형태의 임무를 위해 소집될 수 있는 다이버들은 스쿠버다이빙과 수중 탐색 및 복구기술을 훈련받아야 한다. 정부 또는 자치적인 수중 탐색 및 복구팀을 운영하지 않는 곳에서는 사설 다이빙클럽과 협정을 맺을 수 있다. 다이버들이 물속에서 작업하고 있는 모든 곳에는 표준 잠수깃발을 세워야하고 이 지역에서 운영하는 보트들은 극도로 주의를 하도록 경고를 받아야 한다.

16. 희생자들은 사고현장의 바람방향 쪽이나 하류에서 발견되는 경우가 예상된다. 이런 사항은 작업을 계획할 때 고려하여야 한다. 사고현장의 주변에 도착이 이루어진 곳에서 다이버는 표준 수중 탐색형태를 이용하여야 하고 표시부유물을 이용하여 항공기의 주요 위치를 표시하여야 한다. 충분한 다이버를 활용할 수 없을 때는 항공기 표면에서 드래깅 작업을 수행하여야 한다. 드래깅과 잠수작업을 동시에 수행할 수는 없다.

17. 지휘소는 해안근처의 가장 알맞은 장소에 설치되어야 한다. 이것은 사법권을 가진 기관이 설립한 지침에 따라 공항/지역사회 비상계획을 수행하기 용이하게 할 수 있는 장소에 위치를 잡아야 한다.

부록 7 항공기 운영자

일반사항

1. 다음에 오는 재료는 항공기 사고에 관련된 항공기 운영자가 취해야할 행동과 제공되어야 할 업무를 설명하고 있다.

2. 항공기 운영요원은 비상사태에 항공기 탑승객의 수요에 대응하는데 사용할 수 있는 협력집단을 구성한다.

3. 항공기 운영자 비상계획은 항공기 운영요원이 공항이 위임한 책임이 무엇인지 알고 항공기 운영자에게 요구되는 대응이 무엇인지 알기 위하여 공항비상계획과 상호조정을 하여야 한다. 항공기 운영자는 회사 조정자가 사용하도록 체크리스트 양식을 만들어야 한다. 이 양식에 사고의 통보시간, 회사 통신, 개인임무, 대응 및 기타 취해야 할 행동들을 상세히 기록하여야 한다. 이 기록으로부터 항공기 운영자와 공항비상계획의 평가팀은 미래 개선을 위해 분석할 수 있어야 한다.

4. 항공기운영자는 모든 회사직원이 비상사태에 대비하여 준비할 수 있도록 교육을 시켜야 한다. 모든 비상사태에서 관련된 여객들은 일반적으로 겪어 보지 않았던 엄격한 압력을 받을 수 있다. 모든 비상요원들은 여객들의 보기 드문 압박감과 불안에 대한 일반적인 대응에 친숙해져야 하고 불안해하는 사람들에게 효율적으로 대처하는 것이 필수적이다. 비상 상황 하에서 효과적으로 행동하기 위한 가장 가능한 준비는 교육과 연습이다. 교육은 본성에 대한 교훈과 불안해하는 사람의 행동 그리고 예상되는 일반적인 형태의 반응을 포함한다. 항공기 운영요원은 비상상황하에서의 효율적인 행동형태를 확립하고 "심리학적 구급치료"의 기본원칙을 연습하기 위하여 모의 비상훈련에 참가하여야 한다.

5. 관련된 항공기운영자는 들어오는 비상전화 요청을 적절히 처리할 수 있도록 준비를 하여야 한다. 언론매체에 대한 정보의 준비는 다수의 전화요청을 피하기 위해 고려되어야 한다.

6. 부상당하지 않은 사람들을 위한 대기지역은 비상사태 시 부상을 당하지 않거나 명백히 부상이 없는 사람들을 모으고 처리하기 위하여 지정되어야 한다. 선택된 지역은 여객 안정과 방송매체 부터의 보안을 제공하여야 한다.

7. 사고가 통보되면 지정된 항공기 운영요원은 사고현장에서 탈출한 여객들을 받을 수 있도록 지정된 대기지역에 즉시 보고하여야 한다. 항공기운영요원은 여객이 도착하기 전에 대기지역에 있어야 한다. 구급장비(이 부록의 10에서 12까지 장비 내용물 참조)가 준비되어야 하고 여객 서비스기관 대표자들이 그들의 임무를 효율적으로 수행할 수 있도록 쉽게 사용할 수 있어야 한다. 탈출자들을 기다리는 동안 지휘를 하는 항공기 운영자 직원은 다음에게 권한을 위임하는 조직회의를 개최하여야 한다.
ⓐ 접수자
ⓑ 등록원
ⓒ 생존자를 위한 복지후생 조정자

8. 다음에 기구와 임무에 필요한 설명이 나와 있다.
  ⓐ 지휘자. 사고에 관련된 항공기 운영자의 선임대표자가 지휘자가 된다. 임시편이나 회항 항공기의 경우에 그 항공기에 지상서비스를 제공하도록 지정된 항공기 운영자의 대표자가 지휘권을 갖는다. 공항에 상주하는 직원이 없는 항공기 운영자나 영공통과 비행기의 경우에 지휘권한은 공항당국에게 있다. 지휘자는 항공기운영자의 운영센터와 비상운영센터와의 무전통신망을 가지고 있어야 한다. 전화가 여객 대기지역에서 사용할 수 있어야 한다. 지휘를 하는 항공기 운영자는 모든 운영을 감독하고 필요하다면 추가적인 의료서비스를 위한 준비를 하여야 한다.
  ⓑ 접수자. 접수자는 사고현장에서 버스가 도착하면 버스를 만나서, 여객들을 그들이 진행해야 될 등록자의 테이블로 보내야 한다. 접수자는 어디에 화장실 시설이 있는지 알고 있어야 한다.
  ⓒ 등록자. 등록자는 사용할 수 있는 구급장비를 가지고 있어야 한다. 2명이 하나의 등록팀을 구성한다. 여러 개의 팀이 신속하고 효율적인 여객 진행을 위해 필요할 것이다. 한명이 등록자 양식(그림7-1)에 여객의 이름을 적고, 호텔등록 또는 다른 항공편의 예약, 교통편, 의복 등 무엇이 필요한지 결정하고, 환자의 상태와 차후 계획에 대하여 통보받아야할 사람을 결정한다. 등록팀의 다른 한명은 신분증명 꼬리표나 스티커(구급장비에서 사용할 수 있는)를 발행하여 환자에게 부착한다. 이것은 수용시설이 준비될 때 여객을 확인하는 데 도움이 된다. 더욱 중요한 것이 여객이 처리되고 있다는 것을 알려준다. 등록자는 부상당하지 않은 생존자들을 복지후생 조정자에게 연결시켜 준다.
  ⓓ 복지후생 조정자. 복지후생 조정자는 "심리학적 구급치료"의 핵심적인 사람들이다. 그들은 여객 대화를 자극하도록 시도하여야 한다. 단체에 어울리지 못하는 사람들에게는 특별한 관심을 보여야 한다. 심리학적 구급치료를 하는데 있어서 일부 사람들은 다른 사람들보다 더욱 심하게 불안해한다는 것을 알 수 있다. 연민에 압 도받은 사람은 그들 자신을 더욱더 도움이 필요 없다고 느끼게 하고 그들의 상태를 최악의 걱정으로 단정 짓게 한다. 신체를 떨거나 급한 호흡을 하거나 호흡이 짧은 증상을 나타내는 사람은 대화를 하게 만들고 가능한 빨리 전문적인 의료 치료를 받도록 하여야 한다.

9. 대부분 공항운영자는 제시된 직원구조대의 규모를 제공할 수 있으나, 소규모 운영을 하는 공항에서는 문제가 발생할 수 있다. 결과적으로 모든 항공기 운영요원(필요하다면 공항에 상주하는 기타 공항입주자)의 상호지원 프로그램이 설치되어야 한다. 지역 국제구조기구(적십자 등)로부터 훈련을 받을 수 있다. 이 훈련은 광범위한 것은 아니나 비상사태에 여객서비스를 위한 교육을 제공할 수 있다.

구급장비

10. 각 항공기 운영자는 전 운영시간동안 항공기 운영요원이 손쉽게 사용할 수 있는 구급장비를 준비하여야 한다. 모든 회사직원은 구급장비의 위치를 알고 있어야 한다. 구급장비는 다음 정보를 적을 수 있는 기록지나 양식을 포함하고 있어야 한다.
  ⓐ 이름, 주소, 여객의 집 전화번호
  ⓑ 여객의 상태를 통보받을 사람의 이름 및 전화번호
  ⓒ 여객에게 필요한 사항 준비(즉 차후 항공편, 호텔, 지역 내의 교통편 등)
  ⓓ 다음 72시간 동안 연락할 수 있는 사람.
  누가 처리 되었는지와 누구를 위하여 준비되었는지 환자를 증명하기 위한 접착 가능한 이름표를 구급장비는 포함하고 있어야 한다.

11. 다음의 전화번호를 사용할 수 있도록 구급장비 안에 있어야 한다.
  ⓐ 경상자를 위해 참여할 의사. 각 항공기 운영자는 지정된 대기지역에 대응할 의사와의 협정서를 가지고 있어야 한다.
  ⓑ 여객이 숙박할 수 있는 호텔. 여객을 같은 호텔이나 적어도 호텔 그룹 내에 머물게 하는 것이 좋다.
  ⓒ 24시간 운용할 수 있는 언어에 능통한 사람(신속한 대응을 위해 공항에 근무하는 직원이 선호됨). 지역 학교 또는 사립 어학당과 연결할 수 있다.
  ⓓ 요리 조달자 (만일 보급항목이 필요하다면)
  ⓔ 모든 지역 항공기운영자 예약사무소
  ⓕ 여객이 예상치 않게 수송이 필요한 경우에 앰뷸런스 회사
  ⓖ 택시회사
  ⓗ 부상자의 가족에게 전화를 하거나 정보를 받을 수 있는 라디오나 TV방송사에 제공 되어진 비상전화번호

12. 최신 항공사 가이드 책자가 구급장비 안에 있어야 한다. (지역항공사 스케줄은 차후 항공편을 준비하는 등록자에게 아주 도움이 많이 된다.)

제20절 공항비상계획

제123조(일반)

① 공항운영자는 공항 또는 그 주변지역 8km 범위 내에서 발생하는 비상사태에 신속하게 대처하고 공항기능 장애를 최소화할 수 있도록 공항비상계획을 수립하여야 한다.

② 공항비상계획은 실제 적용이 가능한 문서로 유지되고 정기적으로 개정 및 검증이 이루어져야 하며, 모든 관계요원이 언제든 사용할 수 있어야 한다.

③ 공항운영자는 공항비상계획을 작성함에 있어 그 내용이 쉽게 이해할 수 있도록 작성하여야 하며, 관계자가 동 계획의 내용을 충분히 숙지하고 각자의 임무를 절차대로 수행할 능력을 갖도록 하여야 한다.

④ 공항비상계획의 세부내용은 공항운영규정에 달리 규정된 경우를 제외하고 이 절에서 규정한 바에 따른다.

⑤ 공항운영자는 공항에서 행해지는 운항 및 그 외 활동과 조화된 공항비상계획을 수립하여야 한다.

⑥ 공항비상계획 수립 시에는 비상상황 발생 시 비상상황에 참여하는 기관 및 업체들에게 신속하게 최적의 대응을 할 수 있도록 하기 위하여 다음의 인적요소를 고려하여야 한다.
1. 유관기관 및 부서 간 유기적 협조에 관한 사항
2. 기후 및 근무환경(현장지휘관 등)에 관한 사항
3. 현장 활동시 주변 환경요인 고려에 관한 사항
4. 구조 · 소방시 조별협동에 관한 사항 등

제124조(공항비상계획에 포함되어야 할 내용)

① 공항운영자는 다음의 사항을 포함하여 공항비상계획을 수립하여야 한다.
1. 비상사태의 유형
2. 공항 비상계획에 포함되는 기관 및 업체
3. 각각의 비상유형별 비상운영센터, 지휘본부, 각 기관 및 업체의 역할과 책임
4. 비상사태 발생 시 연락망(직원 또는 사무실 명칭과 전화번호)
5. 공항 격자지도

② 공항운영자는 다음의 정보 및 절차를 공항비상계획에 수록하여야 한다.
1. 다음의 정보
가. 비상지원 협정기관(의료시설, 구조 및 소방, 중장비)의 명칭, 위치 및 전화번호
나. 비상지원 협정기관의 지원능력
다. 부상자, 사망자 및 기타 승객을 수용할 수 있는 공항 내의 수용시설 또는 인접지역의 수용시설
라. 비상사태 발생 시 일반인 통제업무를 제공키로 합의한 기관의 명칭 및 위치

마. 기동불능항공기의 처리 책임 부서와 기관의 명칭, 위치와 전화번호
바. 그 밖의 공항비상계획의 업무와 관련된 기관의 정보
2. 다음의 업무절차
가. 비상운영센터 · 지휘본부의 설치 및 운영절차
나. 부상당하지 않은 사람과 보행 가능한 부상자에 대한 분류, 안내, 수송 및 보호절차
다. 기동불능항공기 처리절차
라. 비상경보체계 및 절차
마. 비상대응과 관련하여 공항운영자와 관제탑간의 협조절차
바. 비상계획과 관련된 기관 및 직원에게 항공기 사고지점, 사고관련자의 수 및 기타 사고의 대처에 필요한 정보를 통보하는 절차
사. 수상 또는 늪지의 항공기 사고 피해자를 구조하기 위한 절차 (해당 공항의 활주로 시단으로부터 1,000m 범위 내에 접근 · 출발구역이 수면 또는 늪지 위에 놓이거나 수면 또는 늪지가 공항에 인접한 경우에 한한다)
아. 공항 인근에 수상, 늪지 또는 위험지형이 있는 경우 전문가들의 구조업무 수행을 위한 대응계획의 점검 및 평가절차

제125조(비상사태의 유형)

공항운영자가 해당 공항에서 대비하여야 할 비상사태의 유형은 다음과 같다.
1. 공항 내에서의 항공기 사고
2. 공항 밖에서의 항공기 사고
3. 비행중인 항공기의 고장 등 (완전 비상사태 및 준비상사태)
4. 건물 등 시설물 화재
5. 항공기 및 공항시설을 포함한 폭파위협 등
6. 항공기에 대한 불법적 행위
7. 자연 재해
8. 위험물(dangerous goods) 관련 사고
9. 수상의 항공기 사고(해당 공항의 이 · 착륙로가 폭 1,000m 이상인 수면 또는 늪지 위에 놓이거나 수면 또는 늪지가 공항에 인접한 경우에 한한다)
10. 국제항공운송에 의한 전염병 확산 등 공중보건비상(public health emergency) (국제선 운항에 사용되는 공항에 한한다)

제126조(비상운영센터 및 이동지휘소의 운영)

① 공항운영자는 공항 비상사태 발생 시 비상운영센터(Emergency operations center) 및 이동지휘소(mobile command post)를 운영하여야 한다.

② 공항운영자는 정부기관에 의하여 달리 지휘 통제되지 않는 한 규정에 의한 비상운영센터 및 이동지휘소에 지휘책임자를 지정하여 신속히 초기대응을 할 수 있어야 한다.

③ 비상운영센터는 공항시설에 상시 설치되어 있어야 하며, 비상사태 발생 시 비상업무 총괄 및 전체적인 협조업무를 수행하여야 한다.

④ 이동지휘소는 비상상황 발생장소까지 신속히 이동할 수 있어야 하며, 비상 관련기관(부서)간의 국지적 협조업무를 수행할 수 있어야 한다. 다만, 공항운영자는 해당 공항의 운영특성에 맞게 이동지휘소의 형태나 규모를 자율적으로 정할 수 있다.

제127조(비상통신시스템)

① 공항운영자는 비상운영센터 및 이동지휘소를 포함하여 모든 비상대응 관련기관 간 양방향통신이 가능하도록 하여야 한다. (이 경우 보조장치를 포함한다)

② 공항운영자는 비상시 지원 출동한 외부기관 등에 제공하기 위한 적정 수의 무선통신기를 확보하여야 한다.

③ 공항운영자는 비상계획과 관련되는 무선통신기 및 전화망 등 통신시스템을 매일 점검하고 기록을 유지하여야 한다.

제128조(공항비상계획의 협의 및 훈련)

① 공항운영자는 공항비상계획의 수립 및 변경 시에는 지방항공청, 항공사, 경찰, 구조 소방기관, 의료기관 공항의 주요 상주기관 및 모든 관련자와 협의하여야 한다.

② 공항운영자는 열거된 기관 및 관련자가 비상계획의 수립 및 개정과정에 참여할 수 있도록 하여야 한다.

③ 공항운영자는 비상계획에 관한 책임과 임무가 부여되어 있는 관계자가 각자의 임무를 숙지하고 적절히 훈련되도록 하여야 한다.

④ 공항운영자는 매년 12월 말까지 해당 공항의 익년 비상훈련계획을 수립하여 국토교통부장관 및 지방항공청장에게 보고하여야 한다.

⑤ 공항운영자는 공항비상계획의 훈련을 다음의 기준에 따라 실시하여야 한다.
  1. 종합훈련은 2년 간격으로 실시하여야 하며 부분훈련은 종합훈련시 발견된 문제점을 보완하기 위하여 종합훈련을 하지 않은 해에 실시하여야한다.
  2. 종합훈련 및 부분훈련을 실시하지 않고 3년 주기로 모듈을 구성하여 첫해에 첫 번째 모듈테스트를 시작하여 3년이 되는 마지막 해에 종합훈련을 실시하여야 하며, 실제 비상 또는 종합·부분훈련 이후 발견된 문제점은 공항비상계획을 재검토하여 보완하여야 한다.
  3. 도상훈련 : 6개월 1회 이상 (1 또는 2의 훈련을 실시한 반기에는 생략할 수 있다)
    주1) 종합훈련의 주된 목적은 공항비상계획이 각종 유형의 비상상황에 대응하기에 적합한가를 평가하기 위한 것이며, 부분훈련은 통신체계와 같은 공항비상계획의 일부 또는 개별기관의 대응이 적합한가를 평가하는 것이다.
    주2) 모듈러테스트의 목적은 수립된 비상계획의 특정요소에 노력을 집중하기 위함이다.

⑥ 공항운영자는 종합훈련을 실시하는 경우에는 훈련실시일 최소 14일전까지 국토교통부장관 및 관할 지방항공청장에게 훈련실시계획을 알리고, 공항안전검사관의 배석 하에 종합훈련을 실시하여야 한다.

⑦ 공항운영자는 종합훈련 및 부분훈련을 실시한 후에는 실시일로부터 14일 이내에 그 결과를 국토교통부장관 및 관할 지방항공청장에게 보고하여야 한다.

제129조(비상연락망 관리)

공항운영자는 비상사태 발생 시 관련기관 및 업체에 신속·정확하게 전파 할 수 있도록 비상연락망을 다음의 기준에 따라 관리하여야 한다.
  1. 비상연락망에 작성일자를 표기할 것
  2. 비상연락 전화번호는 현장에서 필요한 필수적인 번호로 제한할 것
  3. 매월 1회 이상 점검하고 기록할 것(점검자 및 점검일시 포함)
  4. 비상연락망이 변경되는 때에는 수정사항을 관련기관 및 부서에 즉시 배포할 것

제130조[공항 격자지도(Airport Grid Map)]

① 공항운영자는 비상계획의 첨부물로서 공항 내부 및 외부를 나타내는 격자지도를 준비하여야 한다.

② 공항운영자가 준비하여야 할 공항 격자지도에는 다음의 내용이 포함되어야 한다.
  1. 공항 내부 격자지도
    가. 유도로
    나. 급수전의 위치
    다. 집결지 및 대기구역
    라. 공항 접근도로
    마. 공항 경계
    바. 개정일자 등
  2. 공항반경 8km지역까지의 공항 외부 격자지도
    가. 공항의 경계
    나. 주변 지역
    다. 접근도로
    라. 집결지
    마. 의료기관(치료범위 및 이용 가능한 병상 수 포함)
    바. 개정일자 등

③ 공항운영자는 준비한 격자지도를 소방 및 구조, 경찰, 의료기관 등 비상지원 협정기관과 관련부서에 배포하여야 한다.

④ 공항운영자는 격자지도를 다음의 장소 및 차량에 비치 또는 게시하여야 한다.
  1. 항공교통업무기관(관제탑, 계류장관제소 및 해당공항을 관할하는 접근관제소)
  2. 항공정보업무기관
  3. 소방대
  4. 구조 및 소방차량
  5. 비상에 대응하는 모든 차량

제131조(격리주기위치의 지정)

① 공항운영자는 불법간섭행위를 받거나 그러한 우려가 있는 것으로 판단되는 항공기의 처리 등 비상시 사용하기 위한 격리주기위치 또는 구역을 지정하여야 하며, 이를 항공교통업무기관 및 항공정보업무기관에 통보하여야 한다.

② 공항운영규정에 달리 규정된 경우를 제외하고 격리주기위치 또는 구역의 지정기준은 다음과 같다.
1. 주변 주기장, 건물 및 기타 사람이 많은 장소로부터 최소한 100m 이상 안전거리를 확보할 것
2. 지하에 항공연료, 전기 및 통신케이블과 같은 시설이 매설된 곳은 피할 것

③ 해당 공항의 특성 상 지정기준을 충족하지 못하는 경우, 공항운영자는 지하의 항공연료 등을 신속히 차단할 수 있는 절차 등을 마련하여 공항운영규정에 수록하고, 관련 직원에 대한 교육을 실시하여야 한다. 다만, 교육훈련에 관련 사항이 포함된 교육을 받은 경우에는 이 조에 따른 교육 및 훈련을 받은 것으로 본다.

제21절 구조 및 소방

제132조(일반)

① 공항운영자는 공항 내 또는 그 주변에서 발생하는 항공기 사고 및 준사고 등이 발생하는 때에 신속히 대응할 수 있는 구조·소방업무체계를 갖추어야 한다.

② 해당 공항이 수상, 늪지 또는 산악 등 접근이 어려운 지형에 인접하거나 해당 공항을 이용하는 항공기 이·착륙로가 폭이 500m 이상인 수면 또는 늪지위에 놓인 경우에는 수상구조체계 등 특별구조체계를 함께 갖추어야 한다.

③ 공항운영자는 해당 공항에 취항하는 항공기의 규모에 적정한 구조소방등급을 정한 후, 공항운영규정에 포함하여 국토교통부장관으로부터 사전인가를 받아야 하며, 이를 변경하는 경우에도 같다

④ 공항운영자는 결정된 구조소방등급에 적합한 차량, 장비, 자재, 인원 등을 갖추고 이에 적합한 교육 및 훈련을 실시하여야 한다.

⑤ 공항운영자는 결정된 해당 공항의 구조소방등급을 항공정보업무기관, 항공교통업무기관 및 해당 공항에 취항하는 항공사 등에 알려 해당 공항을 이용하려는 항공기에 제공될 수 있도록 하여야 하며, 이를 변경한 경우에도 같다.

⑥ 공항운영자는 해당 공항에 항공기가 운항하는 동안 결정된 구조소방등급에 따른 항공기 구조 및 소방능력을 유지하여야 한다.

⑦ 해당 공항에 불가피하게 현행 구조소방등급을 초과하는 항공기의 운항이 계획된 경우에는 해당 항공기 규모에 적합한 물의 양을 재산출하고, 포말을 만들기 위한 물의 양과 분사율을 해당 항공기에게 적합하도록 증가시켜야 한다. 이 경우 공항운영자는 항공기 운항일 최소 25일 전까지 국토교통부장관에게 보고하고 관련사항에 대한 적합성 검토를 받아야 한다. 다만, 해당공항을 교체공항으로 사용하려는 경우에는 공항의 구조소방등급이 교체공항으로 이용하려는 항공기를 기준으로 결정된 구조소방등급보다 2단계 낮은 등급 이상을 충족하는 경우 적용하지 아니할 수 있다.

제133조(공항 구조소방등급의 결정)

① 공항운영자는 해당 공항을 이용하는 항공기의 전장, 동체 폭 및 운항횟수를 근거로 하여 해당 공항의 구조소방등급을 정하여야 한다.

② 구조소방등급은 해당 공항을 취항하는 항공기의 크기에 따라 결정되며 그 세부기준은 다음과 같다.
1. 구조소방등급은 해당 공항에 취항하는 가장 긴 항공운송사업용 항공기를 기준으로 하되, 해당 항공기의 전장, 및 항공기 최대 동체 폭을 기준으로 표 9에 따라 결정하여야 한다.

〈표 9〉 공항 구조소방등급 결정기준

구조소방등급	항공기 전장	항공기 최대 동체 폭
1	9m 미만	2m 이하
2	9m 이상 12m 미만	2m 이하
3	12m 이상 18m 미만	3m 이하
4	18m 이상 24m 미만	4m 이하
5	24m 이상 28m 미만	4m 이하
6	28m 이상 39m 미만	5m 이하
7	39m 이상 49m 미만	5m 이하
8	49m 이상 61m 미만	7m 이하
9	61m 이상 76m 미만	7m 이하
10	76m 이상 90m 미만	8m 이항

2. 구조소방등급 결정시에는 해당 공항에 취항하는 가장 긴 항공운송사업용 항공기의 전장에 해당하는 등급을 먼저 선택하고, 만약 해당 항공기의 동체 폭이 표9의 등급에 해당되는 최대 동체폭 보다 더 큰 경우라면 해당 공항의 구조소방등급은 한 등급 높여 적용하여야 한다.

3. 해당 공항에 항공운송사업용 항공기가 취항하지 않는 경우에는 최근 1년간 해당 공항을 이용한 가장 긴 항공기와 그 항공기의 최대 동체폭을 기준으로 해당 공항의 구조소방등급을 결정하여야 한다.

4. 구조소방등급을 위한 항공기의 분류는 별표 11에 따르고, 별표11에 수록되어 있지 않은 항공기의 경우 제작사의 항공기 제원자료에 근거하여야 한다.

[별표 11] 공항 구조소방등급을 위한 항공기 분류

항공기	전장(m)	최대 동체 폭(m)
구조소방 5등급 이하	0≤L<28	W≤4
Beech Bonanza 35	7.67	1.07*
Cessna 150	7.01	1.05*
Cessna 210H Centurion	8.61	1.08*
Aero Commander 500A	10.69	1.32*
Beaver DHC-2	9.22	1.30*
Beechcraft Model 18	10.71	1.32*
Beech Duke 60	10.21	1.28*
Cessna 310	9.74	1.30*
Islander BN2	10.87	1.19*
Piper Navajo PA-31	9.92	1.30*
Beech 99 Airliner	13.58	1.40
Dassault Fan Jet Falcon	17.15	1.87*
Handley Page Jetstream HP 137	14.37	1.85*
Hansa Jet HFB320	16.61	1.90*
Hawker Siddeley HS125, Srs 3	14.45	1.80*
Heron DH-114	14.68	1.90*
Otter DHC-3	12.75	1.58*
Short Skyvan, Srs 3	12.21	1.98*
Twin Otter DH-6, Srs 300	15.77	1.61
Antonov AN24V, Srs 11	23.53	2.76*
Canadair CL 600/601	20.85	2.69
Ilyushin IL-14	22.25	2.50*
Lockheed Jet Star	18.42	2.16*
BAe ATP	26.00	2.46
BAe 146 Srs 100	26.16	3.56*
Dash 8 DHC-8	22.25	2.69
Fairchild Packet	26.38	3.00*
Fokker Fellowship F-28, MK 1000	27.40	3.30
Fokker F-50	25.25	2.70
Grumman Gulfsteam II	24.36	2.39
C560	14.91	1.50
C525	12.98	1.49
G-IV	26.92	2.39
CL-601	20.86	2.69
C172S	8.29	1.00
PA34-220T	8.71	1.30
C90GT	10.85	1.36
M20J	7.51	1.10
AT502	9.99	1.98
T207A	9.80	1.07
C152	7.33	2.13
R172	8.22	2.43
SF-600	12.21	1.47
C208	12.06	1.57
TB-9	7.72	2.13
PA44-180	8.41	1.01
P68C	9.55	1.16

6등급	28≤L<39	W≤5
Airbus A320	37.57	3.95
BAC One-Eleven Except Srs 500	28.50	3.40
BAC One-Eleven Srs 500	32.61	3.40
BAe 146 Srs 200	28.55	3.56
Boeing 737-100	28.65	3.76
Boeing 737-200	30.48	3.76
Boeing 737-300	33.40	3.76
Boeing 737-400	36.45	3.76
DC 9-10, 20	31.82	3.34
DC 9-30	36.36	3.34
DC 9-40	38.28	3.34
Fokker Fellowship F-28, MK 2000	29.61	3.30
Fokker F100	35.53	3.30
Ilyushin IL-18	35.90	3.23
Tupolev TU-104A	38.50	3.20*
Tupolev TU-124	30.58	2.70*
Tupolev TU-134A	34.30	2.71*
Vickers Vanguard 950	37.41	3.26*
BD700-1A10	30.33	2.51
B737-600	31.2	3.8
B737-700	33.6	3.8
A319	33.02	3.95
A320-200	37.57	3.95
7등급	39≤L<49	W≤5
BAC VC 10	48.36	3.76
Boeing 707-120	44.22	3.76
Boeing 707-120	44.04	3.76
Boeing 707-320, 320B.C, 420	46.61	3.76
Boeing 720	41.50	3.76
Boeing 720B	41.68	3.76
Boeing 727-100, 100C	40.59	3.76
Boeing 727-200	46.68	3.76
Convair CL-44 J	41.70	3.66
Convair 880	39.44	3.25*
Convair 990 Coronando	42.50	3.25*
DC 8 Srs 10 to 50	45.87	3.75
DC 8-62, 62F	47.98	3.75
DC 8-55, 55F	45.90	3.75
DC 9-50	40.72	3.34
Trident HS121, Srs 3B	39.98	3.70
Tupolev TU-154	47.90	3.80
B757-200	47.30	3.80
B737-800	39.5	3.76
B737-900	42.1	3.76
A321-100, A321-200	44.51	3.95
TU-204	40.19	3.8

8등급	49≤L<61	W≤7
Airbus A 300 B, Model B2SB4	53.61	5.64
Airbus A 310	46.66	5.64
BAC Super VC 10	52.32	3.76
Boeing 747 SP	56.31	6.50
Boeing 767-200	48.50	5.03
DC 8-61, 61F, 63, 63F	57.12	3.73
DC 10 Srs 10	55.55	6.02
DC 10 Srs 30, 30 CF	55.35	6.02
DC 10 Srs 40, 40 CF	55.54	6.02
Ilyushin IL-62	53.12	3.75
Lockheed L-1011 Tristar	54.44	5.97
Tupolev TU-114	54.00	3.92*
Ilyushin IL 86	59.54	6.08
A300-600F	53.85	5.6
A300-600R	54.08	5.64
A330-200	58.69	5.64
B767-300, B767-300F	54.94	5.03
MD11F	58.65	6.02
9등급	61≤L<76	W≤7
A330-300	63.69	5.64
B747, B747Combi, B747BCF, B747F, B747ER, B-747ERF	70.66	6.5
Tupolev TU-144	65.70	2.70*
B777-200, B777-200ER	63.73	6.2
B777-300, B777-300ER	73.9	6.2
A340-600	73.9	6.2
10등급	76≤L<90	W≤8
AN-225	84.00	6.40
AN-124	69.9	7.3
C-5	75.5	7.1
B747-8	76.3	6.5
A380-800	72.7	7.1

* 약 (근사값)

③ 최근 1년 중 가장 교통량이 많은 연속되는 3개월 동안에 가장 높은 등급에 해당하는 항공기의 이착륙 횟수가 700회 미만인 경우에는 해당 공항의 구조소방등급을 한 단계 낮추어 정할 수 있다. 단, Class I 공항에 대하여는 그러하지 아니하다.

제134조(소화제의 유형)

① 공항운영자는 주소화제 및 보조소화제를 준비하여야 한다. 이 경우 주소화제는 수분이상 사용할 수 있는 반영구적인 것이고 보조소화제는 보통 순간적인 화재진압을 위해서 사용된다.

② 주소화제는 다음의 어느 하나에 해당된다.
   1. 최소성능등급 'A'(단백포말)를 충족시킬 수 있는 포말
   2. 최소성능등급 'B'(수성막형성포말 또는 불소단백포말)를 충족시킬 수 있는 포말
   3. 최소 성능등급 'C'를 충족하는 포말
   4. 제1호 부터 제3호 까지의 혼합물
   단, 비행장 구조소방등급이 1부터 3 등급까지인 경우 최소성능등급 'B' 또는 'C'를 충족하여야 한다.

③ 보조소화제는 탄화수소 화재(hydrocarbon fire)를 진화하는데 적절한 건조화학분말소화제이어야 하며, 국제표준기구(ISO)의 적정규격에 부합하는 것이어야 한다. 다만, 국내에서 ISO 국제규격에 적합한 제품이 생산되기 이전에는 「포소화약제의 형식승인 및 검정기술기준」(소방방재청 고시)에 적합한 제품을 사용할 수 있다.

제135조(소화제의 양)

공항운영자는 소화제에 관하여 다음의 요건을 충족하여야 한다.
   1. 구조·소방차량에 제공할 보조소화제나 포말을 만들기 위한 물의 양은 해당 공항의 구조소방등급에 맞게 확보하여야 한다.
   2. 구조소방등급 1등급 및 2등급의 경우에는 물을 보조소화제로 전부 대체할 수 있다.
   3. 보조소화제 대체를 위해 1kg의 보조약제는 성능수준 A 포말에 필요한 물의 양 1.0L와 같다.
   4. 건조화학분말소화제를 다른 소화제로 대체하려는 경우에는, 보조소화제가 사용될 수 있는 모든 화재에 대하여 보조소화제의 방재능력 이상의 성능을 가지는 소화제로만 대체하여야 한다.
   5. 공항운영자가 해당 공항의 구조소방등급에 따라 사용하여야 할 최소한도의 소화제 양은 표 10과 같다. 그럼에도 불구하고, 공항운영자는 추가로 확보하여야 할 예비소화제를 공항 내에 비축하여야 한다.

〈표 10〉 소화제의 최소 사용량

구조소방등급	A급 포말		B급 포말		C급 포말		보조소화제	
	물(l)	분사율(l/분)	물(l)	분사율(l/분)	물(l)	분사율(l/분)	건조화학분말(kg)	분사율(l/분)
1	350	350	230	230	160	160	45	2.25
2	1,000	800	670	550	460	360	90	2.25
3	1,800	1,300	1,200	900	820	630	135	2.25
4	3,600	2,600	2,400	1,800	1,700	1,100	135	2.25
5	8,100	4,500	5,400	3,000	3,900	2,200	180	2.25
6	11,810	6,000	7,900	4,000	5,800	2,900	225	2.25
7	18,200	7,900	12,100	5,300	8,800	3,800	225	2.25
8	27,300	10,800	18,200	7,200	12,800	5,100	450	4.5
9	36,400	13,500	24,300	9,000	17,100	6,300	450	4.5
10	48,200	16,600	32,300	11,200	22,800	7,900	450	4.5

※ 포말산출을 위해 정해진 물의 양은 성능등급 A 포말에서는 $8.2l/min/m^3$, 등급 B에서는 $5.5l/min/m^3$, 등급 C에서는 $3.75l/min/m^3$의 적용률을 기초로 한다.
   6. 포말 산출을 위해 차량에 별도로 탑재된 포말 농축액의 양은 채워진 물과 선택된 포말 농축액의 양에 비례하여야 한다.
   7. 차량에 적재된 포말 농축액의 양은 적어도 분사용액을 2회분 산출하는데 충분하여야 한다.
   8. 항공기 사고현장에서는 구조·소방차량에 신속하게 물을 보충하기 위해서는 추가적인 물 공급이 제공되어야 한다. 소화전 등을 통한 신속한 물 공급이 어려운 경우에는 물탱크차와 같이 물을 적시에 공급할 수 있는 장비를 갖추어야 한다.

9. 포말 성능 등급이 다른 포말을 혼합할 때 물의 총량은 각 포말 등급에 맞게 산출하여야 한다. 또한, 각 소방 차량에는 산출된 양과 포말방식을 적은 서류를 비치해야 하며, 모든 구조소방요건에 적용되어야 한다.

10. 구조소방등급 보다 더 큰 항공기의 운항을 계획하는 경우, 사용하는 물의 양을 재 산정하고 포말산출에 필요한 물의 양과 방사율을 더 큰 항공기에 맞춰 증가시켜야 한다.

제136조(분사율)

① 포말용액의 분사율은 〈표 10〉에 나타난 수치보다 높아야 한다. 이 경우 실제위험지역에서 1분 동안 화재를 통제할 수 있는 양이 바람직한 분사량이고 각 구조소방등급별 분사율을 결정할 때는 실제 위험지역 면적에 적용비율을 곱한 값으로 한다.

② 보조소화제의 분사율은 〈표 10〉에 나타난 수치보다 높아야 한다.

제137조(소화제의 확보 및 보관)

① 공항운영자는 〈표 10〉의 200%에 해당하는 포말농축액을 구조소방차량에 보충할 수 있도록 공항에 비축하여야 하며, 포말농축액의 양이 〈표 10〉에 따른 양을 초과하여 소방차량에 적재된 경우, 포말 농축액은 예비 비축량에 포함한다.

② 공항운영자는 〈표 10〉의 100%에 해당하는 보조소화제 예비품을 차량 보충용으로 비축해야 하며, 비축 보조소화제는 충분한 활용을 위해 압축불활성 가스가 포함되어야 한다.

③ 보조소화제를 100%의 물로 대체하는 구조소방등급 1 및 2의 공항은 보조소화제의 200%의 물을 보유하여야 한다.

④ 예비 소화제의 대규모 보충 지연이 예상되는 경우, 공항운영자는 위험평가를 실시하고 위험평가 결과에 따라 예비 비축량을 보유해야 한다.

⑤ 소방차량이 출동할 때 포말탱크는 항상 가득 채운 상태이어야 한다. 단백포말 농축액의 경우에는 정기적으로 방출시켜 변질된 단백포말이 남아 있지 않도록 용기 전체를 깨끗이 씻어 주어야 한다.

⑥ 인명 구조 및 화재장비를 사용하여 활주로에 포말을 살포할 때에는 연이은 항공기 사고/사건에 대처하지 못할 정도로 사용해서는 안 된다. 활주로에 포말 살포시설이 있는 경우에는 이 시설에 필요한 추가 포말(단백포말이나 배수특성을 지닌 포말)의 공급이 가능하도록 하여야 한다.

⑦ 보관중인 소화제는 최소 6개월에 1회 이상 농도측정 또는 비중측정을 하여 이상 유무를 확인하여야 한다.

⑧ 소화제의 보관은 적정온도와 습도를 관리할 수 있는 장소에서 보관하여야 한다.

제138조(구조장비 및 비상의료장비)

① 공항운영자는 해당 공항의 구조소방등급에 상응하는 구조장비를 구조·소방차량에 탑재하여야 한다.

② 구조·소방차량에 탑재하여야 할 최소 구조장비는 별표 12와 같다.

[별표 12] 구조·소방차량에 탑재하여야 할 최소 구조장비목록

구조용 장비	공항구조소방등급			
	1~2 등급	3~5 등급	6~7 등급	8~10 등급
조절형 렌치	1	1	1	1
도끼(구조용, 대형, non-wedge형)	–	1	1	1
도끼(구조용, 소형, non-wedge/항공기용)	1	2	4	4
볼트(bolt)절단기 61cm	1	1	1	1
금속 지렛대 : 95cm	1	1	1	1
금속 지렛대 : 1.65m	–	–	1	1
치즐(끌) : 2.5cm	–	1	1	1
플레쉬/손전등	2	3	4	8
해머 : 1.8kg	–	1	1	1
구조용 훅(집게식)	1	1	1	1
톱(금속절단/쇠톱, 강력한 성능, 스페어 날 처리)	1	1	1	1
방화 담요	1	1	2	3
연장형 사다리(사용 항공기에 적합한 전체길이)	–	1	2	2~3
밧줄 : 15m	1	1	1	1
밧줄 : 30m	–	–	1	1
플라이어 side cutting : 17.8cm	1	1	1	1
플라이어 slip joint 25cm	1	1	1	1
각종 스크루 드라이버(세트)	1	1	1	1
절단기(Snippers) : 주석	1	1	1	1
초크(Chocks) : 15cm	–	–	1	1
초크(Chocks) : 10cm	1	1	–	–
동력절단기(스페어 날2개포함)/기체형 일체식 구조 끌	1	1	1	2
좌석 벨트/장구 절단 도구	1	2	3	4
방화 장갑(개인별로 지급되지 않는 경우)	2	3	4	8
호흡기와 실린더	근무요원1인당 1세트			
산소호흡기	–	1	1	1
유압/기압으로 작동되는 구조장비	–	1	1	1
의료 응급 키트	1	1	2	3
방수천(Tarpaulin)	1	1	2	3
환기, 냉각용 팬		1	2	3
보호복	근무요원 1인당 1세트			
들것	1	2	2	2

③ 공항운영자는 별표 14에서 정하는 최소 비상의료장비를 확보하고 차량으로 운반할 수 있어야 한다.

[별표 14] 최소 비상의료장비

1. 의료시설이 있는 공항에서 갖추어야 할 비상 의료장비
   가. 분류표지 500개
   나. 들것 : 최대기종 좌석의 25%
   다. 척추골절 환자를 위한 백보드 10개
   라. 다양한 형태의 골절상을 위한 일반적 또는 부풀릴 수 있는 부목 50개

마. 지혈패드, 지혈대, 호흡튜브, 가위, 붕대 및 소독된 화상 팩 각 50개 또는 해당 품목들로 구성된 구급키트 50개

바. 20명 이상의 부상자에게 현장에서 산소공급을 하기 위한 삽관과 산소마스크 20개

사. 자동 산소 소생기 2~3개

아. 사망자를 위한 플라스틱 가방 플라스틱 가방, 관 또는 시신 낭 : 최대기종 좌석의 25%

2. 의료시설이 없는 공항에서 갖추어야 할 비상의료장비

가. 들것 : 최대기종 좌석의 25%

나. 지혈제 7개

다. 일반붕대(15cm 2개, 7.5cm 6개, 5cm 8개) 16개

라. 압박붕대(7.5cm×215cm, 10cm×215cm) 3개

마. 복부패드(2개짜리 5팩) 10개

바. 10cm×10cm 거즈패드 (10개짜리 4팩) 40개

사. 지혈대 2개

아. 대형 붕대가위 2개

자. 알콜 스폰지 팩 12개

차. 반창고 2롤

카. 화상 키트 1세트

타. 100개들이 밴드 상자

파. 혈압커프와 거즈 1개

하. 클립보드 (22cm×28cm) 2개

거. 연필 6개

너. 충분한 수의 부상자 인식표

더. 부풀릴 수 있는 부목 1셀

러. 호흡튜브 1개

머. 짧은 척추보드 1개

버. 후레쉬 1개

서. 목보호대 2개

어. 바이트 블록 1개

저. 고정 매트리스 1개

처. 일회용 산과 도구 1개

커. 인공 통풍로 1개

터. 일회용 통풍로(각각 2번, 4번, 5번) 3개

퍼. 도뇨관과 함께 1개의 진공 주사기 2개 (12번, 14번 FR)

허. 23번GA 1.6㎝ 바늘에 20개의 일회용 주사기

주) 제2호의 "처"목 내지 "허"목은 공항으로부터 8km 거리 이내에 위치한 지원협정 병원에서 해당 품목을 보유한 경우에는 제외한다.

제139조(비상대응 요건)

① 공항운영자는 구조·소방능력을 갖추는데 있어 다음의 요건을 충족하도록 하여야 한다.

1. 항공기 운항기간 중에 발생하는 각 비상사태에 신속히 대응을 할 수 있어야 한다.

2. 국토교통부장관으로부터 요청이 있는 때에는 비상대응에 관한 시범을 보여야 한다.

② 구조·소방차량의 출동시간 기준은 다음과 같다.

1. 구조 또는 소방을 위한 비상대응 시간은 최적의 시계와 노면조건에서 운영 중인 활주로의 모든 지점과 항공기 이동지역까지 도달하는 시간이 3분을 초과하지 아니할 것

주) 대응시간이란 최초로 구조나 화재진압 출동요청을 받고 나서 첫 출동 차량이 포말 분사율의 50% 비율로 포말을 분사할 수 있는 상태에 도달할 때까지 걸리는 시간을 말한다.

2. 저시정 운영 등 최적의 시정조건에 못 미치는 경우에도 가능한 한 비상대응 시간을 충족하도록 구조·소방에 필요한 지침, 장비 및 절차를 구비 할 것

3. 첫 출동차량 이외의 표10의 소화재를 탑재한 구조소방차량은 최초 출동요청을 받은 후 최소 4분 이내에는 현장에 도착하고 지속적인 소화제 분사가 가능하여야 한다.

③ 공항운영자는 구조·소방차량의 차량의 수명기간동안 출동시간 기준을 충족하고 관련 장비의 성능이 발휘될 수 있도록 예방정비체계를 구비하여야 한다.

제140조(비상 접근 도로)

① 공항운영자는 구조·소방 차량이 출동시간 기준을 충족할 수 있도록 비상접근도로를 제공하여야 한다.

주) 공항운영자는 활주로 시단으로부터 1,000m까지의 진입구역 또는 적어도 공항 경계 내 지역에 대하여는 언제든지 신속한 접근이 가능하도록 하여야 한다.

주) 울타리가 설치되어 있는 경우는 그 외부구역으로 출입가능하도록 하여야 한다.

② 비상접근도로는 다음의 요건에 충족하여야 한다.

1. 해당 공항 사용차량 중 최대 중량의 차량에 견딜 수 있어야 하고 어떠한 기상조건에서도 사용할 수 있어야 한다.

2. 활주로로부터 90m 이내에 있는 도로는 침식되지 않도록 표면 덧씌우기가 실시되고 그 파편이 활주로까지 이동되는 것을 방지하여야 한다.

3. 비상접근도로상에 장애물이 있는 경우에는 대형차량이 상방의 장애물로부터 영향을 받지 않도록 충분한 수직 이격 거리를 유지하여야 한다.

4. 도로의 표면이 주위지역을 판별할 수 없는 경우 또는 눈으로 덮혀 도로의 위치가 불분명하게 될 우려가 있는 지역에 있어서는 가장자리 표시물을 약 10m 간격으로 설치하여야 한다.

③ 공항운영자는 제2항의 규정에 적합하도록 비상접근도로를 정기적으로 점검하여야 한다.

제141조(소방대의 설치)

① 공항운영자는 구조·소방업무를 위한 소방대를 설치하여야 하며, 공항 내에서 모든 구조·소방차량은 특별히 필요한 경우를 제외하고 소방대에 위치하도록 하여야 한다.

② 소방대를 설치하는 경우, 1개의 소방대로 출동시간 기준을 충족할 수 없을 때에는 보조소방대를 설치하여야 한다.

③ 소방대의 위치는 구조·소방차량이 선회 주행 횟수를 최소로 하면서 활주로지역에 장애를 받지 아니하고 신속히 진입할 수 있는 곳이어야 한다.

④ 소방대에는 가능한 한 넓은 공항내의 이동지역을 관찰할 수 있는 상황실을 설치하여야 한다.

제142조(통신 및 경보시스템)

① 공항운영자는 소방대와 관제탑, 공항내의 다른 소방대 및 구조ㆍ소방차량을 연결하는 독립적인 통신체계를 구비하여야 한다.
② 모든 소방대 및 공항관제탑에는 구조 및 소방요원을 위한 경보장치가 설치되어야 한다.
③ 공항운영자는 구조ㆍ소방용 차량에 다음의 교신이 가능한 양방향 무선통신기를 장착하여야 한다.
　　1. 구조ㆍ소방이외의 기타 필요한 비상 차량과의 교신
　　2. 공항 내에서 관제탑과의 교신
　　3. 공항비상계획에 명시된 기타 관련 부서와의 교신

제143조(차량준비 요건)

① 공항운영자는 구조ㆍ소방용 차량에 대하여 다음의 요건에 적합하도록 관리하여야 한다.
　　1. 차량 및 관련설비는 항공기 운항 중에 이 절에서 요구하는 제 기능을 수행할 수 있어야 한다.
　　2. 공항이 장기간동안 영하 이하의 기온으로 되기 쉬운 지역 및 계절에는 결빙 상태에서의 장비 운영 및 분사를 위해 덮개 또는 그 밖의 수단이 차량에 지원되어야 한다.
　　3. 요건을 충족할 수 없게 된 차량은 48시간 이내에 동급 능력의 차량 및 관련설비로 대체되어야 한다.
　　4. 대체 차량 및 설비를 즉시 이용할 수 없는 경우에는 공항 상태보고절차에 따라 공항을 이용하는 각 항공기에 알려야 한다.
　　5. 차량보유대수는 다음 표 11에서 정하는 공항 구조소방등급별 최소 보유대수보다 적어서는 아니된다.
　　　가. 다음 표 11에서 정하는 공항 소방등급별 구조 및 소방차량의 수

〈표 11〉 공항 구조소방등급별 구조ㆍ소방차량의 최소 보유기준

구조소방등급	구조ㆍ소방 차량 최소 보유기준(대)
1	1
2	1
3	1
4	1
5	1
6	2
7	2
8	3
9	3
10	3

② 구조ㆍ소방차량에 탑재하여야 할 최소 구조장비목록 및 구조ㆍ소방차량의 최소 성능요건은 별표 12 및 별표 13과 같다.

[별표 13] 구조ㆍ소방 차량의 최소 성능요건

번호	기능	4,500L 이하 차량	4,500L 초과 차량
1	모니터	구조소방 1~2등급 : 선택 구조소방 3~10등급 : 필요	필요
2	설계 특징	고방출 능력	고, 저 방출능력
3	범위	공항에서 운용중인 가장 긴 항공기에 적절한 범위	공항에서 운용중인 가장 긴 항공기에 적절한 범위
4	수동 호스	필요	필요
5	트럭하부 노즐	선택	필요
6	범퍼 포탑	선택	선택
7	가속	정상적 운용온도에서 25초 이내에서 80km/h	정상적 운용온도에서 40초 이내에서 80km/h
8	최고 속도	최소 105km/h	최소 100km/h
9	모든 바퀴의 구동력 (All wheel drive)	필요	필요
10	자동 또는 반자동 변속	필요	필요
11	단일 뒷바퀴 구성	구조소방 1~2등급 : 선택 구조소방 3~10등급 : 필요	필요
12	접근과 이탈 최소 각	30°	30°
13	경사(정지) 최소 각	30°	28°
14	전천후 기동가능 타이어	필요	필요

주) 제9호, 제11호 및 제14호의 요건은 신규로 도입되는 차량부터 적용한다.
③ 구조ㆍ소방차량은 악천후 시 비포장지역에서 기동할 수 있어야 한다.

제144조(차량 표지 및 조명)

공항운영자는 구조ㆍ소방용 차량에 다음의 표지 및 조명을 장착하여야 한다.
　　1. 섬광등 또는 경광등
　　2. 주변 환경과의 색채 대비, 주야간의 식별이 용이한 도색 및 표시

제145조(구조 및 소방 직원)

① 공항운영자는 해당 공항에 운항중인 항공기 기종을 고려하여 인명구조 및 화재진압 등에 관한 교육훈련 및 경험 등 자격을 갖춘 구조ㆍ소방 직원을 확보하여야 한다.
② 공항운영자는 항공기 운항 중에 충분히 훈련받은 구조ㆍ소방 직원들을 배치하고, 구조ㆍ소방차량에 신속하게 탑승하여 구조ㆍ소방 장비를 효율적으로 사용할 수 있도록 하여야 한다.
③ 구조ㆍ소방차량 탑승인원은 차량의 성능에 따라 적정한 인원이 탑승하여야 한다.
④ 직원의 배치를 하는 경우에는 최근 12월 이내에 구조ㆍ소방 관련 업무경험을 지닌 자 또는 최근 12월 이내에 구조ㆍ소방에 관한 교육훈련을 이수한 자로 편조하여야 한다.
⑤ 공항운영자는 구조ㆍ소방직원을 배치하는 경우 항공기 구조ㆍ소방에 관련된 급수관, 사다리 및 기타 구조소방장비 등을 원활히 운용할 수 있도록 고려하여야 한다.
⑥ 공항운영자는 구조ㆍ소방업무의 직무분석을 통해 구조ㆍ소방에 필요한 최소 인원수를 결정하고 직원의 수준과 인원수를 공항운영규정에 수록하여야 한다.

⑦ 공항운영자는 각 구조소방인원의 능력, 교육, 훈련, 인적요소 등을 고려하여 근무조를 편성하여야 한다.

제146조(구조 및 소방직원의 보호장비)

공항운영자는 현장에서 구조 및 소방활동에 임하는 모든 구조 · 소방 직원에게 임무수행에 적합한 보호 의복과 호흡장비 등을 지급하여야 한다.

제147조(구조 및 소방직원의 교육훈련)

① 공항운영자는 모든 구조 · 소방 직원의 임무수행에 적합하도록 훈련하여야 하며, 훈련 과정에는 다음의 내용을 포함하여야 한다.
　1. 공항 관숙(Airport Familiarization)
　2. 항공기 관숙(Aircraft Familiarization)
　　가. 일반문과 비상문의 위치 및 사용
　　나. 좌석배치
　　다. 유류의 종류 및 유류탱크의 위치
　　라. 배터리의 위치
　　마. 비상시 항공기를 부수고 들어갈 수 있는 위치
　3. 구조 · 소방 직원의 안전
　4. 항공기 화재경보를 포함한 공항에서의 비상통신 시스템
　5. 소방호스, 노즐, 터렛 및 기타 장비의 사용
　6. 소화작용제 유형 및 특성
　7. 항공기 비상탈출 지원
　8. 화재진압절차
　9. 항공기 소방구조를 위한 구조적인 소방구조 장비의 적용과 사용
　10. 위험물
　11. 공항 비상계획상의 소방대원의 임무
　12. 보호복 및 보호장비 사용
② 모든 구조 · 소방 직원들은 연료화재를 포함하여 매 12개월마다 최소한 1회 이상의 실제 화재 훈련에 참가하여야 한다. 다만, 실제화재진압에 참가한 직원에 대하여는 해당 훈련을 생략할 수 있다.
③ 공항운영자는 해당 공항에 새로운 기종의 항공기의 취항이 계획된 경우, 구조소방직원에 대하여 해당 항공기에 대한 제원 및 비상대응계획 등에 관한 별도의 교육을 실시하여야 한다.
④ 항공기 운항 시간대에는 근무직원 중에는 기초응급치료훈련을 받은 자 또는 응급구조사가 최소 1명 이상 포함되어야 한다. 이 경우 훈련에 관하여는 최소한 다음 각 호의 내용을 포함하여 40시간(응급구조사의 경우 보수교육 이수)을 충족하여야 한다.
　1. 출혈
　2. 심폐 소생
　3. 쇼크
　4. 환자조사
　5. 두개골, 척추, 폐, 그리고 사지의 부상
　6. 내부손상
　7. 환자이송
　8. 화상
　9. 사상자 분류(Triage)

⑤ 공항운영자는 구조 · 소방 직원의 비상대응이 용이하도록 사이렌, 기타 경보장치 등을 구비하여야 한다.
⑥ 구조 및 소방직원의 훈련 프로그램은 팀워크와 인적요소를 고려하여 수립되어야 한다.

제148조[위험지역(Critical area)]

공항운영자는 항공기의 화재 또는 사고 등 발생 시 항공기와 탑승객의 안전을 위하여 다음 각 호의 요건에 충족하도록 해당 공항에서 취항하는 모든 운송용 항공기 종류에 따른 위험지역을 설정하여야 한다.
　1. 이론상의 위험지역은 항공기의 전장을 1변으로, 동체의 길이와 폭을 더하여 다른 한 변으로 하는 직사각형으로 나타낸다.
　2. 항공기 전체를 화재로부터 보호하기 위해서 위험지역을 정할 때에는 항공기 전장을 고려하여야 한다.
　3. 이론적 위험지역의 산출 공식은 표 12와 같다.

〈표 12〉 위험지역의 산출 공식

전장	이론적 위험지역(AT)
$L < 12m$	$L \times (12m + W)$
$12m \leq L < 18m$	$L \times (14m + W)$
$18m \leq L < 24m$	$L \times (17m + W)$
$L \geq 24m$	$L \times (30m + W)$

※ L : 항공기 전장, W : 기체 폭

제149조(구조소방등급의 변경)

① 공항운영자가 해당 공항에 취항하는 항공기 규모 또는 운항 횟수가 변경되어 해당 공항의 구조소방등급을 변경할 경우에는 해당 공항의 구조소방등급을 정한 후, 공항운영규정에 포함하여 국토교통부장관으로부터 사전에 변경인가를 받아야 한다. 이 경우, 해당 항공기 취항시기 및 AIP 발간 기간을 고려하여 변경인가를 신청하여야 한다.
② 구조소방등급을 변경 신청하려는 경우에는 다음에 해당하는 서류를 첨부하여 국토교통부장관에게 제출하여야 한다.
　1. 구조소방등급의 변경의 구체적인 사유
　2. 만약 해당 공항에 취항하는 최장 항공기의 규모가 상향된 경우에는 해당 구조소방등급의 항공기의 취항 또는 운항 계획을 증빙할 수 있는 서류
　3. 만약 해당 공항에 취항하는 최장 항공기의 규모가 하향된 경우에는 최근 1년간 해당구조소방 등급의 항공기가 운항하지 않았다는 것을 증빙할 수 있는 서류
　4. 만약 해당 공항의 구조소방등급과 동일한 등급에 해당하는 항공기의 운항횟수가 감소하여 해당 공항의 구조소방등급을 한 단계 하향 조정하려는 경우에는 최근 1년 중 가장 교통량이 많은 연속되는 3개월 동안에 해당 구조소방등급에 해당하는 항공기의 총 이착륙 횟수
　5. 구조소방등급 변경에 따른 차량, 장비, 자재, 인원 등의 변경사항
　6. 만약 등급을 상향하고자 경우에는 항공기 규모 상향에 따른 구조소방직원의 적정한 교육 및 훈련 실시사항
　7. 구조소방등급 및 등급결정항공기 변경에 따른 협정병원, 중장비 지원, 협정 소방서 등 지원협정 상 변경 사항 등

한국공항공사 직업기초능력평가

번호	답안				번호	답안				번호	답안			
1	①	②	③	④	21	①	②	③	④	41	①	②	③	④
2	①	②	③	④	22	①	②	③	④	42	①	②	③	④
3	①	②	③	④	23	①	②	③	④	43	①	②	③	④
4	①	②	③	④	24	①	②	③	④	44	①	②	③	④
5	①	②	③	④	25	①	②	③	④	45	①	②	③	④
6	①	②	③	④	26	①	②	③	④	46	①	②	③	④
7	①	②	③	④	27	①	②	③	④	47	①	②	③	④
8	①	②	③	④	28	①	②	③	④	48	①	②	③	④
9	①	②	③	④	29	①	②	③	④	49	①	②	③	④
10	①	②	③	④	30	①	②	③	④	50	①	②	③	④
11	①	②	③	④	31	①	②	③	④					
12	①	②	③	④	32	①	②	③	④					
13	①	②	③	④	33	①	②	③	④					
14	①	②	③	④	34	①	②	③	④					
15	①	②	③	④	35	①	②	③	④					
16	①	②	③	④	36	①	②	③	④					
17	①	②	③	④	37	①	②	③	④					
18	①	②	③	④	38	①	②	③	④					
19	①	②	③	④	39	①	②	③	④					
20	①	②	③	④	40	①	②	③	④					

성명

수 험 번 호

⓪	⓪	⓪	⓪	⓪	⓪	⓪	⓪
①	①	①	①	①	①	①	①
②	②	②	②	②	②	②	②
③	③	③	③	③	③	③	③
④	④	④	④	④	④	④	④
⑤	⑤	⑤	⑤	⑤	⑤	⑤	⑤
⑥	⑥	⑥	⑥	⑥	⑥	⑥	⑥
⑦	⑦	⑦	⑦	⑦	⑦	⑦	⑦
⑧	⑧	⑧	⑧	⑧	⑧	⑧	⑧
⑨	⑨	⑨	⑨	⑨	⑨	⑨	⑨

한국공항공사 직업기초능력평가

성명	

1	① ② ③ ④	21	① ② ③ ④	41	① ② ③ ④
2	① ② ③ ④	22	① ② ③ ④	42	① ② ③ ④
3	① ② ③ ④	23	① ② ③ ④	43	① ② ③ ④
4	① ② ③ ④	24	① ② ③ ④	44	① ② ③ ④
5	① ② ③ ④	25	① ② ③ ④	45	① ② ③ ④
6	① ② ③ ④	26	① ② ③ ④	46	① ② ③ ④
7	① ② ③ ④	27	① ② ③ ④	47	① ② ③ ④
8	① ② ③ ④	28	① ② ③ ④	48	① ② ③ ④
9	① ② ③ ④	29	① ② ③ ④	49	① ② ③ ④
10	① ② ③ ④	30	① ② ③ ④	50	① ② ③ ④
11	① ② ③ ④	31	① ② ③ ④		
12	① ② ③ ④	32	① ② ③ ④		
13	① ② ③ ④	33	① ② ③ ④		
14	① ② ③ ④	34	① ② ③ ④		
15	① ② ③ ④	35	① ② ③ ④		
16	① ② ③ ④	36	① ② ③ ④		
17	① ② ③ ④	37	① ② ③ ④		
18	① ② ③ ④	38	① ② ③ ④		
19	① ② ③ ④	39	① ② ③ ④		
20	① ② ③ ④	40	① ② ③ ④		

수험번호								
⓪	⓪	⓪	⓪	⓪	⓪	⓪	⓪	⓪
①	①	①	①	①	①	①	①	①
②	②	②	②	②	②	②	②	②
③	③	③	③	③	③	③	③	③
④	④	④	④	④	④	④	④	④
⑤	⑤	⑤	⑤	⑤	⑤	⑤	⑤	⑤
⑥	⑥	⑥	⑥	⑥	⑥	⑥	⑥	⑥
⑦	⑦	⑦	⑦	⑦	⑦	⑦	⑦	⑦
⑧	⑧	⑧	⑧	⑧	⑧	⑧	⑧	⑧
⑨	⑨	⑨	⑨	⑨	⑨	⑨	⑨	⑨

한국공항공사 직업기초능력평가

	①	②	③	④			①	②	③	④			①	②	③	④			①	②	③	④
1	①	②	③	④	21	①	②	③	④	41	①	②	③	④
2	①	②	③	④	22	①	②	③	④	42	①	②	③	④
3	①	②	③	④	23	①	②	③	④	43	①	②	③	④
4	①	②	③	④	24	①	②	③	④	44	①	②	③	④
5	①	②	③	④	25	①	②	③	④	45	①	②	③	④
6	①	②	③	④	26	①	②	③	④	46	①	②	③	④
7	①	②	③	④	27	①	②	③	④	47	①	②	③	④
8	①	②	③	④	28	①	②	③	④	48	①	②	③	④
9	①	②	③	④	29	①	②	③	④	49	①	②	③	④
10	①	②	③	④	30	①	②	③	④	50	①	②	③	④
11	①	②	③	④	31	①	②	③	④
12	①	②	③	④	32	①	②	③	④
13	①	②	③	④	33	①	②	③	④
14	①	②	③	④	34	①	②	③	④
15	①	②	③	④	35	①	②	③	④
16	①	②	③	④	36	①	②	③	④
17	①	②	③	④	37	①	②	③	④
18	①	②	③	④	38	①	②	③	④
19	①	②	③	④	39	①	②	③	④
20	①	②	③	④	40	①	②	③	④

성명

수험번호

⓪	①	②	③	④	⑤	⑥	⑦	⑧	⑨
⓪	①	②	③	④	⑤	⑥	⑦	⑧	⑨
⓪	①	②	③	④	⑤	⑥	⑦	⑧	⑨
⓪	①	②	③	④	⑤	⑥	⑦	⑧	⑨
⓪	①	②	③	④	⑤	⑥	⑦	⑧	⑨
⓪	①	②	③	④	⑤	⑥	⑦	⑧	⑨
⓪	①	②	③	④	⑤	⑥	⑦	⑧	⑨
⓪	①	②	③	④	⑤	⑥	⑦	⑧	⑨